JN418573

그림을 그리며 배우는

프로세싱Processing 언어

| 목차 |

| 머리말 |

컴퓨터는 이제 단순한 계산 도구가 아니다. 하드웨어 기술이 발전하고 소프트웨어 프로그래밍 분야가 일상 생활에 까지 범위를 넓혀감에 따라, 이제 컴퓨터는 자신의 생각과 느낌을 표현할 수 있는 도구가 되어가고 있다.

이러한 컴퓨터 기술은 예술에 많은 영향을 미치고 있다. 지금부터 컴퓨터라는 도구, 그 중에서도 프로그래밍이라는 도구로 캔버스 화면을 채워보자.

"프로세싱(Processing)" 이라는 언어는 컴퓨터 관련 학과에서 일반적으로 처음 접하게 되는 C나 Java 언어에 비해서 초보자가 쉽게 다가갈 수 있는 특성을 가지고 있어서, 예술을 비롯한 여러 분야에서 기술적인 소프트웨어 구현의 어려움을 덜 느끼면서 사용되고 있는 언어다. 또한 오픈 소스(open source) 기반으로 운영되는 언어라서 최근까지 역동적으로 업그레이드되고 있는 장점도 있다.

요즘은 프로세싱(Processing) 언어를 이용한 미디어 아트(Media Arts) 작품을 만드는 사람들이 많이 있다. 프로세싱 언어가 다른 고급 언어들에 비해서는 아티스트들이 사용하기 쉽다는 장점 덕분인데, 그러나 아티스트들이 스스로 프로그래밍을 배워서 자신의 아이디어를 화면에 그리기에는 여전히 많은 어려움이 있다.

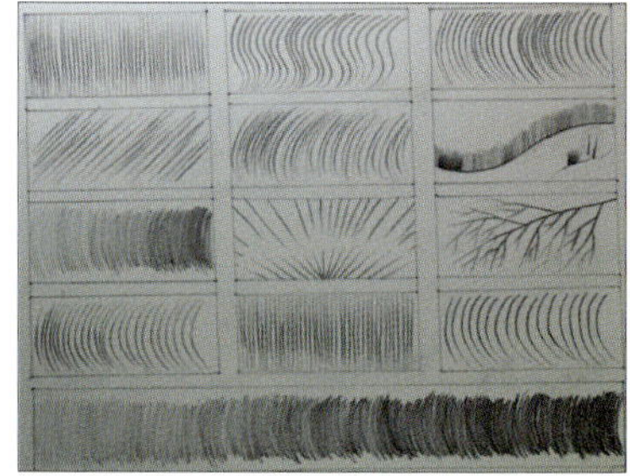

저자는 컴퓨터 공학 전공자로써, 일전에 연필을 이용한 소묘, 스케치를 배워본 적이 있다. 저자에게는 아주 어렵고 힘든 작업이었지만 이를 통해서 알게 된 사실이 하나 있다. 스케치북이나 캔버스에 연필을 이용해서 그림을 그리기 위해서는, 앞의 그림과 같이 그리기와 관련된 기본적인 테크닉을 훈련해야 한다는 점이다. 이런 훈련을 바탕으로 자신의 창의적인 그림을 그릴 수 있게 되는 것이다.

컴퓨터 프로그래밍도 동일하다. 프로그래밍과 관련된 문법 사항을 아는 것도 중요하지만, 기본적인 프로그래밍 테크닉이 몸에 익도록 훈련해야 한다.

이 책은 프로세싱 언어로 화면에 그림을 그리기 위한 기본적인 기법들을 차례로 소개한다. 즉, 화면에 선이나 원과 같은 기본 도형을 그리고, 이 도형들을 움직이며, 도형에 자연스러운 변화를 부여하고, 마우스나 키보드를 이용해서 인터랙션을 할 수 있도록 하고, 다양한 멀티미디어를 사용하는 등과 같은 다양한 기법들을 하나씩 소개한다. 이러한 기법들이 아티스트들이 모니터 화면에 그림을 그리기 위한 기본적인 도구가 될 것이다. 이 책에 소개되는 기본적인 테크닉을 바탕으로 자신의 창의적인 작품을 만들 수 있기를 바란다.

이 책에 있는 많은 코드들은 인터넷의 자료들을 참고하였다. 소중한 자료들을 인터넷에 올린 많은 분들에게 감사를 드린다. 그 많은 정보들이 없었다면 이 책의 1/10도 완성하지 못했을 것이다. 이 책에서는 이러한 다양한 자료들을 바탕으로 그림 그리기와 관련된 내용들을 최대한 일관성 있게 만들고, 이들을 단계별로 기술하였다.

이 교재에서는 3D(3차원) 관련 부분은 포함하지 않았다. 3차원 관련 내용은 프로그래밍 입문자에게 소개하기에는 부담스러운 내용이다. 이 내용들은 향후에 다른 교재에서 만났으면 한다.

CHAPTER 01 아름다움

CHAPTER 01

아름다움

이 책은 프로세싱 언어로 작품을 만들기 위한 프로그래밍 기법을 소개하는 것이 목적이다.

이 책의 1장에서는 컴퓨터와 관련된 시각적 '아름다움'에 대한 이야기로 시작한다. 본격적인 프로그래밍 기법 소개에 들어가기 전에, 컴퓨터 전반에 걸친 '아름다움'과 관련된 내용을 소개하자.

'아름다움'이라는 것은 단순한 시각적인/예술적인 표현 이외에도 다양한 부분에서 의미를 가지고 있다. 1장에서는 아래의 내용을 다룬다

- ☑ **컴퓨터 하드웨어의 아름다움**
- ☑ **소프트웨어의 아름다움**
- ☑ **데이터의 아름다움**
- ☑ **프로그램 코드의 아름다움**

이러한 기본적인 내용을 편하게 접한 후에 2장부터 본격적으로 프로그래밍에 대한 부분으로 들어가자.

하드웨어의 아름다움

컴퓨터는 생활에 없어서는 안될 필수품일 뿐만 아니라, 패션 소품, 디자인 요소로써도 중요한 아이템이 되었다. 컴퓨터 한 대로도 공간적 아름다움을 줄 수 있고, 손에 들린 스마트폰 만으로도 들고 다니는 사람의 센스를 엿볼 수가 있다.

컴퓨터 외관은 1940년대 초반의 최초의 전자식 컴퓨터인 ABC 또는 ENIAC(애니악) 컴퓨터에서부터, 현재의 데스크탑, 노트북, 태블릿 PC, 그리고 다양한 휴대용 기기들로, 더 가볍고, 더 작고, 더 세련되게 바뀌었다.

크기 면에서 보자면, 옛날 진공관 컴퓨터인 애니악은 폭 24m, 높이 2.5m, 무게 30톤의 아주 크고 무거웠다면, 지금의 휴대용 PC나 스마트폰은 이에 비해 엄청나게 작고 가벼워졌다. 요즘은 휴대용 PC가 일반화됨에 따라 진공관이 약 18,000개가 꽂혀있던 애니악의 모습에서 슬림하고, 세련된 디자인이 가미된 패션적인 면에서도 중요한 모습으로 바뀌게 되었다.

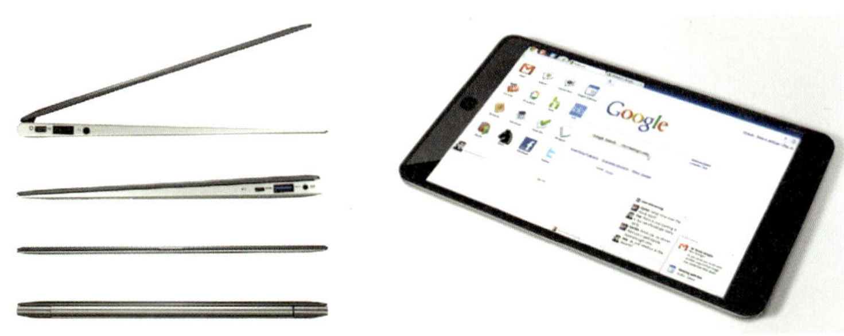

▲ 노트북과 아이패드(iPad)

컴퓨터 사용에 있어 효율성과 편리함을 높여주는 부속품들 역시 컴퓨터가 변화함에 따라 같이 발전하게 되었다. 대표적인 컴퓨터 부품인 모니터, 키보드, 마우스부터 스피커까지 디자인 뿐만 아니라 다양한 기능으로까지도 발전하고 있다.

여기서는 간단하게 모니터, 키보드, 마우스에 대해 설명하고자 한다. 데스크탑 컴퓨터 하나만 보더라도 필수 부품인 모니터와 분리 되어있던 모습에서부터, 현재는 모니터와 컴퓨터 일체형이 많이 나오고 있다.

▲ 애니악(ENIAC)과 애플의 iMac

음극선관(陰極線管) 또는 CRT(Cathode-Ray Tube)는 전자(electrons)를 쏘아 화면을 보여주는 장치로 가장 역사 깊은 화면 장치이다.

예전의 브라운관을 사용하던 두껍고 해상도가 낮았던 CRT 모니터에서, 평판 디스플레이 제품으로 더 얇게 만들어 공간 활용성을 높인 LCD(Liquid Crystal Display)모니터와 LED(Light Emitting Diodes)모니터까지, 더 나아가서는 자체적으로 빛을 발산하며 더욱 얇고, 구부리거나 휠 수 있는 디스플레이인 OLED(Organic Light Emitting Diodes: 유기 발광 다이오드)까지 발전하여 선명도, 디자인, 기능, 효율성을 높인 제품들이 등장했다.

▲ CRT모니터와 LCD모니터

컴퓨터의 필수품인 키보드 역시 단순히 자판을 누르는 기능에서 나아가 손목의 피로도를 줄일 수 있는 곡선형 디자인, 말아서 휴대성을 높인 실리콘 키보드, 프로젝터처럼 빛을 쏘는 가상 키보드까지 등장하게 되었다.

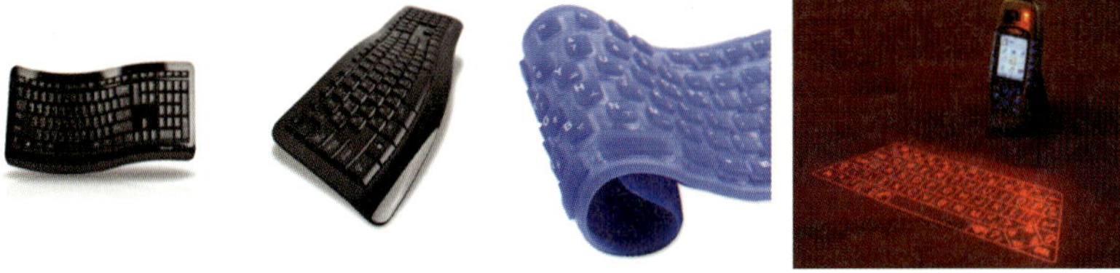

▲ 아치형 디자인의 키보드에서 실리콘 키보드, 가상 키보드

GUI(Graphic User Interface) 개념과 더불어 편의성을 위해 사용되어진 마우스는 바닥에 볼이 있는 볼 마우스부터, 위에 볼이 달린 트랙 볼 마우스, 손목이 편하게 세로로 기울어진 버티컬 마우스, 광 마우스, 3D 제작용 마우스, 펜을 사용하는 듯한 느낌으로 사용 가능한 태블릿까지 그 기능과 용도에 따라 여러 가지 디자인과 기능이 가미된 마우스로 바뀌게 되었다.

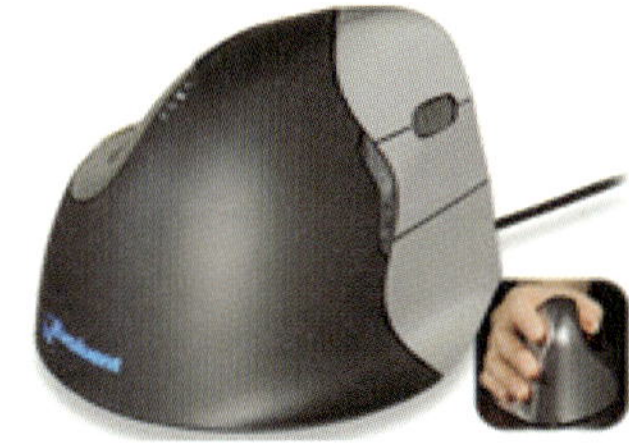

▲ 트랙볼과 버티컬 마우스

소프트웨어의 아름다움

현재 많은 사람들이 사용하고 있는 운영체제는 윈도우즈(Windows) 계열과 맥(Mac) 계열의 운영 체제다. 우리가 과거에 사용하였던 컴퓨터 환경을 살펴보자.

```
[java]                      [jump]                      Main.class
NotSyncDataMain.class       Park.class                  ParkWife.class
Person.class                Player$baseball.class       Player$Computer.class
Player$Person.class         Player.class                PriorityThread.class
PriorityThreadMain.class    PriorityThreadMain.java     RCP.class
RCP.java                    RCP.java.bak                rocks.class
rocks.java                  rocks.java.bak              sta.class
storage.class               SyncMain.class              SyncMain.java
temp.java                   TerminateThread.class       TerminateThreadMain.clas
TerminateThreadMain.java    test.class                  test.jad
test.java                   Tom.class                   Tom.jad
video.class                 VideoShop.class             VideoShopMain3.class
VideoShopMain3.java         [illegible].docx
              52개 파일               585,173 바이트
               4개 디렉터리   9,460,027,392 바이트 남음

C:\Documents and Settings\aa\JJY\My Sos>javac test.java

C:\Documents and Settings\aa\JJY\My Sos>java test
main 시작
main 종료
Tom :102719
Jane:198521

C:\Documents and Settings\aa\JJY\My Sos>_                created by. heartcrack
```

▲ MS-DOS의 커맨드 창

위의 그림은 Microsoft사의 첫 작품인 MS-DOS 운영 체제 화면이다. MS-DOS는 텍스트 환경에서 수행되는 명령어 기반 인터페이스(Command Line Interface: CLI) 환경으로써, 한 줄씩 텍스트 명령어에 의해 실행되어 단순한 반면 사용하기는 불편했다.

▲ 왼쪽 상단부터 MAC OS 7, MAC OS X, MAC OS X Leopard, MAC OS X LION

컴퓨터 인터페이스는 점점 사용자의 편의를 위해 빠르게 발전해왔다. 그 시작은 애플의 운영체제였다. 보다 사람을 위한, 사람에게 가까운 인터페이스를 지향하며 소프트웨어는 발전하고 있다. 사람이 할 수 있는 직관적인 행동들을 적용시켜 구현한 이러한 인터페이스는 학습을 통한 사용이 아닌 누구나 사용할 수 있어 일반 사람들도 쉽게 접할 수 있게 하고 있다.

▲ 왼쪽 상단부터 Window 3.0, Window95, Window7, Window10

마이크로소프트사의 MS-DOS 운영체제는 Window 3.0 에서부터 화려한 아이콘들과 통합된 그래픽 인터페이스 형식으로 업그레이드 되었다. 이후 등장한 Window95(1995)는 오늘 날의 가장 친숙한 윈도우 환경을 보여준 첫 운영체제다. Window7에서는 사용자가 더 사용하기 쉽게 핀(pin) 처리된 아이콘을 포함한 수정된 작업 표시줄과 점프 리스트(jump list) 등 새로운 GUI 기능이 한 몫을 했다. 지금은 Windows 10 버전을 많이 사용하고 있다.

데이터의 아름다움(데이터 시각화)

정보 시각화(information visualization) 또는 데이터 시각화(data visualization)는 정보를 시각적으로 이해할 수 있도록 도와주며, 이를 통해서 직관적 추론을 가능하게 하여 새로운 데이터 분석 결과를 얻을 수 있게 한다. 이러한 정보 시각화는 컴퓨터의 장점인 데이터 저장, 연산, 검색 기능과, 인간의 장점인 지각, 창의성, 직관력 등의 능력을 융합하기 위해서, 정보의 시각적인 표현을 통해서 인간에게 보다 도움이 되는 정보 전달이 가능하다.

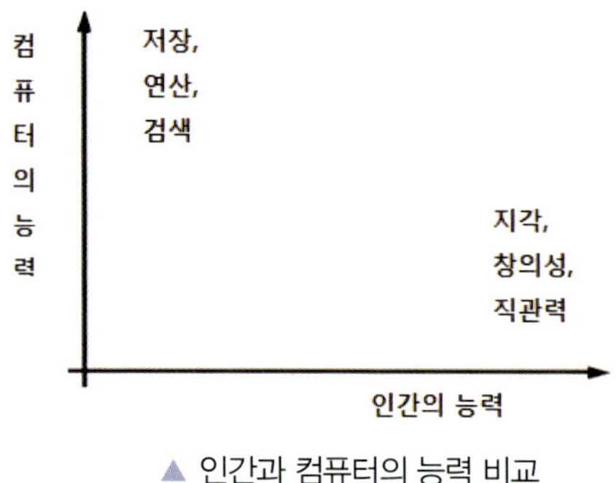

▲ 인간과 컴퓨터의 능력 비교

가장 간단한 데이터 시각화는 아래와 같은 그래프 형식이 될 것이다. 아래는 단-변량 데이터(single-variate data) 즉, 하나의 변수(여기서는 사람의 키)에 대한 돗수 분포 그래프이다.

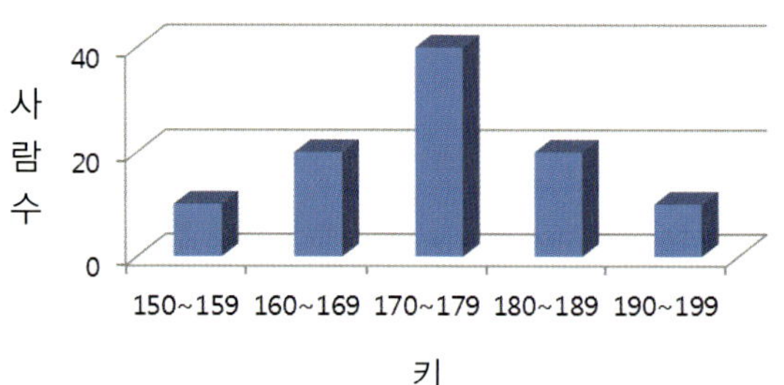

이-변량 데이터(bi-variate data)인 경우는 보통 아래와 같은 2차원 형식

을 지닌다. 아래는 학생들의 중간 고사 성적과 기말 고사 성적의 유관성을 보여준다.

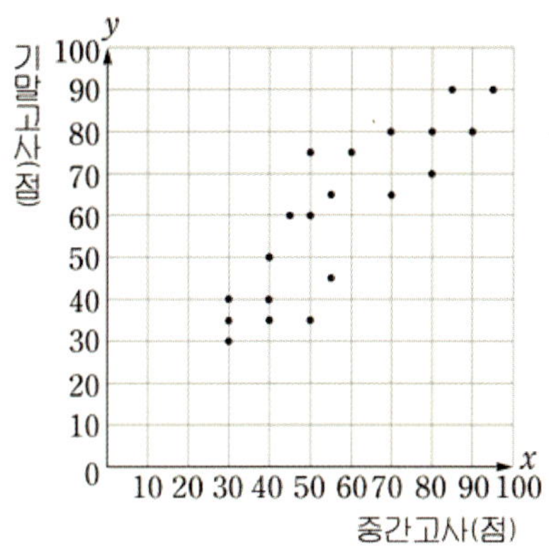

아래의 사이트를 접속해보자.
http://www.tecplot.com
http://www.wolfram.com

옆의 그림은 구글에서 제공해주는 데이터 시각화 관련 사이트로써, 기존에 공개된 다양한 데이터에 대한 시각적 효과를 높인 결과를 제공한다. 또한 개인의 데이터를 업로드 하여 다양한 방법으로 표현할 수 있도록 해준다. 이러한 데이터 시각화 분야가 통계와 예술과의 관련을 나타내는 것이 아닐까?

http://www.google.com/publicdata/home

다음의 왼쪽의 그림은 유전자 지도를 그림으로 도식화한 결과이고, 오른쪽은 주식 가격을 그림으로 그린 것이다.

이런 데이터 시각화를 위한 유용한 툴은 다양하다. 필요하다면 아래의 사이트를 참고하자.
http://processing.org
http://prefuse.org/
http://www.graphviz.org/

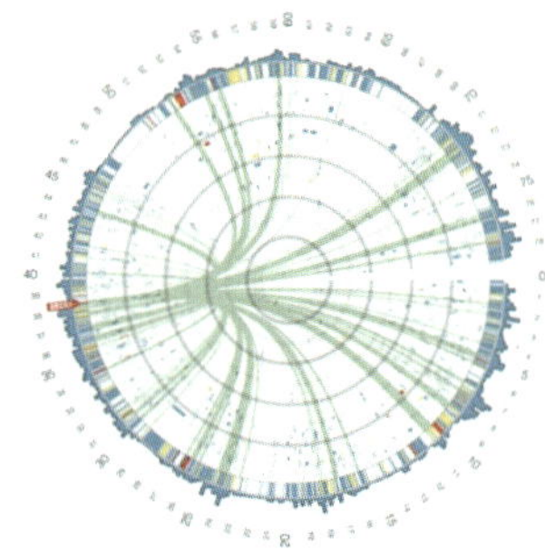

또 다른 예로써 문서 내의 단어들의 사용 빈도를 조사해서 이를 시각적으로 보이려는 연구 분야도 있다. 이러한 시각적 효과들은 문서에 담긴 정보에서 중요한 단어가 강조된 이미지를 만드는데 효과적이다.

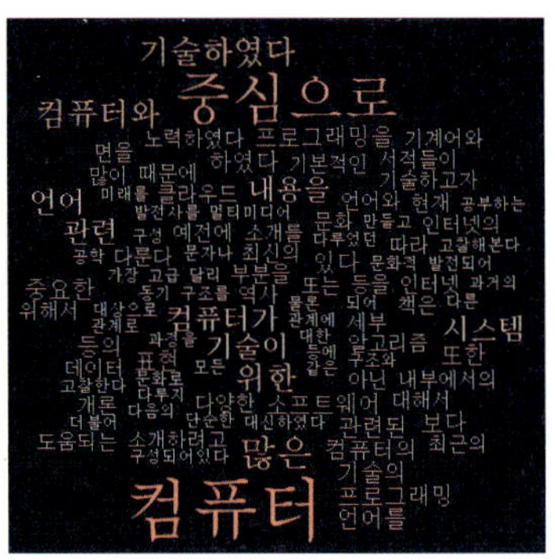

▲ http://www.worditout.com

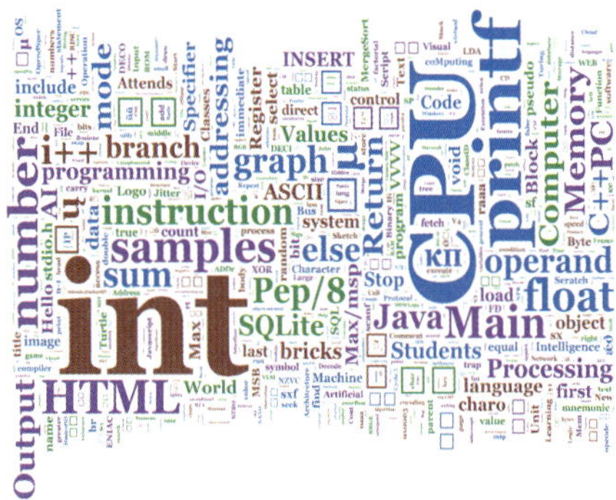

▲ IBM의 WordCloud 프로그램으로 수행한 결과

이러한 시각적인 결과를 만들 수 있는 방법은 전용 소프트웨어를 사용하거나, 지원하는 웹사이트를 접속하거나, 본인이 원하는 알고리즘을 직접 개발하면 된다. 관심있으면 아래의 사이트를 참고하자.

- 50 Great Examples of Data Visualization: http://www.webdesignerdepot.com/2009/06/50-great-examples-of-data-visualization/
- Data Visualization: Modern Approaches: http://www.smashingmagazine.com/2007/08/02/data-visualization-modern-approaches/

프로그램 코드의 아름다움

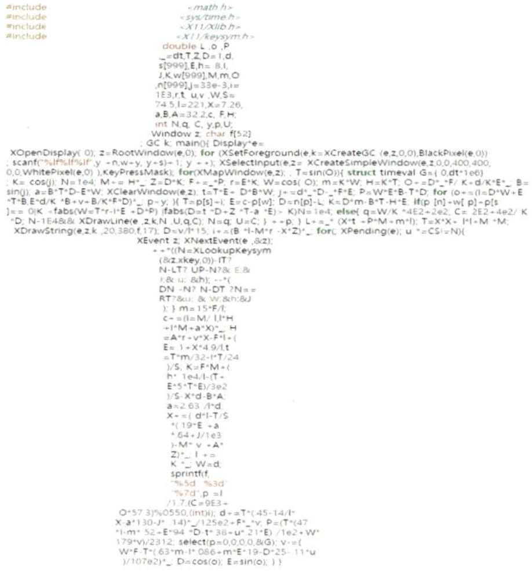

옆의 그림은 실제로 작동하는 'C 프로그래밍 언어'로 작성한 '비행 시뮬레이션' 프로그램이다. 프로그램의 결과물이 아니고 '프로그램의 소스 코드'다.

우스개 소리로 이야기하는 것이지만, 이처럼 어떻게 하면 더욱 기발하게 창조적인 모양의 프로그램 코드를 작성하는가를 겨루는 대회도 있다. 실제로 이 대회는 효율적인 프로그램을 작성하는 것을 겨루는 것이 아니고, 이렇게 이상하게 비 구조적으로 프로그램을 할 수 있다는 것을 보이는 대회다. 역설적인 비유로써 구조적인 프로그램의 중요성을 강조하는 대회다.

[참고] http://en.wikipedia.org/wiki/International_Obfuscated_C_Code_Contest

'아름다움'이라는 것을 어떻게 정의하느냐에 따라 달라지겠지만, 건축학에서는 생활하기 편하고 내 뜻대로 조금씩 가꿀 수 있도록 디자인된 건축물이 아름답다고 느낄 수 있을 것이다.

프로그래밍에서 소프트웨어 공학(software engineering)이라는 분야가 이와 동일한 목적을 가진다. 프로그래밍에서는 읽기 좋고, 수정하기 좋은 코드를 좋은 코드라고 한다.

프로그래밍 관련 수업을 강의하면서 느끼는 점은, 많은 학생들이 금방 프로그래밍이 어렵다고 생각하고 포기한다는 점이다. 프로그래머도 예술가처럼 부단한 연마와 본인만의 창조성을 바탕으로 소프트웨어라는 작품을 만들어내는 것이다. 이는 단기간에 완성될 수 없다.

지금부터는 실제 코드를 보면서 어떤 것이 더 예술적인 작품일 수 있을 지 논해보자. 즉, 코드의 아름다움을 이야기하기 위해서 아래의 문제를 예로 들어보자.

문제

돗수 분포표를 만들자: 1~100사이의 값으로 100개의 랜덤 값을 발생시켜서, 이를 바탕으로 돗수분포표를 만드는 프로그램을 작성해보자. 단, 각 돗수 구간의 범위는 10이다. 즉, 0에서 9까지, 10에서 19까지, ... , 90에서 99까지를 각 구간으로 설정한다.

돗수 분포표란 앞에서 '데이터의 아름다움' 부분에서 보인 그림과 같이, 여러 사람들의 키 데이터를 각 구간별로 사람 수를 세아려 표로 나타낸 것과 같은 표현을 의미한다.

앞으로 우리가 배울 프로세싱 언어를 이용하여 아래와 같이 프로그래밍 해보았다. 그런데 이 프로그램은, 프로그램의 설명과 같이 10줄의 코드를 한 줄로 더욱 깔끔하게 작성할 수 도 있다. 이러한 깔끔함에서 프로그램 소스 코드의 아름다움을 이야기할 수 있을까?

```
int [] samples = new int [100];
int [] graph = new int [10];

for(int i=0; i<graph.length; i++) {
    graph[i] = 0;
}

for(int i=0; i<samples.length; i++) {
    samples[i] = int( random(0, 100) );
}

for(int i=0; i<samples.length; i++) {
    if( samples[i] >= 0 && samples[i] < 10) graph[0]++;
    else if( samples[i] >= 10 && samples[i] < 20) graph[1]++;
    else if( samples[i] >= 20 && samples[i] < 30) graph[2]++;
    else if( samples[i] >= 30 && samples[i] < 40) graph[3]++;
    else if( samples[i] >= 40 && samples[i] < 50) graph[4]++;
    else if( samples[i] >= 50 && samples[i] < 60) graph[5]++;
    else if( samples[i] >= 60 && samples[i] < 70) graph[6]++;
    else if( samples[i] >= 70 && samples[i] < 80) graph[7]++;
    else if( samples[i] >= 80 && samples[i] < 90) graph[8]++;
    else if( samples[i] >= 90 && samples[i] < 100) graph[9]++;
}

for(int i=0; i<graph.length; i++) {
    println( graph[i]);
}
```

이 부분은 아래의 한 줄로 바꿀 수 있다.

graph[samples[i]/10]++;

어떤 것에서 아름다움을 느낄 수 있을까?
이 코드를 지금 설명할 수는 없지만, 나중에라도 원리를 안다면 코드의 아름다움에 대해서 생각해볼 기회가 되길 바란다.

▲ 돗수 분포표 소스 코드: 프로세싱 언어로 작성

CHAPTER

02

프로세싱의 기초

CHAPTER 02

프로세싱의 기초

프로세싱은 자바(Java)라는 프로그래밍 언어의 어려운 부분을 보이지 않게 숨기고, 프로그래머(programmer) 머리 속의 아이디어를 빨리 프로그래밍 언어로 표현하기 쉬운 환경을 제공하고자 만들어진 언어다.

그렇기 때문에 프로세싱은 주로 시스템 소프트웨어 개발을 목적으로 하는 C 언어와 다르게, 디자인, 미디어 아트 등과 관련된 사람들이 조금 더 쉽게 배울 수 있는 언어로 자리를 잡아가고 있다.

2장은 분량이 많기는 하지만, 전반적인 프로세싱 언어의 기초를 배워보자. 프로세싱 언어를 이미 익힌 사람은 이 부분을 빠른 속도로 볼 수 있을 것이다.

- ☑ **프로세싱 언어의 특징**
- ☑ **프로세싱 개발 환경 다운로드 및 설치**
- ☑ **가장 기본적인 '공 그리기' 프로그램 작성**
- ☑ **기타 프로세싱 언어가 가진 문법 사항들 소개**
  - **변수, 데이터 형식**
  - **출력문**
  - **제어문(조건문과 반복문)**
  - **연산자**
  - **함수**

비주얼 프로그래밍 언어

프로세싱과 비슷한 의도로 개발된 다른 언어들도 많이 있다. 예를 들면 스크래치(Scratch)라는 언어는 레고(Lego)를 조립하듯이 각각의 명령어를 시각적으로 조립하면 프로그램이 완성되는 비주얼 프로그래밍(visual programming) 방식의 언어이다. 스크래치는 아주 직관적으로 프로그래밍을 할 수 있어서 초등학생과 같은 입문자에게 적합한 언어라서, 초중등 학생들에게 많이 교육되는 언어다.

시각적인 아이템을 그림 그리듯이 그려가는 방식의 프로그래밍 환경을 말한다.

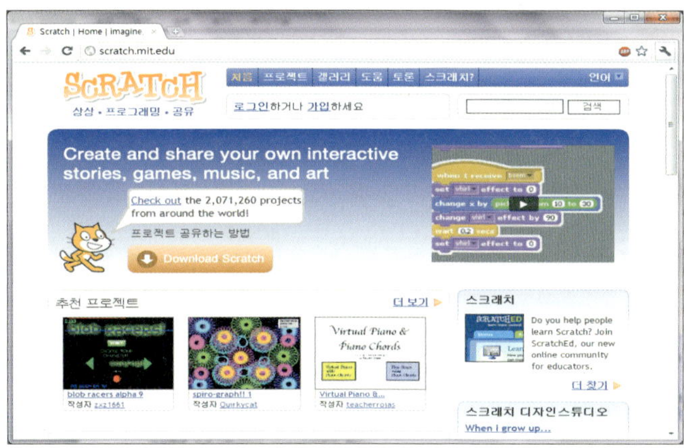

▲ 스크래치 공식 사이트: http://scratch.mit.edu

이런 비주얼 프로그래밍 방식을 제공하는 프로그래밍 언어는 상당히 많다. 아래와 같은 VVVV(V4)나 Max/MSP라는 언어는 미디어 아티스트들이 많이 사용하는 언어다. 프로그램에서 세부적인 각각의 기능은 사각형 모양의 노드(node)에서 담당하고, 노드 사이의 연결된 선이 데이터의 흐름을 나타내는 구조로 동작한다.

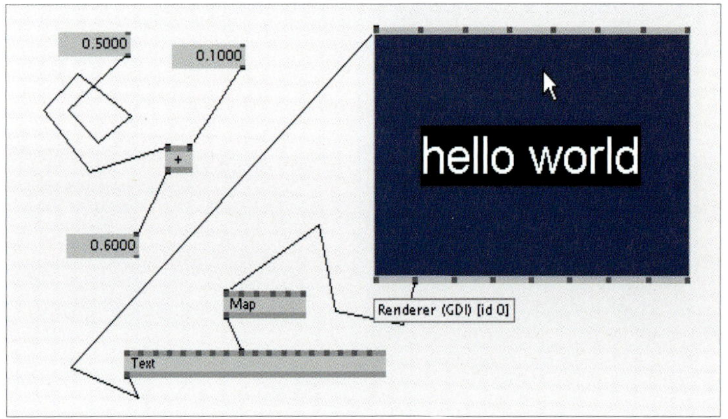

▲ VVVV 샘플 화면: http://www.vvvv.org/

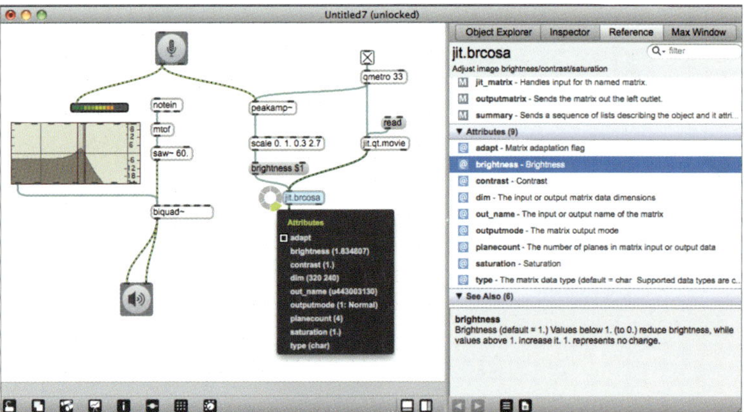

▲ Max/MSP 샘플 화면: http://cycling74.com/

프로세싱 언어의 특징

프로세싱은 이러한 비주얼 프로그래밍 언어와는 '조금 다른 특성'을 가지고 있다. 즉, 프로세싱은 비주얼 프로그래밍 언어는 아니다.

프로세싱으로 작성한 프로그램은 내부적으로는 자바(Java)라는 언어로 변환되어 실행되기 때문에, 기본적으로는 '자바(Java)' 언어에 바탕을 두고 있다. 그런데, 기존의 일반적인 자바 언어는 대부분 텍스트 모드에서 프로그래밍을 시작하기 때문에, 프로그래밍을 처음 배우려는 사람들의 흥미를 유발하기 쉽지 않다는 단점이 있다. 그리고 자바는 '객체 지향 프로그래밍'이라는 기법에 대한 이해가 필수적이어서 입문자들이 배우기는 쉽지 않다.

그렇지만, 프로세싱은 아주 쉽게 그래픽 관련 프로그래밍을 시작할 수 있는 구조라서 훨씬 쉽게 그리고 재미있게 배울 수 있는 장점이 있다.

아래에서 다른 일반적인 프로그래밍 언어와 비교한 프로세싱 언어의 특징을 요약해보자.

- 프로세싱은 무료다. 프로세싱 컴파일러나 개발 환경 소프트웨어는 모두 무료로 인터넷에서 다운 받아 사용할 수 있다.
- 프로세싱은 자바라는 프로그래밍 언어에 기반한 언어이다. 그래서, 위의 Scratch, VVVV, Max/MSP 등과 같은 언어와는 다르게, 다른 일반적인 프로그래밍 언어와 유사한 형태이기 때문에, 다른 언어들을 이용해서 할 수 있는 거의 모든 일을 비슷한 방식으로 프로세싱으로 구현할 수 있다. 즉, 다른 언어를 이미 습득한 사람은 쉽게 프로세싱을 배울 수 있고, 또한 프로세싱을 배우면 이와 유사한 C, C++, Java 등의 언어를 배울 때 훨씬 쉬워진다는 장점도 있다. 즉, 배우고 사용하기 편리한 반면 제약 사항이 거의 없다는 의미이다.
- 프로세싱은 다양한 소스 파일을 쉽게 구할 수 있다. 인터넷에 아주 많은 소스 코드들이 있어서, 다른 사람이 제작한 프로그램을 보면서 쉽게 따라 할 수 있다. http://www.openprocessing.org/ 사이트를 한번 접속해보자. 아주 많은 정보들을 찾을 수 있다.
- 프로세싱은 현재도 진화하고 있다. 웹 프로그래밍을 위한 P5.js, 안드로이드 모바일 프로그래밍을 위한 Processing for Android, 파이썬 언어와 결합한 Processing.python,

Arduino라는 하드웨어와 연동하는 기능 등, 프로세싱은 지금도 업그레이드 되고 있다. 이것이 가장 매력적인 부분이다. 즉, 프로세싱은 현재 PC 애플리케이션 소프트웨어, 모바일 용 소프트웨어, 웹 용 소프트웨어 등을 제작할 수 있는 환경으로 계속 변해가고 있는 중이다.

- 마지막으로, 프로세싱은 쉽고 재미있다 !

컴퓨터 프로그래밍 기초

컴퓨터는 2진수를 사용한다. 즉, 0 또는 1로 모든 정보를 표현한다. 이처럼 컴퓨터 내부에서 수행되는 기계어는 2진수 형태지만, 대부분의 프로그래머는 사용하기 편리한 형태의 고급 프로그래밍 언어(high-level programming language)를 사용한다. 우리가 배울 프로세싱 언어가 바로 고급 언어다.

고급 프로그래밍 언어로 작성된 프로그램을 기계어로 바꾸는 과정을 컴파일(compile)이라고 하는데, 고급 언어로 작성된 프로그램을 소스 프로그램(source program)이라고 하고, 이를 컴파일러를 통해서 번역한 기계어 프로그램을 오브젝트 프로그램(object program)이라고 한다.

기계어와 고급 언어를 비유해서 설명하자면, 프로세싱과 같은 고급 언어는 '포크레인'에 비유할 수 있고, 기계어는 '호미'에 비유할 수 있다.
물론 호미로 땅을 어떻게든 파거나 공사를 진행할 수 있겠지만, 포크레인을 사용하면 훨씬 빨리, 그리고 쉽게 할 수 있는 장점이 있다. 고급 언어를 사용하는 장점이다.

▲ 소스 프로그램 ▲ 오브젝트 프로그램

아래는 많은 사람들이 사용하는 C 언어를 이용해서 화면에 "Hi" 라는 메시지를 출력하는 프로그램이다.

```
#include <stdio.h>
int main( ) {
  printf("Hi");
}
```

우리가 지금부터 배울 프로세싱 언어로는 동일한 일을 아래와 같이 한 줄로 코딩 할 수 있다. 프로세싱이 그 만큼 쉽다는 의미다.

```
print("Hi");
```

위와 동일한 기능을 수행하는 어셈블리어 프로그램과 기계어 프로그램은 아

어셈블리어(assembly language)는 기계어와 아주 유사한 형태의 언어를 말한다.

래와 같다. 아래의 왼쪽은 'Hi'를 출력하는 어셈블리어(assembly language) 프로그램이고, 오른쪽은 기계어 프로그램이다.

어셈블리어 프로그램 소스의 예	기계어 프로그램의 예
CHARO 0x0007, d	0101 0001 0000 0000 0000 0111
CHARO 0x0008, d	0101 0001 0000 0000 0000 1000
STOP	0000 0000
.ASCII "Hi"	0100 1000
.END	0110 1001

위의 예제들을 살펴보면 고급 언어와 어셈블리어, 기계어의 차이점을 분명히 확인할 수 있을 것이다. 고급 언어로 작성된 프로그램은 쉽게 읽을 수 있는 반면에, 어셈블리어와 기계어는 한 눈에 의미를 파악하기 쉽지 않다. 기계어나 어셈블리어는 사람에게 적합한 언어가 아니고 컴퓨터에게 적합한 언어이기 때문이다.

고급 프로그래밍 언어를 새롭게 만든다는 것은 해당하는 '컴파일러'를 만든다는 것인데, 요즘은 컴파일러 제작을 지원하는 소프트웨어가 많기 때문에 새로운 프로그래밍 언어를 만드는 것이 그리 어려운 일만은 아니다.

아주 많은 컴퓨터 프로그래밍 언어가 있다. 많은 고급 언어가 있지만 대표적인 것은 다음과 같다.

- Java
- Javascript
- C
- C++
- C#
- Processing
- PHP
- Objective-C
- Python
- Visual Basic
- Perl
- Ruby

이러한 고급 언어로 작성된 소스 프로그램을 기계어의 형태로 바꿔주는 변환 프로그램이 필요한데, 크게 2가지로 나눌 수 있다.

- **컴파일러(compiler)**: 일상 생활에서의 서적의 '번역'에 해당한다. 고급 언어로 제작된 소스 프로그램을 해당하는 컴퓨터에서 수행 가능한 형태의 기계어 프로그램으로 변환하는 프로그램이다.
- **인터프리터(interpreter)**: 일상 생활에서의 실시간 '통역'에 해당한다. 고급 언어로 작성된 소스 프로그램의 명령어(statement)를 하나씩 시뮬레이션 해준다. 즉, 실제로 기계어로의 번역 과정을 수행하지 않고, 동일한 동작을 시뮬레이션 한다.

컴파일러 중에서 특이한 경우로써, 자바는 기계어로 번역하지 않고, 자바 가상 머신 상에서 수행 가능한 '자바 바이트 코드'로 변경한다.

프로그래밍의 절차

컴퓨터를 사용하는 주된 목적은 문제 해결이다. 이 문제가 게임 제작일 수도 있고, 실제 과학 계산에 필요한 문제일 수도 있고, 미디어 아트 작품을 만드는 것일 수도 있다. 이러한 문제를 컴퓨터로 해결하기 위해서 프로그램을 작성할 때는 보통 아래와 같은 구현 절차를 따른다.

이러한 절차는 비단 컴퓨터 프로그래밍을 위한 절차라기 보다는 일반적인 문제 해결의 방법이라고 할 수 있다.

1. 문제를 분석하고: 해당하는 문제의 입력이 어떠한 형태의 어떠한 값인지, 어떠한 출력을 제공해야 하는 지 등을 분석.
2. 머리 속에서 가상의 솔루션을 그려보고: 머리 속에서 이렇게, 저렇게 프로그램을 작성하면 되겠다는 그림을 그려봄.
3. 프로그램에서 사용할 '자료 구조'와 '알고리즘'을 정한 후: 조금 더 자세하게 어떻게 프로그래밍을 할 지 구체적으로 정한다.
4. 실제 프로그래밍을 시작하고: 프로그래밍 언어로 옮긴다.
5. 검증한다: 프로그래밍의 정확성을 검증하고, 오류가 있으면 수정해서 완성한다.

'자료 구조(Data Structure)'와 '알고리즘(Algorithm)'이라는 용어는 생소할 수 있다. 자료 구조는 프로그램에서 사용하는 데이터를 체계적으로 관리하는 방법을 말하며, 알고리즘은 문제 해결의 순서를 기술하는 방법을 말한다.

그러나 위와 같은 방식은 프로그램의 소스 코드(source code)가 수천 줄 또는 수만 줄 이상이 되는 큰 프로그램인 경우에 필요한 방법이다.

프로세싱이라는 언어가 주로 사용되는 분야가 대부분, 마우스나 키보드에 반응하면서 동작하는 간단한(100줄 미만의) 프로그램이라면, 당장 컴퓨터 앞에 앉아서 시작하는 것이 더 좋은 방법일 수 도 있다. 물론 이것은 프로그래밍의 초보자에게 해당하는 말이다. 즉, 프로그래밍을 처음 배울 때에는 무조건 오랜 시간 앉아서 프로그래밍에 적응하는 것이 우선이라는 의미에서 하는 말이다. 그렇지만, 프로그래밍을 조금 더 체계적으로 배우는 것이 프로그래머로써의 생명을 길게 갈 수 있는 방법이라는 것에는 100% 동의한다.

프로그래밍에 대해서 조금 더 구체적으로 이야기해보자. '적합한 순서대로 수행되면 제한된 시간 내에 주어진 문제를 해결할 수 있는 명령어들의 집합'

을 '알고리즘(algorithm)'이라고 한다. '프로그램(program)'과는 의미상으로는 조금 다른데, 엄밀히 말하면 '프로그램'은 '컴퓨터에서 실제 수행될 수 있도록 구현된 알고리즘'이라고 할 수 있다.

프로그램을 작성할 때는 적합한 '자료 구조(data structures)'가 필요하다. 자료 구조란 프로그래밍에 필요한 여러 데이터를 저장하는 모양, 방법을 정의하는 기법을 말하는데, 위에서 말한 '알고리즘'과 '자료 구조'는 일심동체처럼 서로가 서로에게 영향을 주는 아주 중요한 개념들이다. 이 두 분야를 잘 익혀두면 프로그래밍 작업이 아주 효과적으로 이루어질 수 있다.

어떤 시스템을 만들기 위해서 필요로 하는 재료를 '자료 구조'라고 할 수 있다.
그리고 시스템을 구현, 실행하는 순서, 방법을 체계적인 말로 설명하는 것을 '알고리즘'이라고 한다.

요리에서 '요리법'이 '알고리즘', '요리 재료'들이 '자료 구조'라고 생각하면 된다.

우리나라의 모든 사람들은 라면 끓이는 방법은 모두 알고 있으리라고 생각한다. 아래의 알고리즘에 적힌 명령들의 순서대로 실행하면 유한한 시간 안에 라면 요리가 완성되기 때문에, 알고리즘의 정의에 적합한 구조이다. 그럼, 라면 끓이는 상황에서의 알고리즘과 이에 필요한 자료 구조를 한번 정리해보자.

자료 구조
물 한 컵, 라면 1개, 스프 1개, 계란 1개, 파 약간 등

알고리즘
1. 물을 끓인다. 2. 라면을 넣고 3분 기다린다. 3. 스프, 계란, 파 등을 넣는다. 4. 라면의 면발이 잘 읽었는지 확인한다. 5. 불을 끄고, 그릇에 담는다.

자바, 자바 스크립트, C, C++, C# 등과 비교

프로세싱이라는 언어는 자바 언어와 많은 관련이 있고, 자바라는 언어는 자바 스크립트와 C라는 언어와 많은 면에서 유사하다. 또한 C++, C#이라는 언어는 C와 비슷하기 때문에 프로세싱을 배우는 것은 프로그래밍 초보자를 위한 입문 단계에 좋은 방법임과 동시에, 이러한 유사한 언어로의 징검다리 역할을 충분히 할 수 있다. 아래에서 이 5가지 언어를 간단하게 비교해보자.

Java와 Java Script는 이름은 비슷하지만 완전히 별개의 언어다.
C++는 '씨 플러스 플러스' 또는 '씨뿔뿔'이라고 발음한다.
C#은 '씨샵'이라고 발음한다.

자바(Java):

자바는 컴파일러에 의해서 어셈블리어나 기계어로 변환되지 않고 자바 바이트코드(Java Bytecode)로 변환되며, 자바 바이트코드는 자바 가상 머신(Java Virtual Machine)이라고 불리는 소프트웨어(또는 일부에서는 하드웨어로) 인터프리터(interpreter) 상에서 수행되는 구조이다. 자바는 현재 고급 언어 중에서 가장 많은 사용자를 확보하고 있는 언어 중의 하나다.

자바 가상 머신 덕분에 자바로 작성된 프로그램은 컴퓨터의 종류나 운영체제의 종류 등에 상관없이 어느 컴퓨터에서나 수행될 수 있다는 이식성(portability)의 장점을 가지는 반면에, 이러한 인터프리터 구조의 자바 언어의 가장 큰 단점은 느린 수행 속도다.

자바 스크립트(JavaScript):

먼저 자바와 자바 스크립트는 완전히 별개의 언어라는 점을 강조하자. 자바 스크립트는 주로 웹 프로그래밍을 위한 스크립트 언어이다. 자바도 웹 프로그래밍에 사용되지만 주로 서버 쪽의 프로그래밍 부분에서 사용되고, 자바 스크립트는 클라이언트 쪽에 주로 사용된다. 자바 스크립트는 HTML 문서 내에서 클라이언트의 웹 브라우저에 의해서 해석되고 실행되는 인터프리터 방식의 언어다.

웹 프로그래밍 분야에서 HTML5 표준안에서의 자바 스크립트의 역할은 절대적이다. 또한 최근에는 자바 스크립트가 단순히 클라이언트 프로그래밍 분야에서만 사용되는 것이 아니라, 서버 쪽에서 수행 가능한 형태로 영역이 확장되고 있다. 대표적인 예가 node.js라는 프로그래밍 환경이다.

C:

오랜 역사를 가지고 가장 많은 사용자를 가진 프로그래밍 언어로써, 시스템 개발, 하드웨어 제작 등에 여전히 아주 많이 사용되고 있다. 1970년대 초에 벨 연구소(Bell Laboratories)의 Dennis Ritchie에 의해 개발된 프로그래밍 언어로써, 시스템 사이의 호환성이 좋고, 풍부한 연산자를 지원하며, C++이나 C#에 비해 가볍고 빠르다. C 언어를 바탕으로 유닉스(Unix), 리눅스(Linux) 등의 운영체제가 개발될 수 있었고, 컴퓨터 프로그래밍 환경이 성장할 수 있었던 아주 중요한 언어로써, 오랜 역사만큼이나 풍부한 사용자를 보유하고 있는 언어이다.

C++:

C 언어에 객체 지향(Object-oriented) 개념을 추가하여 만든 언어다. 현재 대규모 응용 프로그램을 만드는데 많이 사용되고 있다. '객체 지향' 이라는 말은 어떤 객체(사물, 물건, 대상)와 그 객체를 사용하는 명령어들을 체계적으로 묶어서 프로그래밍하는 방법을 말한다.

C#:

C++에 기반을 두고 Visual Basic 등의 프로그래밍 언어가 지니는 프로그래밍의 편의성을 결합한 객체지향 언어이다. 비주얼 프로그래밍 언어의 특성인 사용자 편의성, C++의 객체지향성, 자바가 지원하는 분산 환경 처리에의 적합성 등을 모두 포함하는 .NET 환경에서의 컴포넌트 기반의 소프트웨어 개발 환경을 제공한다.

샘플 프로그램으로 위의 언어들을 비교해보자. 위에서 간단하게 각 언어들의 특성을 설명하였지만 조금 더 실질적인 느낌을 갖기 위해서 샘플 프로그램으로 각 언어의 모습을 비교해보자. 프로그래밍 언어를 소개하는 많은 책들에서는 각 언어를 처음으로 소개하는 부분에 "Hello World !"라는 메시지를 출력하는 것으로 시작하곤 한다. 아래는 위에서 소개한 언어를 이용한 "Hello World !"라는 메시지를 출력하는 프로그램 예제들이다. 샘플들을 통해서 각 언어들의 전체적인 모양을 머릿속에 넣어둔다는 느낌으로 살펴보자.

Java

```
class HelloWorldApp {
    public static void main( String[ ] args ) {
        System.out.println("Hello World !");
    }
}
```

JavaScript

```
<!DOCTYPE HTML PUBLIC "-//W3C//DTD HTML 4.01//EN" "http://www.w3.org/TR/
html4/strict.dtd">
<html>
  <head><title>Sample Page</title></head>
  <body>
    <script type="text/javascript">
      document.write('Hello World !');
    </script>
    <noscript>
<p>Your browser doesn't support JavaScript or JavaScript turned off</p>
    </noscript>
  </body>
</html>
```

C

```
#include <stdio.h>

int main(void) {
    printf("Hello World !\n");
    return 0;

}
```

C++

```
#include <iostream>

int main( ) {
   std::cout << "Hello World !\n";
}
```

C#

```
using System;

class Program {
    static void Main() {
        Console.WriteLine("Hello World !");
    }
}
```

정말! 프로세싱은 간단하다!!!

Processing

```
print("Hello World !");
```

프로세싱 프로그래밍 시작

이제부터 프로세싱 언어의 기본적인 사항을 배워보자. 지금부터 프로세싱의 전반적인 이야기를 한다. 중요한 부분이다 꼼꼼히 읽자. 지금부터 처음으로 프로세싱으로 프로그래밍을 해 볼 시간이다.

프로세싱 다운하기

1. 프로세싱은 http://www.processing.org 에서 무료로 다운 받을 수 있다.

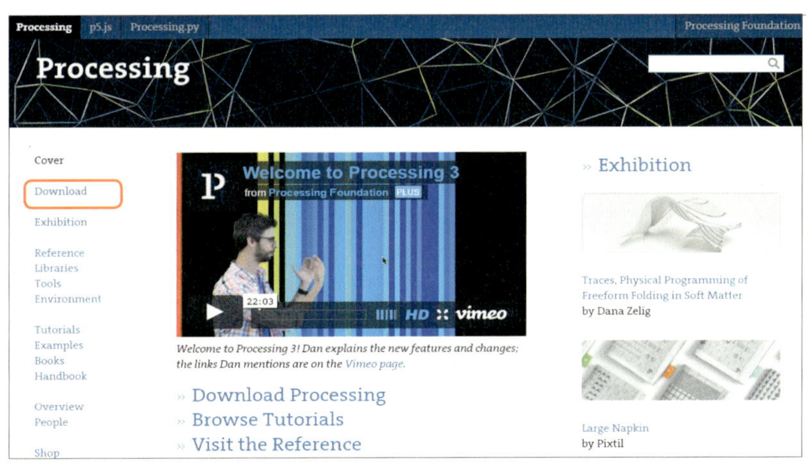

> Processing 은 언어 자체도 조금씩 업그레이드되고 있고, 관련 웹페이지도 조금씩 업그레이드되고 있어서, 웹 페이지 화면이 조금 다를 수도 있다.

2. 사이트의 좌측의 [Download] 링크를 눌러보자. Donation(기부)에 대한 페이지가 열리는데 적절하게 클릭하고, 하단의 [Download] 링크를 선택하자.

Download Processing. Please consider making a donation to the Processing Foundation before downloading the software.

Processing is open source, free software. All donations fund the Processing Foundation, a nonprofit organization devoted to advancing the role of programming within the visual arts through developing Processing.

No Donation $10 $25 $50 $100 $

Donate & Download

본 교재의 모든 그림은 윈도우 운영체제에서 캡춰하였다.

3. 운영체제(Operating System)에 따라서 리눅스, 맥 OS, 윈도우 버전으로 나뉘어져 있는데, 본인의 운영체제에 적합한 프로그램을 다운 받자.

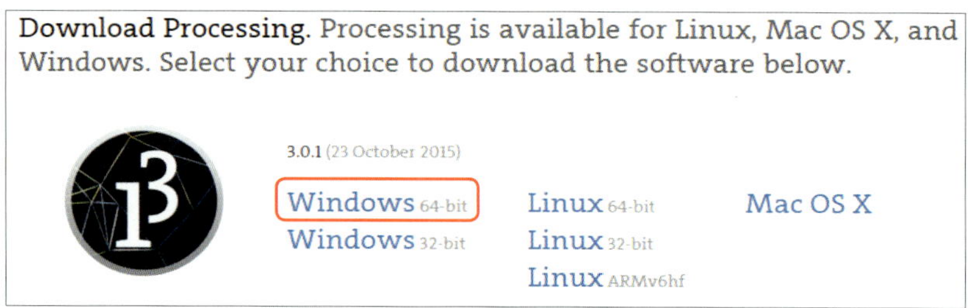

운영 체제 중에서도 32비트인지 64비트인지도 구분해서 다운로드 받자. 윈도우 운영체제인 경우 아래의 그림과 같은 화면에서 자신의 운영체제가 32비트인지 64비트인지 확인할 수 있다. 요즘의 컴퓨터에는 보통 64비트 운영체제를 주로 사용한다.

반면에, 기존의 C 언어의 컴파일러(개발 환경)로 많이 사용되는 Microsoft 사의 Visual Studio와 같은 프로그램은 별도의 인스톨 과정을 거쳐야 한다.

프로세싱은 인스톨(Install) 과정이 필요 없이 압축된 파일을 풀기만 하면 된다.

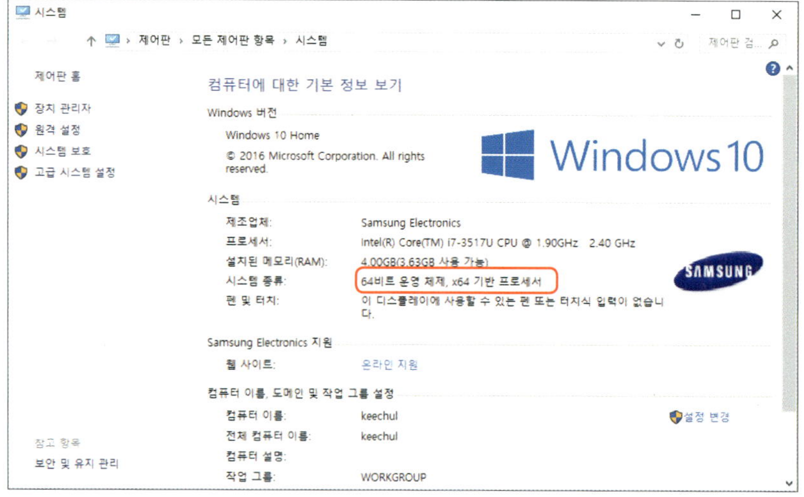

프로세싱 개발 환경: Processing Development Environment(PDE)

이 부분의 설명은 시간이 없다면 지금 당장 보지 않아도 된다. 필요할 때 다시 와서 보자.

core	11/25/2015 11:59 ...	File folder
java	11/25/2015 11:59 ...	File folder
launch4j	6/9/2015 9:01 PM	File folder
lib	11/25/2015 11:59 ...	File folder
modes	11/25/2015 11:59 ...	File folder
tools	11/25/2015 11:59 ...	File folder
processing	10/23/2015 5:23 PM	Application
processing-java	10/23/2015 5:23 PM	Application
revisions	10/23/2015 5:23 PM	Text Document

다운 받은 파일을 압축을 풀면 다음과 같은 내용을 확인할 수 있다.

- **processing.exe**: 프로세싱 언어를 이용하여 프로그램을 개발하게 해주는 프로세싱 개발 환경(Processing Development Environment: PDE)이다. 이 프로그램에서 모든 프로그래밍 작업이 이루어진다. 즉, 이것이 바로 여러분이 프로세싱 프로그래밍 작업을 위해서 사용할 프로그램이다. 프로세싱 언어는 프로그램을 스케치(sketch)라는 단위로 이루어진다. 즉, 프로세싱의 코드 파일을 스케치라고 부른다.

프로세싱에서는 각각의 프로그램을 스케치(sketch)라고 부른다. 이 말의 의미는 아마도 빠르게 그림을 스케치하듯이 프로그래밍을 할 수 있다는 의미일 것이다.

- **core**: 프로세싱에서 제공해주는 기본 기능을 지원하는 라이브러리들의 모음이다.
- **java**: 자바 가상 머신(Java Virtual Machine) 관련 파일이다. 프로세싱은 컴파일하면 내부적으로 자바 코드로 변환되기 때문에 자바 가상 머신 관련 파일들이 필요하다.
- **lib**: 프로세싱에서 사용할 수 있는 다양한 외부 라이브러리(libraries)들의 모음이다. 음악이나 비디오를 재생하거나, 컴퓨터 비전 등 다양한 기능을 제공하는 수백 개의 라이브러리가 있다.
- **modes**: 프로세싱은 다양한 개발 환경(플랫폼)을 지원한다. Java 모드가 기본(default) 모드이고, 안드로이드 앱(Android App) 개발 모드 등 다양한 플랫폼을 지원한다.
- **tools**: 프로세싱 개발 환경(PDE)이 제공해주지 않는 기능을 보완/확장하는 프로그램들이다. 이 툴들을 통해서 개발 환경을 확장하여 사용할 수 있다.

프로세싱 시작(processing.exe)

이제 시작이다. processing.exe 프로그램을 실행하자.

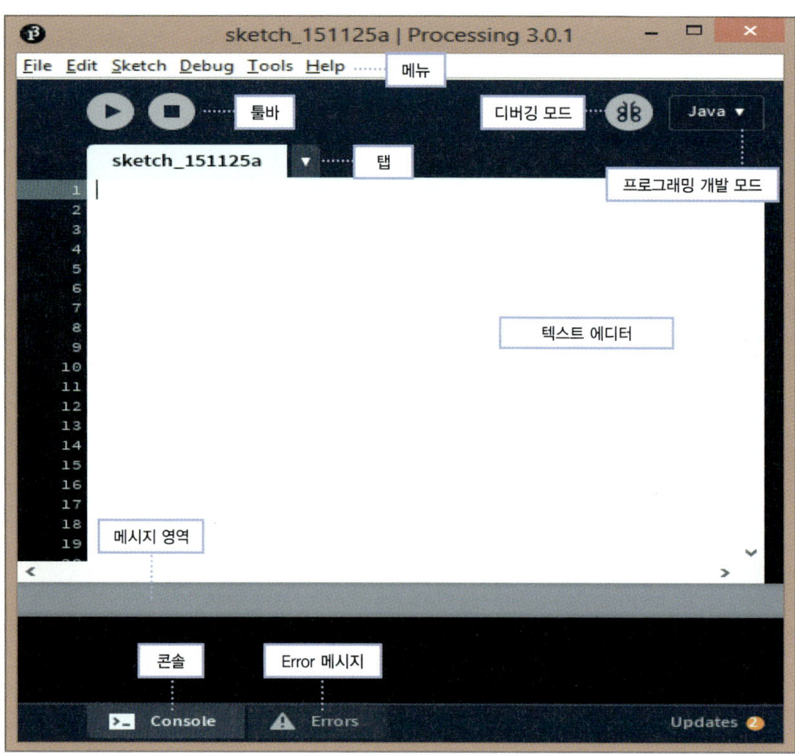

직접 여기 저기 메뉴를 눌러보자. 지금은 내용을 잘 모르지만 마구 눌러보자. 컴퓨터가 고장날까 걱정할 필요는 없다. 고장 나면 다시 다운받으면 된다.

- **메뉴(Menu)**: File, Edit, Sketch, Tools, Help 등의 메뉴가 모여있는 풀다운 메뉴이다. 메뉴 사용법은 본격적인 프로그래밍에 대한 설명 부분에서 하나씩 설명한다.
- **툴바(Toolbar)**: 작은 아이콘들의 모음이다. 순서대로 Play, Stop, Debug, Modes 등의 자주 사용되는 기능을 아이콘으로 정리해 놓은 부분인데, 툴바 버튼들은 메뉴에서도 사용할 수 있지만, 자주 사용되는 기능들을 사용하기 쉽게 별도의 '툴바(Tool Bar)'로 만든 것이다. 아래에 화면에 보이는 순서대로 툴바의 아이콘들을 설명하였다. 툴바 버튼들의 모양을 잘 살펴보자.

화면에서 Text Editor에서 코딩을 한 후, Toolbar에 있는 실행 버튼(삼각형이 그려진 동그라미)을 누르면 코드가 컴파일 되고, Display Window창에 나타나게 된다. 자세한 프로그래밍 방법은 잠시 후에 살펴보자.

Play: 프로그램 실행 버튼이다. 입력한 프로그램 코드가 컴파일되어 실행된다.

Stop: 실행 중인 프로그램이 멈춘다.

Debug: 스텝 별로 한 줄씩 프로그램을 실행하면서, 에러를 수정할 수 있는 디버깅 모드로 전환한다.

- **탭(Tabs)**: 하나의 스케치를 위해서 탭을 여러 개를 열어서 여러 개의 파일로 나누어서 코딩을 할 수 있다. 프로그램이 짧다면 하나의 소스 파일에서 작성해도 무리가 없지만, 수백 줄이 되는 대형 프로그램을 작성할 때 유용한 기능이다. 나누어진 소스 프로그램을 각각의 탭에서 나누어서 프로그래밍 할 수 있다.
- **텍스트 에디터(Text Editor)**: 프로세싱 언어를 이용하여 실제로 코딩 작업을 하는 부분이다.
- **메시지 영역(Message Area)**: 코드를 컴파일 할 때 나오는 에러 등의 메시지가 표시되는 부분이다.
- **콘솔(Console)**: 프로그램에서 어떤 텍스트 메시지를 출력하면 이 콘솔 창에 출력된다. 즉 프로그램에서 출력하는 텍스트 메시지가 보여지는 창이다. 보통은 디버깅(에러를 찾아내는 과정) 과정에서 내부 변수들의 상황을 출력해보는 용도로 많이 사용한다.
- **에러(Errors)**: 프로그램 컴파일(실행)시 발생하는 에러의 자세한 내용을 출력한다. 에러 디버깅 관련은 나중에 더 자세하게 설명한다.

FILE

메뉴 바 상에는 여러 메뉴들이 있지만, 아래에서는 [File], [Edit], [Sketch], [Debug] 메뉴를 주로 살펴보자.

[File] 메뉴의 기본적인 기능은 아래와 같다.

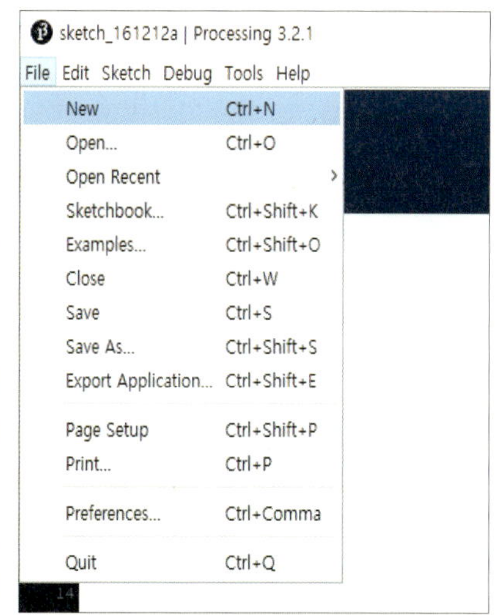

- **New**: 새로운 윈도우에서 새로운 스케치 파일 생성, 디폴트(default, 기본 설정)로 "sketch_YYMMDDa"와 같이 파일 생성 날짜로 파일 이름이 생성된다. 저장할 때는 적절한 이름으로 파일 이름을 변경해서 저장하자.
- **Open**: 새로운 창에 기존의 스케치 파일을 불러온다.
- **Sketchbook…**: sketchbook 폴더에서 스케치를 불러온다.
- **Save**: 스케치 파일 저장. 프로세싱 파일의 확장자는 *.PDE이다.

sketch 폴더: sketch가 기본적으로 저장되는 폴더이다. [File]–[Preferences…] 메뉴에서 설정을 변경할 수 있다. 잠시 후 설명한다.

- **Save as...**: 스케치 파일의 이름을 변경해서 저장한다.
- **Export Application…**: IDE 없이 독자적으로 실행 가능한 실행 파일(*.exe)을 만든다.
- **Preferences…**: 아래와 같은 창에서 다양한 세부 설정을 변경할 수 있다. 폰트의 크기를 변경하거나, 주석을 한글로 입력하기 위해서 폰트를 한글이 지원되는 폰트로 바꾸거나 하는 설정을 할 수 있다.

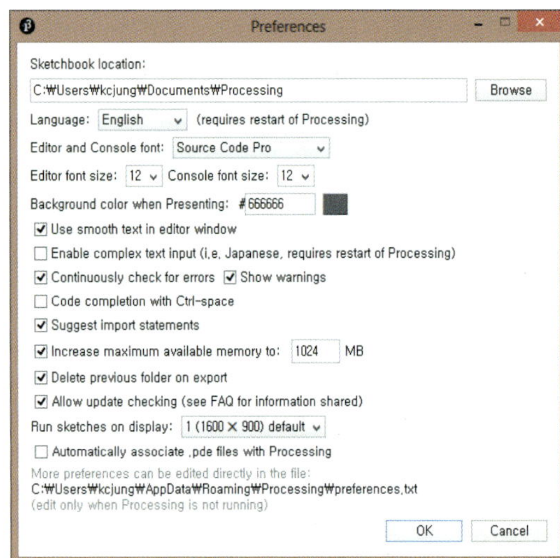

– **Sketchbook location**: 스케치 파일이 디폴트로 저장되는 폴더의 위치이다. 각자 원하는 폴더로 변경 가능하다. 여기에 모든 스케치 파일이 저장된다.

프로그래밍을 마치고 실행 버튼을 누르면 컴파일을 하면서 에러를 검출한다. 그런데 이 기능은 프로그래밍 하는 도중에 수시로 에러를 검출해서 보여주는 기능이다.

– **Show warnings**: 아래와 같이 프로그래밍 도중에 발생하는 오류들을 메시지 영역에 출력해준다.

이 그림은 선언하지 않는 변수를 사용한다는 오류다. 따라서 프로그래밍 중에 화면의 코드에 '빨간색 밑줄'이 보인다면, 문법적으로 오류가 있을 수 있는 부분이라는 점을 기억하자.

– **Code completion with Ctrl-space**: 예를 들어, 옆의 그림과 같이 'ellipse'라는 단어를 입력한 후, Ctrl-space(Control 키를 누른 상태에서 space bar 키를 누름)를 누르

면 사용 가능한 기능들이 제시되고, 그 중에서 하나를 마우스로 선택하면 해당 기능을 코딩하기 편리하게 해주는 기능이다. Eclipse(이클립스) 등 많은 다른 개발 환경에서 이미 지원하는 기능인데 Processing 3 버전에서 추가된 기능이다. 아직까지는 완벽하게 지원하지는 못하지만 나름 유용한 기능이다.

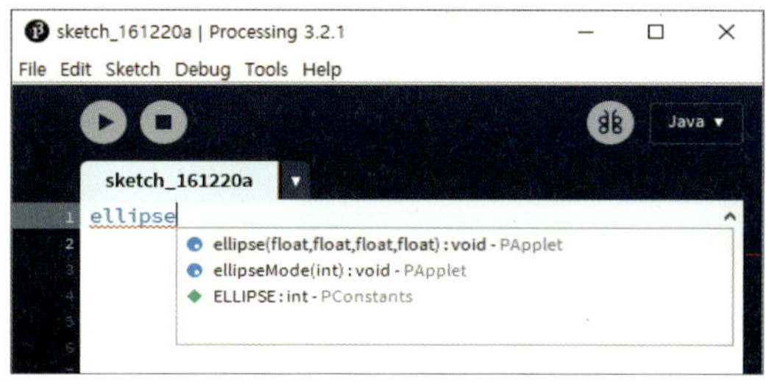

- **Language**: PDE의 메뉴의 언어를 변경해준다. 이 부분을 '한국어'로 변경하면 다음에 PDE를 실행할 때부터 한글로 메뉴가 보인다.
- **Enable complex text input**: 주석에 한글을 사용하려면 이 메뉴를 Check하면 가능하다.

> 또한 [Preferences] 메뉴의 [Edit and Console font] 메뉴에서 사용할 폰트를 한글 폰트를 지정하면 한글 입력도 가능하다.

EDIT

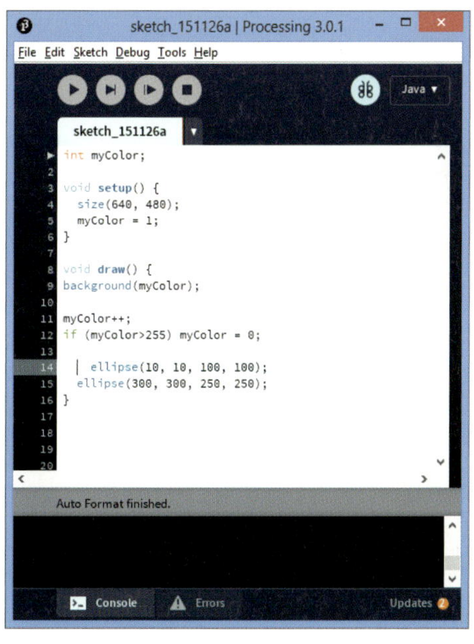

소스 코드의 정렬된 모양은 프로그램의 가독성을 좌우하는 중요한 요소인데, 아래의 코드를 보면 인덴트(indent, 들여쓰기) 등 코드가 정렬되지 않은 것을 확인할 수 있다. 코드가 규칙적으로 정렬되어 있지 않으면 코드를 읽기 힘들어진다.

> 코드의 정렬 방법은 잠시 후에 자세하게 설명한다.

아래와 같이 [Edit]→[Auto Format] 메뉴를 선택하면, 아래 오른 쪽과 같이 깔끔하게 정렬된 소스를 확인할 수 있다. 프로그래밍을 하는 과정에서 코드의 깔끔한 정렬을 신경쓰도록 하자.

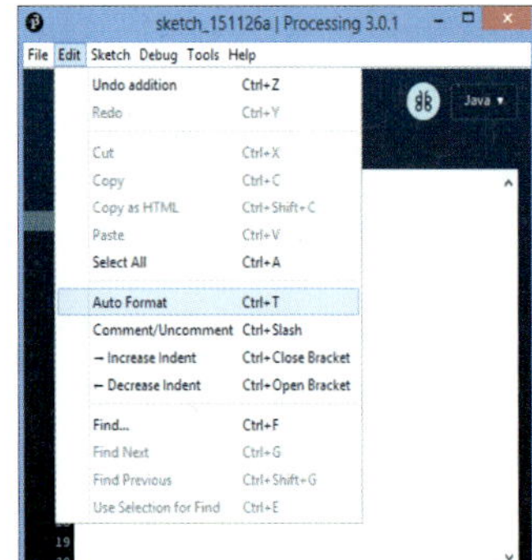

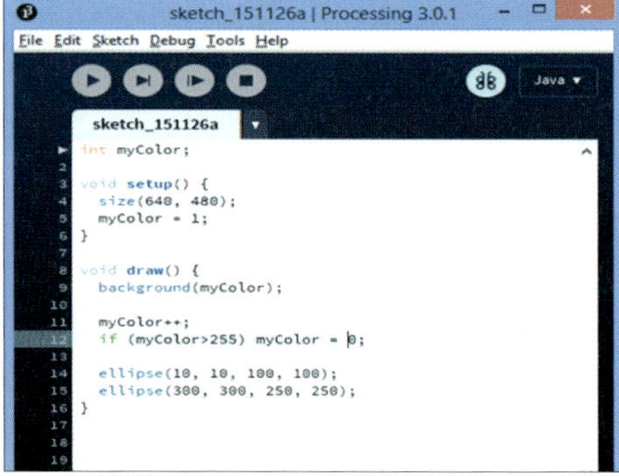

SKETCH

Sketch 메뉴는 프로그램의 '실행'과 관련된 메뉴의 모음이다. 프로그램 작성이 끝나면 [Run] 메뉴를 눌러서 실행할 수 있다. 또는 보통의 경우에 프로그램의 실행은 메뉴 아래의 툴바 버튼 중에 버튼을 주로 사용한다.

- **Run**: 새로운 실행 창(윈도우)을 열어 프로그램을 실행한다.
- **Present**: 모니터 화면을 꽉 채운 상태에서 프로그램을 실행한다.
- **Tweak**: '프로그램 실행 중'에 상수값(constant value)을 변경해볼 수 있는 기능이다. 옆과 같이 프로그램을 작성하고 [Sketch]–[Tweak] 메뉴를 눌러보자. 그러면 아래와 같이 수정 가능한 값들에 대해 값을 수정할 수 있는 기능이 제공된다. 해당하는 곳에 마우스를 클릭해서 좌우로 움직이면 프로그램 실행 중에 값을 변경할 수 있다. 또한 프로그램을 종료하면 아래와 같이 변경된 값으로 프로그램의 값들을 바꿀지를 묻는다. 다양한 값들의 설정을 편하게 변경할 수 있도록 해주는 기능이다.

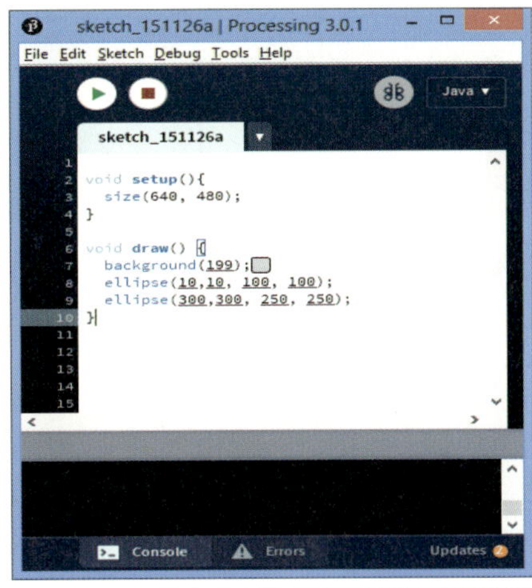

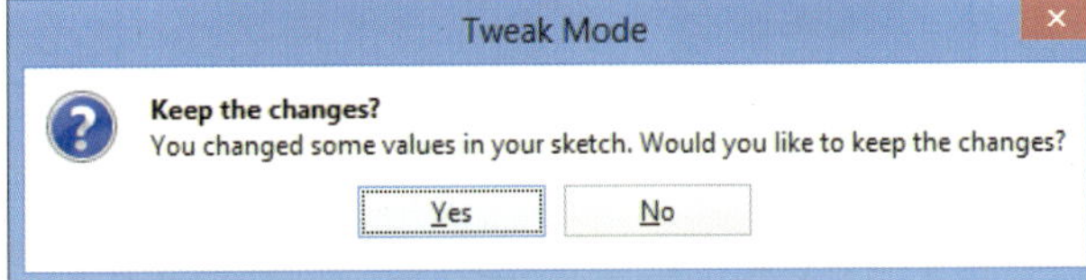

DEBUG

메뉴에서 [Debug] 메뉴를 선택하거나, Tool bars에서 버튼을 선택하면 아래와 같은 디버깅 창이 뜨면서 한 줄씩 차례로 실행하면서 디버깅을 할 수 있다. Eclipse나 다른 개발 환경에 익숙한 사용자는 쉽게 적응할 수 있을 것이다.

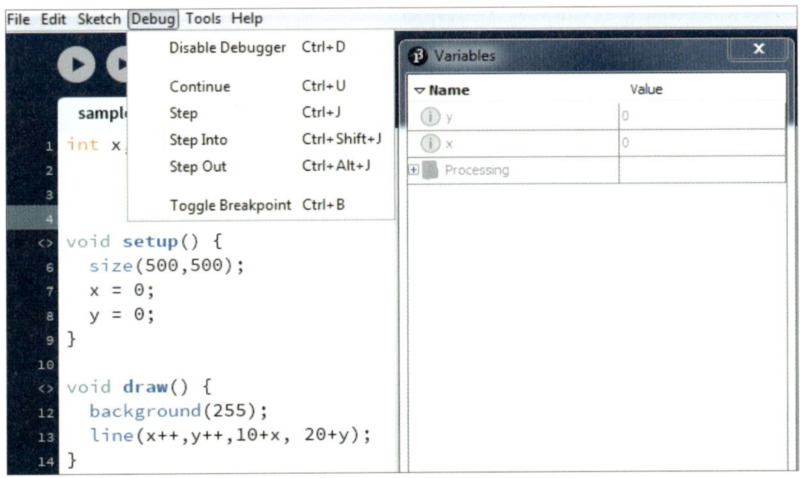

여기까지 자주 사용하는 중요한 기능에 대해서만 설명하고 있다. 이 교재에서 설명하고 있지 않은 더 자세한 설명은 [Help]-[Environment] 메뉴에서 확인해보자.

프로세싱 처음 시작하기: 화면에 원 그리기

처음 프로그래밍 작업을 하는 사람이라면, 지금 어떻게 시작해야 할 지 앞이 깜깜할 수 도 있다. 지금부터 설명되는 4쪽에 걸친 설명을 잘 읽어보자.

프로세싱을 이용한 프로그래밍은 (1)프로그래밍, (2)실행, (3)오류가 있으면 수정, 이 3 단계를 거친다. 즉 바로 바로 프로그램의 수정 내용을 실행하여 확인해볼 수 있다는 장점이 있다.

수학에 왕도가 없다는 말처럼, 프로그래밍에도 왕도는 없다. 다만 꾸준히 관심을 두고 많은 실전 경험을 가져보는 것 뿐이다. 체계적인 프로그래밍 기법을 연구하는 분야인 '소프트웨어 공학(Software Engineering)' 분야에서는 프로그램 기획, 설계 등을 통한 프로그래밍의 준비 작업의 중요성을 강조하지만, 프로세싱은 시각적인 출력을 쉽게 할 수 있어서 프로그램의 결과물을 수시로 확인할 수 있는 장점이 있기 때문에, 그리 크지 않은 프로그램이라면 바로 앉아서 프로그래밍 작업을 시작해도 무방하다고 생각된다.

이제부터는 작은 프로그램을 같이 작성하면서 프로세싱을 이용한 프로그래밍 방법과 환경에 대한 설명을 해보자. 이번에 구현하고자 하는 프로그램은 간단하게 화면에 원을 하나 그리는 프로그램이다.

1. processing.exe 프로그램을 실행하자. PDE(Processing Development Environment)의 가장 큰 화면인 텍

스트 에디터 창에 다음과 같이 입력하자. 마지막에 세미 콜론(;)도 꼭 입력하자.

```
ellipse(50, 50, 100, 100);
```

위의 명령어는 화면의 (50, 50) 좌표 위치에 가로, 세로 지름이 각각 100, 100인 타원을 그리는 명령어다.

2. 상단의 툴바에서 여러 메뉴 버튼 중 ▶ 버튼을 누르자.

이 버튼은 프로그램 실행 버튼이다. 이 버튼을 눌렀을 때, 프로그램에 이상이 없으면 프로그램을 컴파일하고 이를 실행한다. 만약 이 상태에서 실행되지 않고 이상한 반응을 보인다면, 프로그램에 오타가 있을 가능성이 많다. 쉼표를 마침표로 잘 못 입력하지 않았는지, 마지막에 세미콜론(;)을 정확히 타이핑하였는지를 체크하자.

3. 새로운 창(window)이 열리면서 원이 그려진 화면을 확인할 수 있다.

윈도우를 생성하거나, 메뉴를 디자인하거나 하는 작업을 전혀 하지 않고, 타원을 그리라는 명령어 만으로 프로그램이 수행될 수 있다.

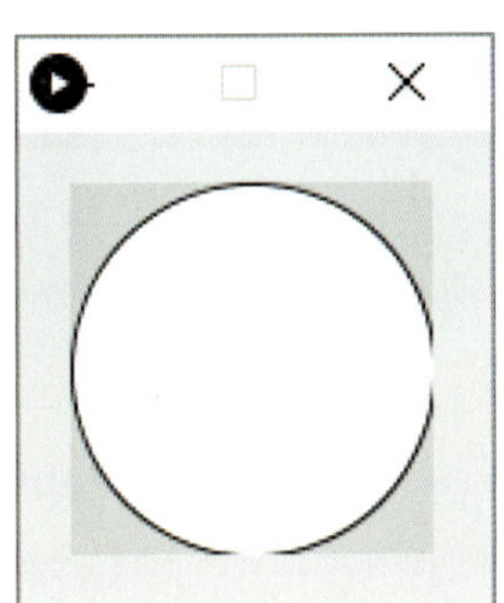

이렇게 간단하게 본인의 컴퓨터에서 수행되는 프로그램을 작성할 수 있다. 이것이 프로세싱을 이용한 프로그래밍의 모든 것이다. 텍스트 에디터 화면에 명령어를 입력하고, 시작 버튼을 누르기만 하면 된다. 이제 여러분이 해야 하는 일은, 프로그래밍에 대한 호기심을 가지고 프로세싱에서 제공되는 몇 개의 명령어들과 문법적인 규칙들을 기억하는 일이다.

3. 프로그래밍을 완료하고 작성한 프로그램을 저장하려면, 아래와 같이 [File]-[Save] 메뉴를 눌러서 저장할 수 있다. 저장되는 파일의 이름과 위치를 잘 기억하자. 파일의 이름은 기억하기 쉬운 이름으로 정하자.

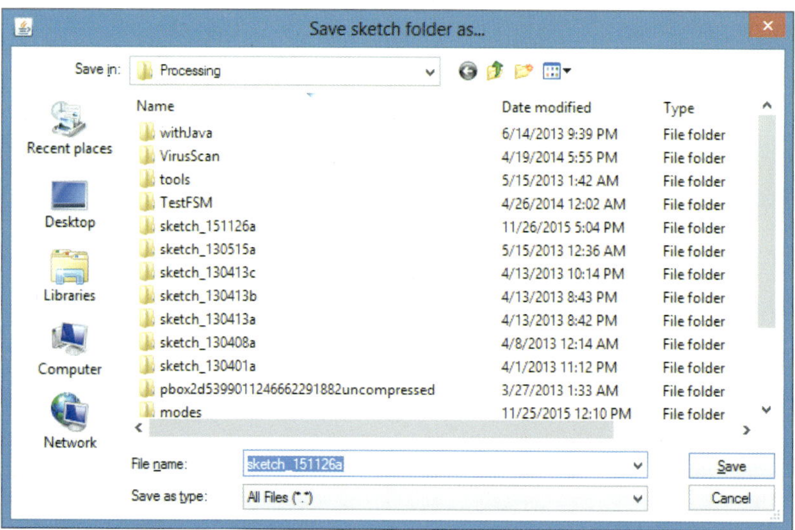

개괄적으로 아래의 페이지를 쭉 훑어보는 것도 좋은 생각이다. 직관적으로 각각이 무슨 의미/기능을 가지는지 한번 생각해보면, 향후에 도움이 필요할 때 나도 모르게 어떤 아이디어가 불현듯 떠오를수도 있다.

프로세싱에서 기본적으로 제공해주는 명령어(연산자, 함수, 시스템 변수 등)들은 www.processing.org 에서 [Reference] 링크를 눌러서 확인할 수 있으며, 각 세부 내용에 대한 설명도 확인할 수 있다. 이 내용들 중에서 필요한 것을 차근 차근 배워나가면 된다. 실제로는 이 책과 같은 오프라인 교재가 프로세싱을 공부하기 위해서 꼭 필요한 것은 아니다. 대부분의 정보는 위의 사이트에 있기 때문이다.

다시 말하지만, 프로세싱을 배우기 위해서 꼭 이 책이 필요한 것은 아니다. 인터넷에서 구할 수 있는 더 많은 정보를 직접 찾아보자.

예를 들면 이렇게 많은 함수들 중에서 삼각형(triangle)을 그리는 함수가 궁금하면, 위의 페이지에서 triangle( ) 부분 링크를 눌러서 아래의 그림과 같이 사용 예제와 함수의 기능 등에 관련된 설명을 확인할 수 있다.

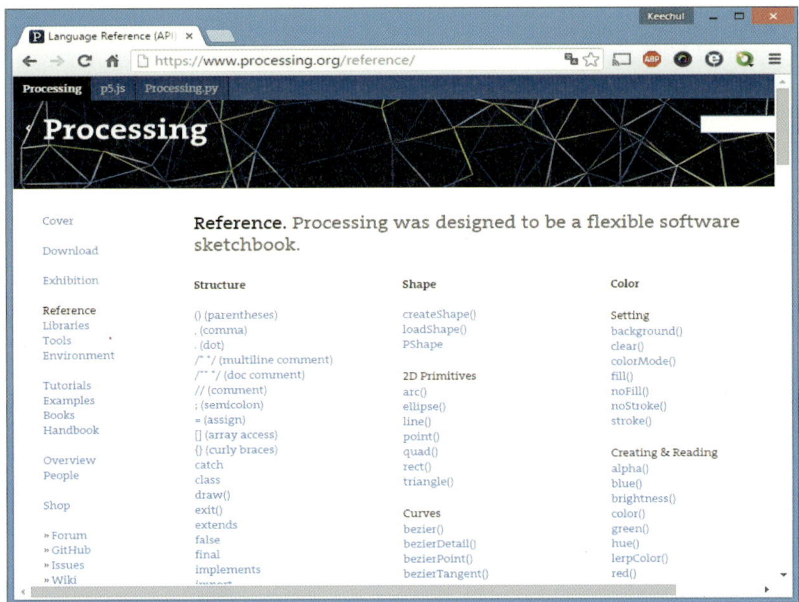

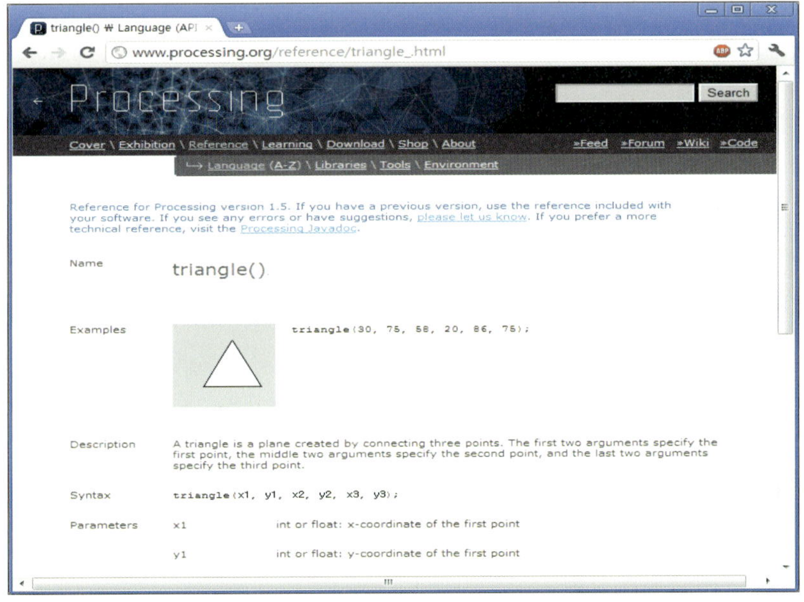

프로세싱의 프로그램 "실행 방식 3가지"

프로세싱으로 작성한 프로그램을 실행하는 방식에는 3가지 다른 방식이 있다. 즉, 프로세싱으로 어떤 프로그램을 만들면 3가지 다른 방법으로 실행할 수 있다는 말이다.

- **PDE 상에서 수행되는 모드**: 방금 우리가 실행한 프로그램은 프로세싱 개발 환경(PDE) 상에서 [Run] 버튼을 눌러서 프로그램을 실행하는 모드이다. 이 모드가 일반적으로 가장 많이 사용하는 경우이다.

이 실행 방식은 프로세싱이 설치되어 있지 않는 컴퓨터에서 본인이 만든 프로그램을 실행하는 방식이다.

- **운영체제 상에서 독립적으로 수행되는 독립 애플리케이션 모드**: [File]–[Export Applications…] 메뉴를 선택하면, 운영체제 상에서 우리가 일반적으로 사용하는 프로그램들과 같은 형식으로 별도의 독립적인 프로그램으로 수행된다. 독립적인 프로그램이란 우리가 일반적으로 사용하는 운영체제 상에서 바로 실행 가능한 프로그램(*.exe)을 말한다.

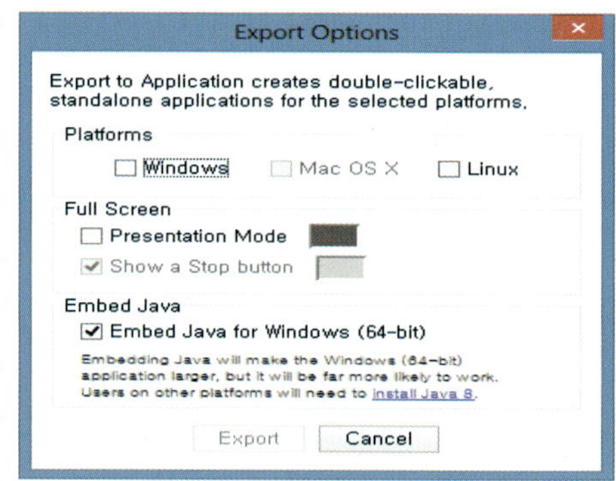

  - [File] – [Export Applications…]을 누르면 다음과 같은 다이얼로그 박스가 열리고, 해당하는 운영체제를 선택해주면 된다.
  - 그러면 윈도우즈 운영체제 같은 경우는 'application.window32' 또는'application.window64' 폴더가 생성된다. 해당하는 폴더를 선택해서 들어가면 확장자가 '*.exe'인 실행 파일이 있다. 이 프로그램을 실행하면 프로세싱 PDE의 도움 없이 바로 실행된다.

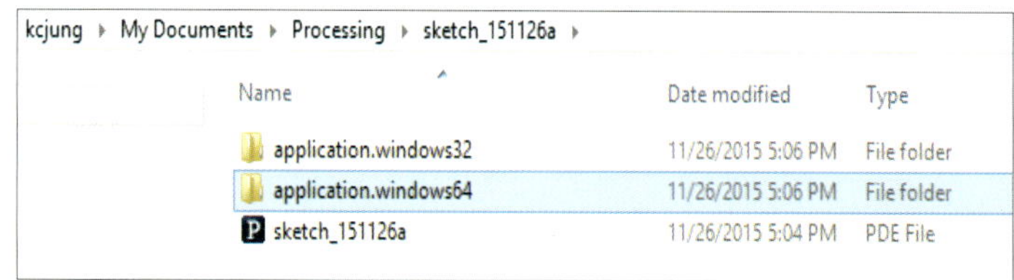

안드로이드 모드를 사용하려면 Android SDK 등 몇 개의 파일이 설치되어 있어야 한다.

- **Android 모드**: PDE의 우측 상단의 버튼을 누르면 [Java] 또는 [Android] 모드 중에 선택할 수 있다. [Java] 모드는 우리가 기본적으로 사용하는 모드, [Android]는 안드로이드 스마트폰용 앱을 개발할 수 있는 모드다.

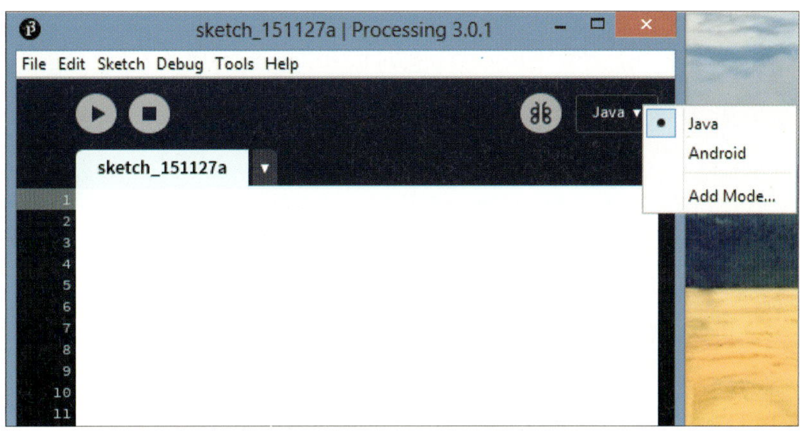

프로세싱으로 만든 프로그램을 실행하는 방식이 여러가지가 있다는 말은, 프로세싱 언어를 이용해서 하나의 프로그램을 만들면 위의 3가지 다른 방식으로 실행시킬 수 있다는 말이다.
실제로 이 책이 출판되는 때에는 프로세싱을 이용해서 스마트 폰에서 수행되는 모바일 버전, Arduino와 같은 임베디드 보드에서 수행되는 버전, 웹 브라우저에서 자바 스크립트 방식으로 수행되는 버전 등을 개발할 수 있는 방법들이 속속 생겨나고 있는 중이다.

프로세싱에서의 "프로그래밍 방식 2가지"

이 부분은 중요한 부분이다. 잘 읽어두자.

프로세싱 언어를 이용한 프로그래밍 방식은 두 가지 방식이 있다: 정적 모드(static mode)와 동적 모드(active mode). 이 2가지 방식의 구분은 자신이 만들 프로그램이 정적인 결과를 출력하느냐, 동적인 결과를 출력하느냐에 따른 것이다.

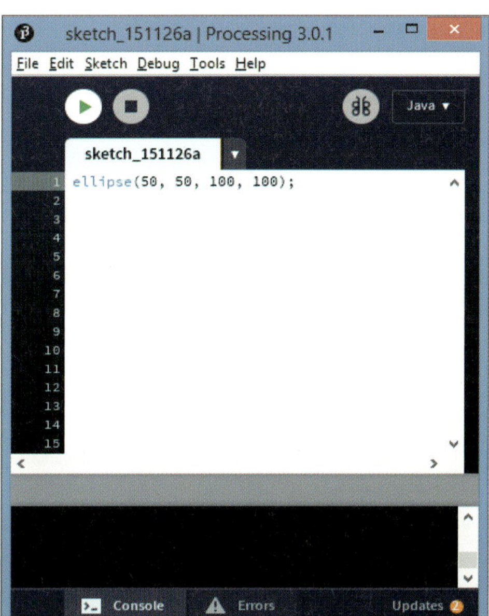

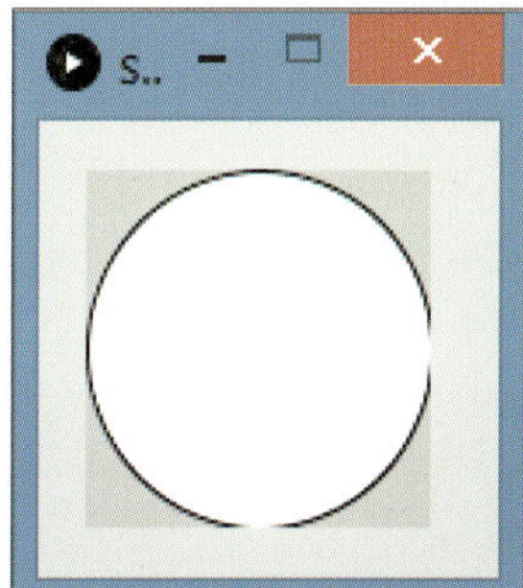

- **정적(static) 모드**: 변하지 않는 정적인 결과 화면을 생성한다. 사용자의 입력에 반응하지 않는 정지된 결과인 옆의 그림과 같은

느낌의 출력을 생성하는 프로그램이다. 프로그램 실행 도중 정지된 이미지를 화면에 그려줄 뿐 더 이상 변함이 없는 프로그램이다. 상대적으로 간단하고 소규모 프로그램을 작업할 때 유용하며, 정해진 기능만을 수행한 후 종료하는 방식의 프로그램이다.

- **동적(active) 모드**: 용어의 뜻 그대로 사용자와 인터랙션(interaction: 상호 작용)하면서 반응하는 프로그램을 말한다. 사용자가 명시적으로 프로그램을 종료하기 전에는 계속적으로 사용자로부터 입력을 받고 그와 관련된 출력을 생성한다. 상호 작용이 가능해야 하므로 프레임 단위로 연속적으로 동작하는 프로그램으로써, 주로 마우스나 키보드 등의 입력값을 이용한 연속적인 반응을 필요로 할 때 사용한다. 동적 모드 프로세싱 프로그래밍은 setup( ) 함수와 draw( ) 함수를 필수적으로 사용해야 한다.

프레임(frame)이란 동영상에서의 한 장면 장면을 말한다. 여기서는 프로세싱에 의해서 동적으로 변하는 프로그램의 출력 장면들을 말한다.

'함수'라는 것의 설명은 2장의 후반부에서 자세하게 다룬다.

  - **setup( )** 이라는 함수는 이름처럼 프로그램이 처음 실행될 때 가장 먼저 '한 번만' 수행되는 함수이다. 대부분 프로그램의 초기 설정(setup) 부분을 여기에 작성하면 된다.
  - **draw( )** 함수는 이름처럼 화면에 무엇인가를 그리는 역할을 하는 부분인데, 이 함수는 계속적으로 자동 반복되는 함수이다.

옆의 프로그램은 마우스를 따라다니면서 원을 그리는 프로그램 예제이다.
draw( ) 함수 내부에 타원을 그리는 함수가 있는데, 마우스의 위치에 따라서 계속적으로 원을 그려준다.

프로그램을 실행하면 setup( ) 함수가 1번 실행되고, 그 다음에 계속적으로 draw( ) 함수가 실행되면서 사용자와 인터랙션이 이루어진다.

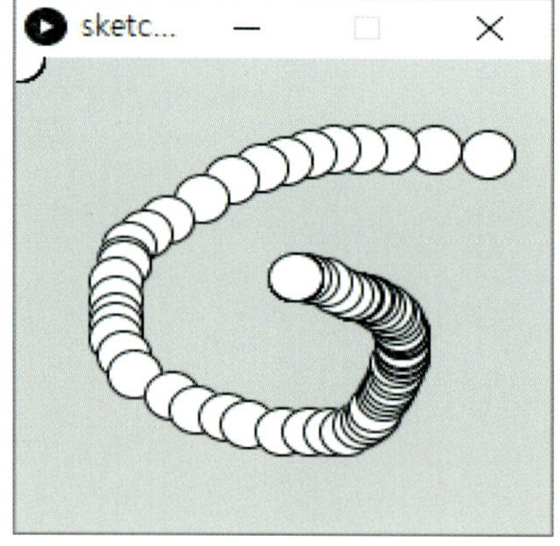

관련 사이트 소개

이 책만으로는 프로세싱의 구석 구석을 살펴보는 것에는 한계가 있다. 프로세싱 언어는 계속 변하고, 확장하고 있기 때문에 프로세싱의 모든 것을 설명한다는 것은 불가능하다.

또한 이 책은 프로세싱 언어의 극히 일부분 중에서 아트 작품 제작에 필요한 내용들을 중심으로 기술하고 있다. 다른 정보가 필요할 때는 아래의 웹사이트와 책들에서 정보를 찾아보자.

사이트:

- Processing Official Site : http://www.processing.org/
- 프로세싱 동영상 강좌: http://hello.processing.org/
- Daniel Shiffman's Blog : http://www.shiffman.net/
- OpenProcessing : http://www.openprocessing.org/
- 저자의 프로세싱 관련 사이트:
  - https://sites.google.com/site/gamewithprocessing/
  - https://sites.google.com/site/artwithprocessing/

책:

- "게임을 만들며 배우는 프로세싱 기초" 정기철 저, 홍릉과학출판사.
- "게임을 만들며 배우는 Processing: Battle City 탱크 게임 중급" 정기철 저, SSU Press.
- "Processing: A Programming Handbook for Visual Designers and Artists", Casey Reas and Ben Fry, 2007, MIT Press.
- "Processing: Creative Coding and Computational Art (Foundation)", Ira Greenberg, 2007, Frends of Ed.
- "Learning Processing: A Beginner's Guide to Programming Images, Animation, and Interaction", Daniel Shiffman, 2007, Morgan Kaufmann
- "Visualizing Data", Ben Fry, 2007, O'Reilly
- "Making Things Talk: Practical Methods for Connecting Physical Objects", Tom Igoe, 2007, O'Reilly

프로세싱 프로그래밍할 때의 팁

프로세싱 프로그래밍의 몇 가지 팁이 있다.

- 프로세싱에서 기본적으로 제공해주는 함수나 변수들은 **오렌지색** 또는 **파란색**으로 표시된다. 입력된 단어의 색깔 정보는 오타 등을 점검할 때 편리하다.
- 변수 등의 이름은 대소문자를 구별한다. 즉, 대문자로 시작하는 Color와 소문자로 시작하는 color 변수는 다르게 취급된다.
- 아래와 같이 프로그래밍 중에 빨간색 밑줄이 그어지면, 어딘가에 오류가 있는 것이다. 해당하는 빨간색 밑줄 부분을 마우스로 더블 클릭하면 화면에 설명이 나온다. 이를 참고해서 수정하자.

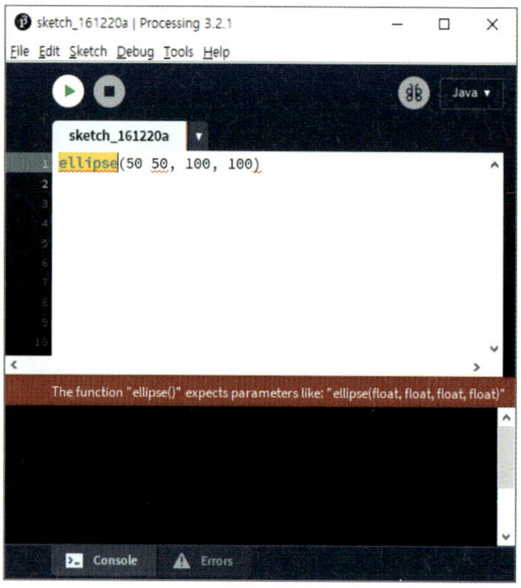

- 프로그래밍을 할 때, 아래와 같이 들여쓰기(indent, 인덴트)를 하면 코드가 읽기 편해진다. 중괄호{ }로 둘러싸진 영역 내부는 탭(Tab) 키를 이용해서 들여쓰기를 하도록 하자.

이 부분이 인덴트다. Tab 키를 사용한다.

```
void setup() {
  size(300, 200);
  ellipse(100, 100, 20, 20);
}
```

공 그리기(프로세싱 프로그래밍 시작)

지금부터 시작이다. 프로세싱 프로그래밍을 처음 시작하면서 가장 기본적인 기능인 '도형 그리기'를 해보자. 지금 우리가 도전할 '원 그리기'는 출력 부분의 가장 기본적 요소이다.

원 그리기

아래는 동적(active) 모드 프로그래밍 방식으로 프로그래밍을 시작한다. 물론 공을 한 번만 그리려면 정적(static) 모드도 충분하지만, 프로그램을 계속적으로 업그레이드해서 키보드 또는 마우스 입력에 반응하는 작품을 만들려면 처음부터 동적 모드로 시작하는 것이 좋다. 아래의 내용을 텍스트 에디터 화면에 입력한 후, 실행 버튼을 눌러보자. 이제부터는 우측의 '설명 칼럼'을 주의 깊게 보자.

setup( ) 함수부터 실행된다. 프로그램의 위에서 차례로 실행된다.

```
void setup() {
  size(300, 200);
  ellipse(100, 100, 20, 20);
}

void draw() {

}
```

실행 윈도우의 창의 크기를 설정한다. 가로×세로가 300×200인 윈도우를 의미한다. 단위는 픽셀이다. size( ) 함수를 생략하면 디폴트(default)로 100×100인 윈도우가 생성된다.

타원을 그리는 함수이다. 괄호 안의 4개의 숫자값은 각각 타원의 중심 좌표 x, y, 그리고 타원의 가로, 세로 지름이다. 좌표의 기준점은 왼쪽, 상단이 0,0이다. 모든 좌표는 시작 위치가 0이다. 1이 아니다. 즉 이 상태에서의 화면은 x축은 0~299, y축은 0~199이다.

이 프로그램에서 2, 3번째 줄은 Tab 키를 이용하여 들여쓰기(indent) 를 하였다. 들여쓰기는 프로그램의 전체적인 모양을 한눈에 볼 수 있도록 하는 중요한 기능이다. 프로그래밍을 할 때 들여쓰기에 신경쓰도록 하자.

프로세싱의 동적 모드 방식의 프로그램은 위와 같이 setup( ) 함수와 draw( ) 함수를 사용하게 된다.

함수(function)라는 말은 프로그래밍에서 아주 중요한 개념 중의 하나다. 수학 시간에 배운 삼각 함수 중에서 sin(30)과 같이 각도를 넘겨주면 해당하는 sin 값을 넘겨주는 블랙박스와 같은 것을 함수라고 한다.

즉, 위의 ellipse( ) 함수는 타원이 그려질 원의 중심 x, y위치와 가로, 세로 지름을 순서대로 넘겨주면 해당하는 타원이 화면에 그려지는 함수다. 타원을 그리는 함수를 사용함에 있어서, 그 함수가 실제로 어떻게 타원을 그리는지는 중요하지 않다. 그 함수의 사용법만 익히면 된다.

- setup( ) 함수는 프로그램을 실행시키면 가장 먼저 단 한 번만 실행되는 함수다. 즉, 전반적인 프로그램의 초기화 작업을 수행하는 역할을 한다.
- draw( ) 함수는 setup( ) 함수를 마친 후, 계속적으로 반복적으로 수행되는 함수다. draw( ) 함수가 반복적으로 수행된다는 말이 이해되지 않을 수도 있는데, 자세한 설명은 다음 절에서 예를 들어서 설명한다. 위의 예에서는 draw( ) 함수의 본문이 비어 있기 때문에 draw( ) 함수에서는 아무 일도 일어나지 않는다.

위에서는 흰색의 공이 그려지는데, 혹시 공의 색깔을 변경하고 싶으면, 아래와 같이 수정하면 된다. 아래는 6개의 원을 색깔과 위치를 바꾸어서 출력하는 프로그램이다. 아래의 그림에서 x축과 y축이 각각 어느 방향인지 알아두자. x 축은 수평 방향, y축은 수직 방향이다. 좌표 축과 원의 색상 변화 등에 신경 쓰면서 코드를 보자.

```
void setup() {
  size(300, 200);

  fill(0);
  ellipse(100, 100, 20, 20);

  fill(128);
  ellipse(150, 100, 20, 20);
  ellipse(150, 140, 20, 20);

  fill(255);
  ellipse(200, 100, 20, 20);
  ellipse(200, 140, 20, 20);
  ellipse(200, 180, 20, 20);
}

void draw() {

}
```

fill( ) 함수는 도형의 내부의 색깔을 정하는 함수로써, 괄호 안의 파라미터로 색상을 정한다. 0에서 255 사이의 값을 사용할 수 있으며, 0은 검은색, 255는 흰색이다.
색칠을 하기 전에 팔레트에서 붓에 물감을 묻히는 것처럼, 도형을 그리기 전에 fill( ) 함수를 이용하여 색깔을 정해준다.
fill( ) 함수에 의해서 색상이 지정되면, 이 후에 별도로 변경되지 않는 한 동일한 색상이 유지된다.

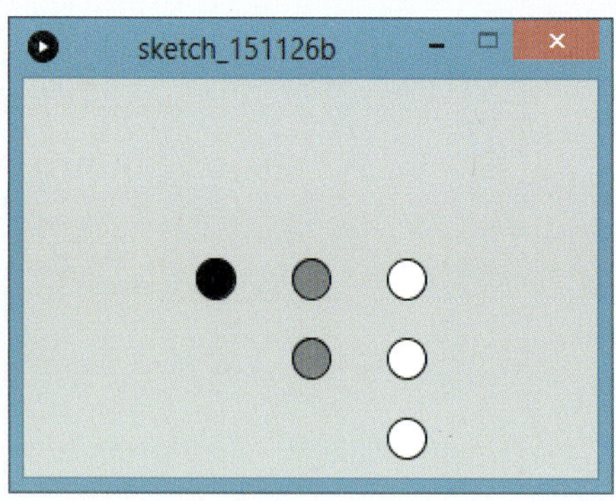

디버깅 (DE-BUGGING) 하는 방법

'디버깅(debugging)'이라는 단어는 초창기의 컴퓨터 중 Mark II 컴퓨터 내부에 실제로 벌레(bug)가 들어가서 회로를 고장 낸 사건에서 유래한다.

프로그래밍을 배우는 입장에서 이 부분은 아주 중요한 부분이다. 꼼꼼히 읽어보자.

이 세상 모든 일이 한번에 아무 실수도 없이 끝날 수 있다면 얼마나 좋을까? 그러나 실제는 그렇지 않다는 것을 여러분도 알 것이다.

프로그래밍도 동일하다. 내가 알든 모르든, 실수(mistake)이든 그렇지 않든 잘못된 부분이 있을 수 있고, 프로그래밍을 시작하면서 기본적인 프로그램의 윤곽과 알고리즘들을 잘 설정했다고 하더라도, 프로그래밍 과정 중에 오타 등의 실수를 할 수 있다. 이러한 실수를 찾아서 수정하는 과정을 디버깅(de-bugging)이라고 한다.

프로그램 작성을 완료하면, 실행 버튼을 눌러서 컴파일을 하고 실행하게 된다. 이 단계에서 프로그램에 오류가 있으면, 컴파일러가 오류 메시지를 표시하고, 이 정보를 바탕으로 디버깅을 해야한다.

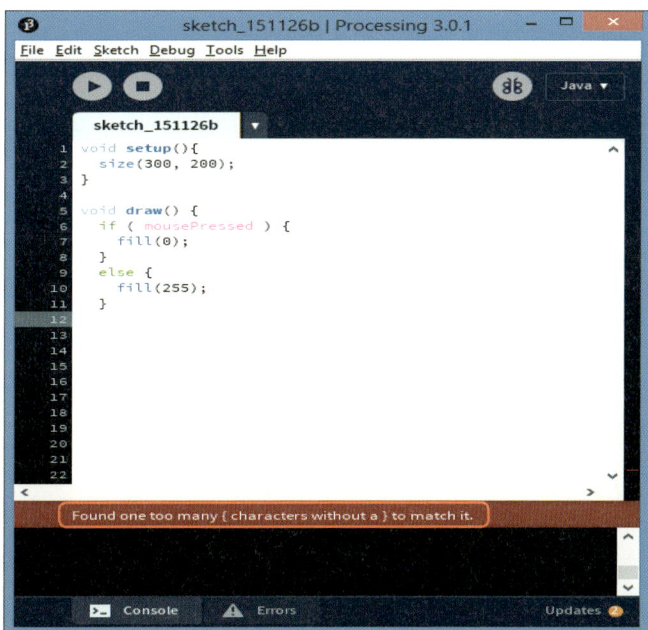

프로그래밍 초보자의 경우는 컴파일러가 말하는 오류 메시지가 어떤 의미인지를 파악하는 것이 쉽지 않을 수 있다. 컴파일러의 에러 메시지도 많이 보고 적응하는 시간을 가져야 한다. 그래서 참고로 아래에 프로세싱에서 접할 수 있는 몇 가지 오류 예를 모아 보았다. 프로그램을 실행(컴파일)하였는데, 아래와 같은 메시지가 나오면서 프로그램이 실행되지 않는다면 오류(에러)가 있는 것이고, 이 에러의 종류를 파악한 후에 이를 잡아야(de-bug)한다.

컴파일을 한 후, 메시지 창에 아래와 같은 오류 메시지가 나타난 경우를 살펴보자.

에러 메시지는 아주 다양하다. 처음에는 이 에러 메시지의 의미를 이해하기 어려울 것이다. 그렇지만, 잘 읽어보고 그 의미를 잘 유추한 후에 프로그램을 수정하는 것을 시도해보자.

처음은 어렵다! 그러나 할 수 있다!

"Found one too many { characters without a } to match it"

이 에러는 닫는 '중괄호'를 하지 않았다는 메시지다. 즉, draw( ) 함수의 마지막 부분에 닫는 괄호를 하지 않았기 때문에 에러가 생긴 것이다. 에러 메시지가 영어로 표시되기 때문에 처음에는 이해하기가 쉽지 않다. 그러나 많이 접하다 보면 적응할 수 있다!

참고로 몇 가지 에러 메시지를 더 소개한다.

i라는 변수를 선언하지 않고 사용하는 경우. '변수(variables)'라는 것은 '변화하는 어떤 값을 저장'하기 위한 프로그래밍에서 사용하는 자료 형태이다.

int i;
i = 100;
위와 같이 변수를 선언하고 나서 사용하면 에러가 생기지 않는다. 여기서 i라는 변수는 현재 100이라는 값을 가지게 되고, 향후에는 이 변수 값을 자유롭게 바꿀 수 있다.

에러 메시지	The variable "i" does not exist
설명	변수를 선언하지 않고 사용하려는 경우 #1(실수, mistake)로 변수 선언을 잊은 경우)
프로그램 소스 예제	`i = 100;`

변수 i를 사용했어야 하는데 오타로 x라고 사용한 경우.
바로 위에서 선언한 변수는 i라는 이름의 변수인데, 실수로 x라고 사용해서 발생하였다

에러 메시지	The variable "x" does not exist
설명	변수를 선언하지 않고 사용하려는 경우 #2(변수의 이름을 다르게 쓴 경우)

프로그램 소스 예제	`void draw() {`
	`  int i;`
	`  for(x=0; i<100; i++) {`
	`    ellipse(i, 100, 100, 100);`
	`  }`
	`}`

에러 메시지	The function "rect()" expects parameters like: "rect(float, float, float, float)"
설명	함수의 파라미터의 개수와 타입이 다르게 함수를 사용하려는 경우

프로그램 소스 예제	void setup() {
	  size(100, 100);
	  rect(200, 300);
	}

위의 코드에서 rect( ) 함수의 괄호 속 파라미터는 개수가 4개여야 하는데, 예제에서는 2개만 입력해서 에러가 발생한다. 이 경우에는 프로그래밍 도중에 해당하는 부분에 빨간 밑줄이 쳐지고, 여기에 마우스를 옮기면 에러 메시지가 출력된다.

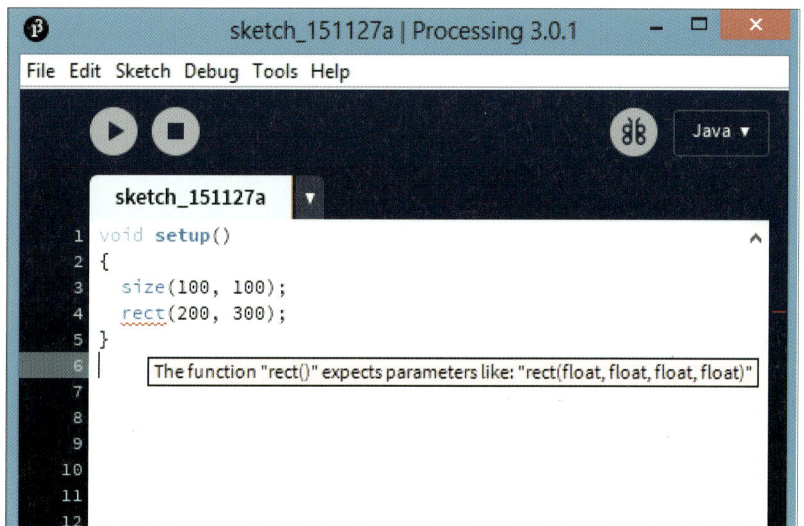

에러 메시지	Error on "="
설명	실수로 ==(비교 연산자) 대신에 =(대입 연산자)을 입력한 경우

프로그램 소스 예제	for(int i=1 ; i<=100 ; i++){
	    if (i % 2 = 0 && i % 3 == 0) println(i);
	}

'같으면'을 의미하는 '=='을 입력해야 하는데 대입(assignment) 연산자인 '='으로 오타를 입력한 경우

물론 가능한 에러 메시지를 모두 나열하고 설명한다는 것은 불가능하다. 그럼 에러가 발생했을 때 어떻게 에러를 찾아낼 수 있을까? 그 방법을 생각해보자.

> 프로그래밍과는 관계가 없는 엉뚱한 이야기처럼 들리는가? 아니다. 모든 공부에는, 아니 모든 일에는 자신감이 가장 중요하다. 할 수 있다는 자신감을 가지고 포기하지 않으면 언젠가는 당신의 프로그램은 완성된다!

1. 나는 버그를 찾아낼 수 있다는 자신감을 가지자. 자신감이 없으면 절대!!! 버그를 발견하거나 고칠 수 없다.

2. 대부분의 오류는 오타에서 시작한다. 숫자 (0)을 영문자 (o)로, 쉼표 (,)를 마침표 (.)로, 세미콜른(;)을 콜른(:)으로 입력하는 경우와 같은 오타가 있지 않은지 찾아보자.

3. 큰 심호흡을 하면서 쉬자. '어렵다!'는 생각이 드는 순간 침착함을 잃게 된다. 이럴 때는 잠깐 쉬면서 다른 사람에게 물어보거나 심호흡을 하자.

4. 에러를 찾기가 힘들면 에러 메시지를 다시 잘 읽어보자. **컴파일러가 똑똑하지는 않아서 엉뚱한 에러 메시지를 내기도 하지만,** 대부분은 에러 메시지에 해답의 실마리가 있다.

5. 옆의 그림과 같이 println( )이라는 함수를 활용하자. println("x 좌표: " + x); 라고 명령어를 프로그램 내부에 적으면, PDE의 콘솔 영역에 원하는 내용을 문자열로 출력할 수 있다. 즉, 프로그램 수행 중의 어떤 변수 값을 확인하고 싶으면 println( ) 함수를 적절하게 사용하면 된다. 아래 그림을 참고하자.

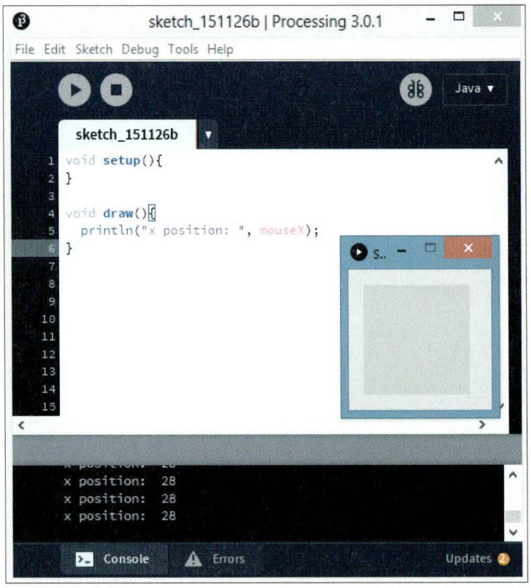

6. 위에서 예제로 나열한 에러들은 모두 문법적 에러(Syntactic Error)이다. 프로세싱 언어의 문법을 어긴 경우를 말한다. 이런 에러들은 조금만 적응되면 쉽게 고칠 수 있다. 그러나 문법적으로는 맞지만 논리적인 오류들도 많다. 예를 들면, i = i + 1; 과

> 변수의 값을 변경하는 문장이다. 이 예제는 i 변수의 값을 1 증가 시키는 것이다.

같이 i를 1 증가해야 하는데, i = i − 1; 와 같이 빼기를 했다면, 이는 컴파일러가 찾아낼 수 없다. 이 같은 에러를 '논리 에러(Semantic Error)'라고 한다. 이들은 프로그램을 잘 살펴보는 방법 밖에 없다. 이 부분은 지금 단계에서는 조금 어려운 설명일 수 도 있다. 이해되지 않으면 그냥 넘어가자.

기본 도형들

앞에서는 타원만 그려보았다. 이제 프로세싱에서 기본적으로 제공되는 다른 도형들을 사용해 보자. 각 함수의 자세한 설명은 생략한다. 그렇지만 각 함수의 파라미터 부분에 적혀있는 심볼들을 보면 직관적으로 어떤 의미인지 파악할 수 있을 것이다. 책의 부피를 최대한 줄인다는 의미에서 자세한 설명은 생략하고, 이런 내용이 있다는 소개만 한다. 자세한 내용은 www.processing.org 에서 참고하자.

모든 내용을 책에 담을 필요는 없다고 생각한다. 모르는 내용이 있으면 스스로 찾아보자! 인터넷에는 무한한 자료가 있다.

점 그리기: point(x, y); // 점의 좌표

선분 그리기: line(start_x, start_y, end_x, end_y); // 선의 시작과 끝 좌표

삼각형 그리기: triangle(x1, y1, x2, y2, x3, y3); // 삼각형 3 꼭지점의 좌표

직사각형 그리기: rect(x, y, width, height); // 직사각형 왼쪽 상단의 좌표와 폭과 높이

사변형 그리기: quad(x1, y1, x2, y2, x3, y3, x4, y4); // 사변형의 4 꼭지점의 좌표, 4꼭지점의 좌표를 순서대로 적으면 된다(시계 방향 또는 시계 반대 방향 상관없음).

참고로, 프로세싱에서는 원을 그려주는 함수는 제공되지 않는다. 타원의 가로, 세로 지름 길이를 동일하게 하면 원을 그릴 수 있다.

타원 그리기: ellipse(center_x, center_y, width, height); //타원의 중심 좌표와 가로, 세로 지름

호 그리기: arc(center_x, center_y, width, height, start_angle, end_angle);

호 그리기는 조금의 설명이 더 필요하다. 기억하자!!! 호는 시계방향으로 그려간다!!! 호를 그릴 때의 시작 위치를 정해야 한다는 말이다. 즉, 아래의 그림과 같은 호를 그리려면, 0도에서 시작해서 180도까지 그리면 된다. 원의 중심에서 x축으로 오른쪽 방향이 0도이다. 그리고 각도는 '도(degree)'가

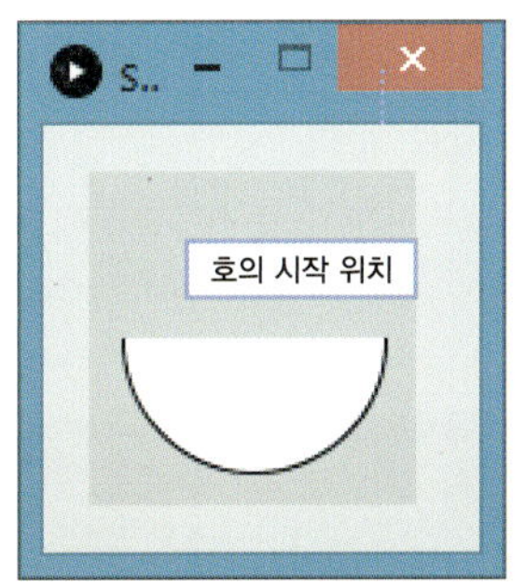

아닌 '호도법(radian)'으로 표현한다. 즉, 반원을 그리려면, 아래와 같이 0에서 PI(3.14)까지 그리면 된다.

라디안을 위한 몇 가지 상수가 정의되어 있다. 라디안은 수학 시간에 사용하던 파이(π) 값을 기본 단위로 하는 각도 표현 방법을 의미한다.
HALF_PI (1.57079...)
PI (3.14159...)
QUARTER_PI (0.78539...)
TWO_PI (6.28318...)

```
arc(50, 50, 80, 80, 0, PI);
```

또는

```
arc(50, 50, 80, 80, radians(0), radians(180) );
```

라고 하면 아래와 같은 호가 그려진다. 즉, 위의 두 명령어는 동일한 결과를 나타낸다.

아래는 위에서 설명한 각 도형들의 실제 프로그램의 소스와 결과 화면이다.

자세하게 설명하지 않겠다. 아래의 프로그램과 출력 결과를 잘 비교해보자.
기본적으로 출력된 그림은 왼쪽 위에서 오른쪽 아래의 순서로 출력되도록 하였다. 그러니까, 출력 그림 안에서 선, 삼각형, 사각형 등의 순으로 그려졌다고 생각하면 된다.

// 로 시작되는 문장은 주석(comment)이다. 주석은 프로그램에 영향을 주지 않으면서 프로그램의 설명을 작성하는 용도이다.
// 은 한 줄만 주석.
/*   */ 로 묶인 부분은 전체가 주석이다.

주석에 한글을 사용하려면 [File]-[Preferences…] 메뉴에서 "Editor and Console Font"에서 한글 이름의 폰트를 지정하면 가능하다. 그러나 폰트가 그렇게 예쁘지가 않다.

```
void setup() {
  size(600, 400);
  line(25, 5, 290, 50); // 선의 시작과 끝 좌표
  triangle(300, 10, 590, 10, 580, 90); // 삼각형 3 꼭지점의 좌표
  quad(10, 50, 250, 50, 240, 170, 10, 180); // 사변형의 4 꼭지점의 좌표
  ellipse(100, 200, 100, 60); //타원의 중심 좌표와 가로, 세로 지름

  //호의 중심 좌표와 가로, 세로 지름, 시작 각도, 끝 각도
  /* 여러 줄에 걸친 주석은 이렇게 하면 된다.
  이렇게 하면 2줄이 모두 주석이다. */

  fill(128);
  arc(200, 200, 100, 100, 0, radians(270));

  fill(255);
  arc(300, 200, 100, 100, 0, radians(270));
  arc(450, 200, 200, 100, radians(45), radians(270+45));

  strokeWeight(10); // 선의 두께를 조정, 선이 굵어진다
  ellipse(400, 300, 100, 100);
  line(5, 390, 290, 390);

  noStroke(); //외곽선을 그리지 않음
  ellipse(500, 300, 100, 100);
}


void draw() {

}
```

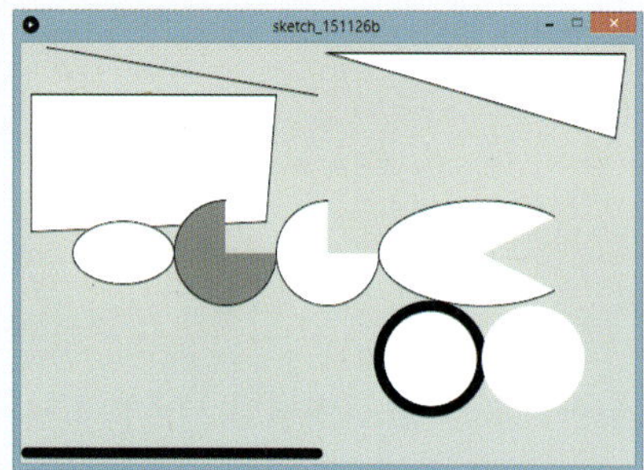

좌표

프로세싱에서 사용하는 좌표계는 아래 그림과 같다. 화면의 왼쪽 상단이 기준점(원점)이고, 가로 방향이 x, 세로 방향이 y 축이다. 좌표값은 0에서 시작한다. 즉 [320, 240] 크기의 윈도우인 경우는 [0, 0]에서 시작해서 [319, 239] 까지 이다.

'좌표계'라는 것은 별 것 아니다. 화면의 픽셀을 번호를 매기는데, 어디를 원점으로 할지, 어디를 x방향으로 할지를 정하는 것이다.

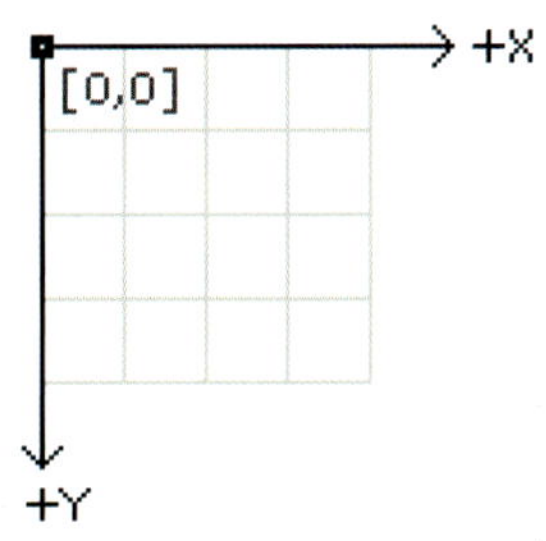

타원을 그릴 때, ellipse(300, 200, 200, 200); 처럼 화면에서 벗어난 곳에 원을 그리려고 하더라도, 프로그램은 오류를 발생시키지 않는다. 즉, 보이지 않는 곳에 원을 그릴 수 도 있다는 점이다.

즉, 아래와 같이 프로그래밍을 하면, 결과적인 그림은 다음과 같다.

```
size(320, 240);
ellipse(300, 200, 200, 200);
```

또는 옆의 경우와 같이 좌표가 0 또는 음수가 될 수도 있다. 눈에 보이지는 않지만 내부적으로는 좌표가 무한대 공간에 걸쳐져 있다고 생각할 수 있다.

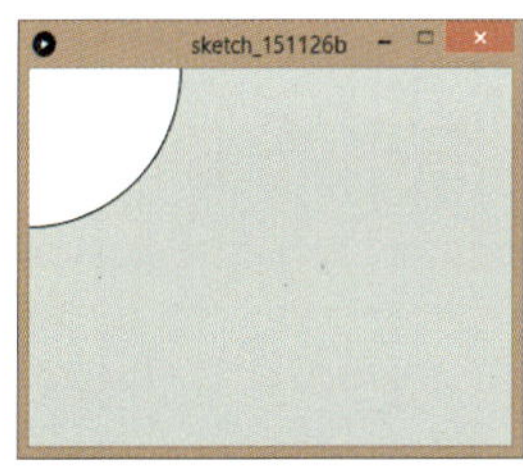


```
size(320, 240);
ellipse(0, 0, 200, 200);
```

함수에 대하여

앞에서 함수(functions)에 대한 간략한 설명이 있었다. 함수는 자주 사용되는 프로그램의 부분들을 따로 뭉쳐둔 코드 덩어리이다. 프로세싱에는 아래의 2가지 종류의 함수가 있다.

– 내장 함수
– 사용자 정의 함수

- **내장 함수:** 우리가 이제껏 무의식적으로 사용한 ellipse(, , ,) 라는 함수는 타원을 그려주는 함수인데, 이미 프로세싱 언어에서 미리 준비되어 있는 함수이다. 이런 함수를 '내장 함수'라고 한다. 이런 함수들은 정해진 규칙에 따라 함수의 파라미터(parameter)의 개수와 종류들을 맞춰서 자신의 목적에 맞게 사용하면 된다. 즉, 프로세싱 언어에서 미리 제공해주는 함수가 어떤 것이 있는지를 알아두고, 자신의 필요에 적합한 함수의 종류와 사용법을 미리 익히는 것이 중요하다.

파라미터: 함수를 사용(호출)할 때 괄호 속에 적어주는 값.

- **사용자 정의 함수:** 앞에서 우리가 사용한 setup( ), draw( )도 내장 함수다. 앞에서 소개한 것처럼 규모가 작은 프로그램은 setup( )과 draw( ) 함수 안에서 모든 코딩을 하면 되겠지만, 프로그램이 점점 길어질수록 알아보기가 어려워진다. 이때는 적당한 길이의 함수 단위로 프로그램을 잘게 쪼개어 나가면 된다. 즉, setup( ), draw( ) 함수 이외의 함수를 프로그래머가 직접 만들어 사용할 수 있다. 이러한 것이 '사용자 정의 함수'다. 즉, 사용자 정의 함수는 사용자가 직접 만들어서 사용하는 함수다. 자세한 설명은 잠시 후에 뒤에서 예를 들어서 설명한다.

직접 해보자

1. 공을 2개 이상 다른 위치에 다른 크기로 그려보자.

2. 공의 색깔을 바꿔보자.

> [Hint] 흑백 대신에 컬러 색상을 사용하고 싶다. 어떻게 하면 될까?
> http://www.processing.org/reference/fill_.html
> 위의 페이지에 가면 컬러 색상을 정하는 방법, 그리도 투명도를 조절하는 방법 등이 설명되어있다. 참고하자.

3. 아래는 피에트 몬드리안의 작품이다. 이와 유사한 작품을 프로세싱을 이용해서 그려보자. 다양한 위치에 다양한 도형을 그리는 연습으로 좋은 예제이다.

4. 아래와 같은 도형들을 그려보자.

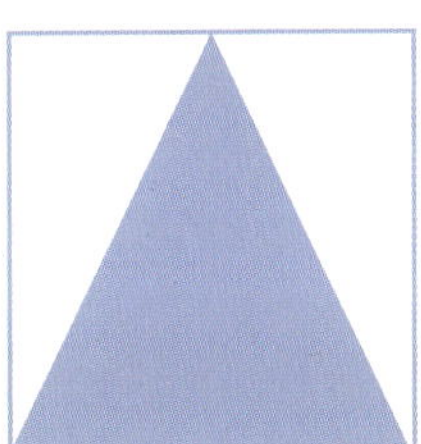

공움직이기

가만히 정지해 있는 공은 너무 심심하다. 그 공에 움직임을 주자. 가장 단순한 좌 · 우 움직임이다. 아래는 공을 오른쪽으로 움직이는 프로그램이다. 단순하게 오른쪽으로 쭉~ 움직여보자. 단순한 내용이기는 하지만, 이 부분에서 프로세싱 프로그래밍의 아주 많은 개념이 소개된다. 차근 차근 배워보자.

아래의 예제에서 중요한 부분은 '변수(variable)' 라는 개념이다.

```
int xPos;
```

이 예제에서 xPos 변수는 공의 x 위치값을 가진다.

위의 문장은 '변수 선언(variable declaration)'이다. 즉, 어떤 이름의 변수를 앞으로 사용하겠다는 것을 선언하는 것이다. 위의 변수는 int 형 변수, 즉 정수(integer)형 변수로써 정수값을 가질 수 있는 변수다. 공의 움직임을 구현하기 위해서는 변경되는 공의 위치를 어딘가에 저장해두어야 한다. 이때 변수를 사용한다. 어떤 변수를 사용하기 전에는 미리 '변수 선언'을 해야 한다.

대입문(assignment statement)이라고 한다. 심볼 =로 표현한다. 즉 변수에 특정 값을 대입하는 것이다. xPos 가 0부터 시작한다. 즉 가장 왼쪽에서 원이 출발한다.

타원을 그리는 함수에서 1번째 파라미터는 공의 x좌표이다. 이를 변수로 해서 공의 위치값을 바꾼다.

변수 xPos의 값을 1 더하는 문장이다.
즉, draw( ) 함수는 계속적(반복적)으로 수행되기 때문에, 이 문장에 의해서 xPos값은 1씩 계속 커지면서, 계속적으로 공의 위치를 변화시키면서 새롭게 공을 그리게 되는 것이다.

```
int xPos;

void setup() {
  size(300, 200);
  xPos = 0;
}

void draw() {
  ellipse(xPos, 100, 20, 20);
  xPos = xPos + 1;
}
```

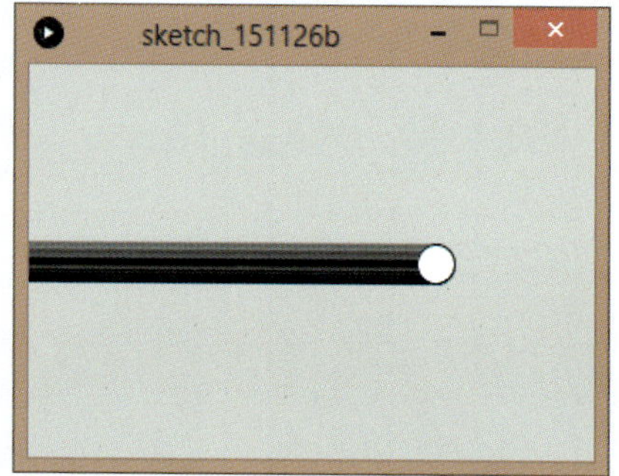

위 프로그램이 어떻게 동작하는가? 공이 움직이기는 한데, 예전의 공이 지워지지 않는다. 당연하다. 우리는 공을 x축 방향으로 오른쪽으로 한 픽셀씩 움직이면서 그리라고만 했지, 예전 공은 지워주지 않았다. 그래서 아래와 같이 수정하였다.

아래의 프로그램은 배경이 진하게 바뀌고, 공이 오른쪽으로 움직이는 효과가 난다.

```
int xPos;

void setup() {
   size(300, 200);
   xPos = 0;
}

void draw() {
   background(128);
   ellipse(xPos, 100, 20, 20);
   xPos = xPos + 1;
}
```

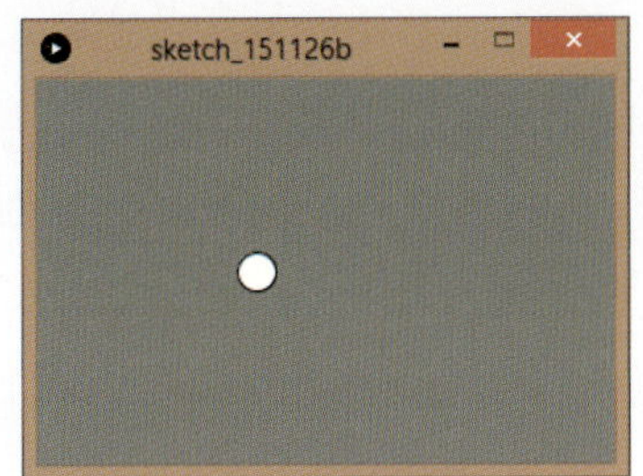

위의 프로그램과 다른 부분은 이 문장 뿐이다.
매번 새로운 프레임을 그리기 전에 배경 화면을 지정된 배경색으로 채운다. 공이 움직이는 것처럼 보이는 것은 우리 눈의 착각이다. 매번 화면을 지우고 공을 다시 그리는 것이다. background( ) 함수의 괄호 속에 적어주는 값을 파라미터(parameters)라고 하는데, 파라미터는 0..255까지의 값을 가진다. 0은 검정색, 255는 흰색.

변수(VARIABLES)와 데이터 타입(DATA TYPES)

> 이 사항은 객체 지향 프로그래밍(Object-oriented Programming)에서 이야기하는 클래스와 관련된 내용이다.

> int, byte, long, float, double 형은 숫자를 표현하는 기본형이다. 소수점이 없는 정수만을 표현하는 int, byte, long, 실수를 표현하는 float, double 형은 필요한 분야에 따라서 선택해서 사용하면 된다.

> 정수를 나타내는 변수 타입으로는 int 이외에도 작은 값을 표현하기 위한 byte(−128 ~ 127 까지 표현), 아주 큰 값을 표현하기 위한 long 타입도 존재한다.

> 실수 또한 float 타입에 비해서 더욱 높은 정밀도를 가지는 double 타입도 존재한다.

> 각 숫자는 순서대로 Red, Green, Blue 색깔이다. 0에서 255까지의 값. color(0, 0, 0)은 검정색, color(255,255,255)는 흰색

> color 형의 상수를 표현하기 위해서 #뒤에 16진수로 표현한다. 순서대로 Red, Green, Blue이다.

컴퓨터 프로그램에서 변경되는 값을 사용하려면 '변수'를 이용해야 한다. 프로세싱에서 기본적으로 제공해주는 변수의 데이터 타입은 다양하다. 실제로는 사용자가 직접 클래스(class)를 만들 수 있기 때문에 사용 가능한 데이터 타입은 무한 개라고 할 수 있다.

아래의 표에는 '기본적으로 제공'하는 데이터 타입을 정리했다. 아래의 다양한 데이터 타입들의 이름에서 대소문자에 유의하자. String, PImage, PFont, PShape 자료형은 대문자로 시작한다.

데이터 타입	설명	값의 범위
int	정수	−2,147,483,648 ~ +2,147,483,647
byte	작은 값의 정수	−128 ~ +127
long	큰 값의 정수	아주 큰 정수
float	실수	−3.40282347E+38 ~ +3.40282347E+38
double	큰 값의 실수	아주 큰 실수(수학적인 정밀 계산에 사용)
boolean	true 또는 false 값을 가짐	
char	문자 하나	A~Z, a~z, 0~9, 기타 심볼들. 'a', 'b' 등 작은 따옴표로 표시

color	색깔	RGB 색깔을 지정
		color c1 = color(204, 153, 0);
		color c2 = #FFCC00;

String	문자 열	문자들의 연속. "Hello World!" 처럼 큰 따옴표로 표시
PImage	PNG, JPG, GIF 그림 파일	그림 파일 사용에 필요
PFont	VLW 폰트	폰트 파일 사용에 필요
PShape	SVG 파일	벡터 이미지 파일 사용에 필요

변수의 사용

변수는 사용하기 전에 '어떤 이름의 변수를 어떤 타입으로 사용할 것인지'를 명시해야 한다. 이를 변수를 '선언(declare)'한다고 한다.

아래에 정수형 변수를 선언하는 예를 보인다.

```
int x;

int y;
y = 10;

int z = 10;
```

x 라는 이름의 정수형 변수를 사용하겠다는 변수의 선언이다.

변수를 선언한 후, 초기값을 할당할 수 있다.

변수의 선언과 초기화를 동시에 할 수 있다. 많이 하는 실수가 변수를 초기화하지 않고 그냥 사용하는 경우가 있다. 꼭 초기화하는 버릇을 들이자.

아래는 float 형 또는 boolean 형의 변수의 선언과 사용의 예이다. 아래의 경우를 보고 의미를 추정해 보자.

```
float a = 10.5;

float b;
b = 10.5;

boolean c = true;
```

변수의 이름은 직관적으로 기억하기 쉬운 이름을 사용하자. 영문자로 시작하고, 2개의 단어를 조합해서 사용하는 경우에는 앞의 단어는 소문자로 시작하고 뒤의 단어는 대문자로 시작하는 것이 일반적이다. (예: mouseX, currentColor 처럼...)

숫자로 시작하면 안된다. 7_sample과 같이 숫자로 시작하는 변수명은 사용할 수 없다.

프로세싱에서는 대문자와 소문자를 구별한다. 즉 xpos와 xPos는 다른 변수다.

시스템 변수

사용자가 직접 선언해서 사용하는 '사용자 정의 변수' 이외에 프로세싱에서 기본적으로 제공하는 변수들이 있다. 이를 '시스템 변수'라고 한다.

시스템 변수들은 프로세싱 언어에서 제공하는 여러 기능을 사용할 수 있는 도구이기 때문에, 실제로 지금 당장 사용하지 않아도 어떤 시스템 변수가 있는지 알아두는 것은 향후의 프로그래밍에 많은 도움이 될 것이다.

http://www.processing.org/reference/
위의 웹페이지에 잘 정리되어 있다. 꼭 살펴보도록 하자.

아래에 몇 가지 예를 설명하였다. 아래의 시스템 변수들은 차차 설명될 것이다. 필요하다면 자세한 것은 프로세싱 사이트를 참조하자.

- width, height: 실행 화면 창의 너비와 높이
- mousePressed, mouseButton: 마우스 버튼의 눌림 상태
- mouseX, mouseY: 현재 프레임에서의 마우스 위치
- pmouseX, pmouseY: 이전 프레임(previous frame)에서의 마우스의 위치
- frameCount: 현재 프레임의 번호
- frameRate: 초당 프레임 개수

출력문

프로그래밍 중에 프로그램의 결과가 의도한 대로 되지 않고, 디버깅의 실마리를 찾기 힘든 경우가 많이 있다. 이때는 사용하는 변수 값이 프로그래머의 의도대로 변화되고 있는지 눈으로 확인하는 것이 좋다.

아래는 마우스의 위치에 원이 그려지는 코드인데, 각 시점에서 생성된 타원의 중심 좌표를 화면에 출력하는 명령어를 추가하였다. 이렇게 하면 아래의 콘솔 창에 매 순간의 좌표가 출력되는 것을 확인할 수 있다. 이때 요긴하게 사용할 수 있는 함수가 println( ) 함수이다. 괄호 내부의 함수의 파라미터에 출력하고자 하는 내용들을 + 기호로 연결해서 사용하면 된다.

println( ) 함수는 "print line"이라는 의미다. 출력한 뒤 줄을 바꿔준다.
print( ) 함수는 줄을 바꾸지 않는다.

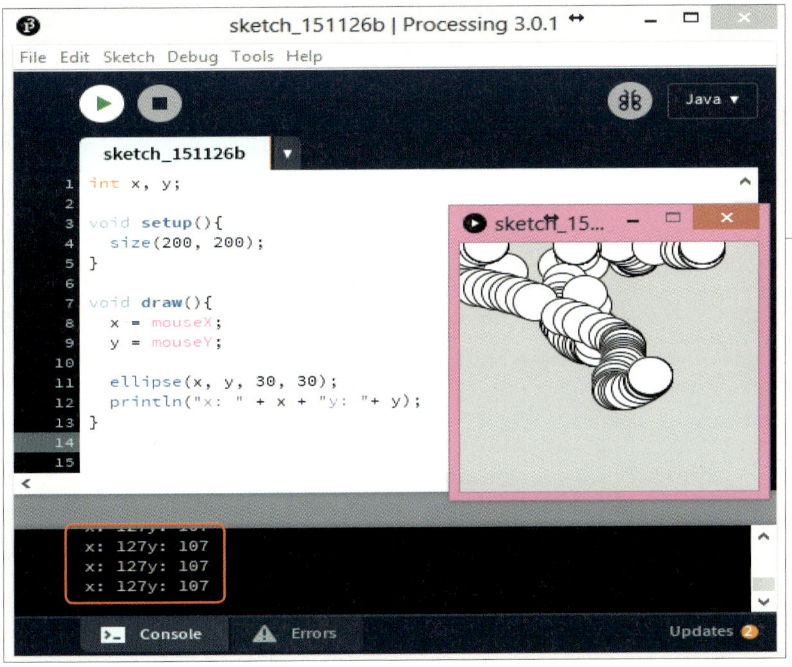

sketch_151126b | Processing 3.0.1

File Edit Sketch Debug Tools Help

```
int x, y;

void setup(){
  size(200, 200);
}

void draw(){
  x = mouseX;
  y = mouseY;

  ellipse(x, y, 30, 30);
  println("x: " + x + "y: "+ y);
}
```

```
x: 127y: 107
x: 127y: 107
x: 127y: 107
```

Console Errors Updates 2

println("x: " + x + " y:" + y);

위의 문장에 의해서, 변하는 마우스의 좌표가 하단에 출력된다.
위의 문장은 문자열과 숫자의 덧셈이다. 그렇게 되면 숫자가 더 큰 범위를 표현할 수 있는 문자열로 자동 변환되어서 출력한다.
아래는 정수와 실수의 덧셈이다. 그러면 정수가 자동으로 실수로 변환되어서 덧셈이 된다.
println(3 + 4.5);

제어문

프로세싱 프로그램은 소스 프로그램에 있는 명령어들이 위에서부터 아래로 순차적으로 시행된다. 이 수행 순서를 바꾸고 싶으면 '조건문'이나 '반복문'을 사용할 수 있다. 이러한 문장을 '제어문'(flow of control statement)이라고 한다.

for 반복문

화면에 글자를 출력할 때는 println(숫자); 라고 하면 된다. 그런데 숫자를 1부터 100까지 화면에 출력하려면 어떻게 하면 될까? 아래와 같이 하면 된다.

```
println(1);
println(2);
…
println(99);
println(100);
```

그런데, 이건 너무 무식하지 않은가? 다 똑같은 println() 명령문이고, 파라미터로 주어지는 숫자 하나만 달라지는데 이것을 100줄을 입력해야 한다면… ?

그래서 만든 명령문이 '반복문'이라는 것이다. 아래를 보자. 아래의 문장은 이렇게 읽으면 된다. "변수 i를 1부터 100까지 1씩 증가시키면서 출력한다". 아래와 같이 반복문을 사용하면 위에서 100줄로 프로그램해야하는 것이 3줄로 가능해진다.

아래의 for(; ;)문의 형태를 잘 기억하자. 어디에 괄호가 있고, 어디에 중괄호, 어디에 세미콜론이 있는지…

```
for(int i=1; i<=100; i++){
    println(i);
}
```

for 문 안에서 이렇게 변수를 선언해서 바로 사용할 수도 있다.

for(; ;) 문은 구조가 조금 복잡하다. for(; ;) 문은 아래와 같이 실행된다. 아래의 코드 구조와 순서도를 잘 보자. for( ) 문은 구조가 좀 복잡해서 이해하기 쉽지 않다.

- loop initialization 실행
- 아래를 반복
  - loop test 실행
  - loop body statement 실행
  - loop update 실행

```
for(loop initialization; loop test; loop update){
    loop body;
}
```

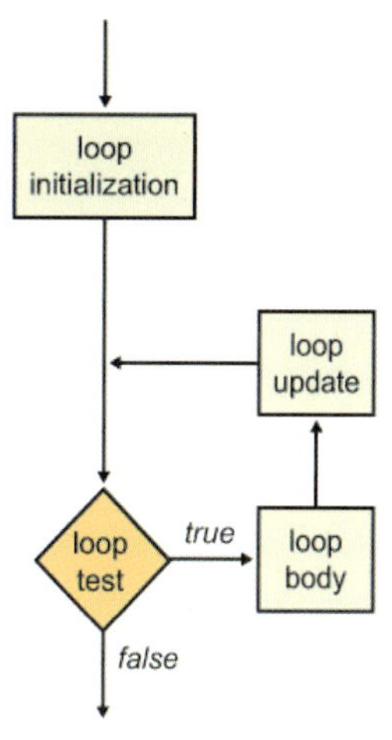

▲ for 문의 형식

몇 가지 예를 더 살펴보자. 반복문을 사용하여 공 20개를 화면에 나란하게 배치하고 싶다면 아래와 같이 하면 된다.

반복문을 사용할 때는 숨어있는 '규칙성'을 발견하는 것이 중요하다.
이 프로그램에서는 출력되는 원들의 X 좌표가 일정한 값(20씩 증가)으로 증가되는 규칙성이 있다.

```
size(400, 100);
for(int i=0; i<20; i++){
    ellipse(i*20, 20, 20, 20);
}
```

i<20: 변수 i의 값이 20보다 작으면 true, 그렇지 않으면 false이다. 즉 이 문장에서는 변수 i의 값을 0에서 19까지 1씩 증가하면서 20번 수행한다.

i++는 i=i+1과 동일한 의미다. 변수 i의 값을 1증가 한다.

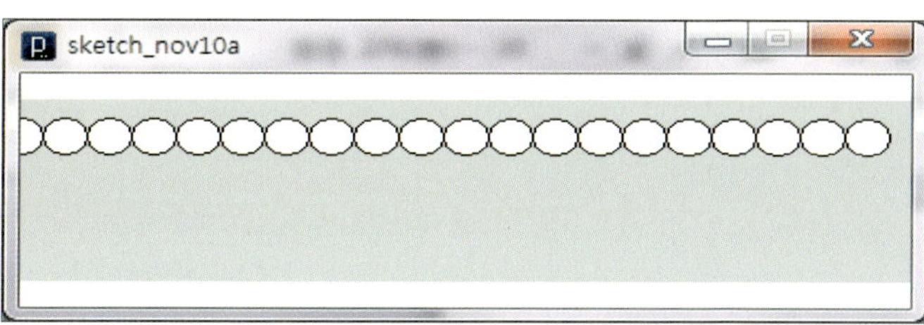

또 다른 예제로, 반복문을 이용하여 1부터 10까지의 합을 출력하고 싶다면…

```
int sum = 0;

for(int i=1; i<=10 ; i++){
    sum += i;
}

println("Sum from 1 to 10 : " + sum);
```

합한 결과를 저장할 변수이다. 초기값을 0으로 설정해둔다.

sum += i는 sum = sum + i와 동일한 의미. sum에 i를 더한다.

반복문을 이용하여 1부터 10까지의 홀수의 합을 출력하고 싶다면…

```
int sum  = 0;

for(int i=1; i<=10; i+=2){
    sum += i;
}

println("Sum of even numbers from 1 to 10 : " + sum);
```

이 부분이 수정된 부분

while 반복문

while( ) 반복문은 아래와 같이 조건을 먼저 검사한다. 조건이 만족하면 반복문을 수행한 후, 다시 조건을 검사한다. 따라서 처음에 조건을 만족하지 않으면 반복문의 바디가 한번도 수행되지 않을 수도 있다.

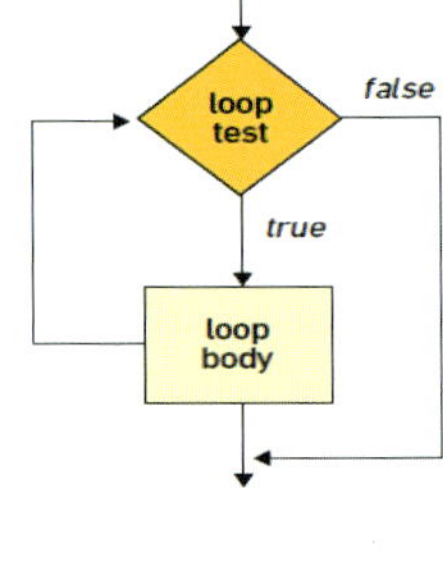


```
while( loop test ) {
   loop body;
}
```

▲ while 문의 형식

for 문과 동일하게 아래의 while 문의 전체적인 형식을 잘 기억하자.

<=은 '작거나 같으면'이라는 의미

그럼 언제 for(; ;) 문을 사용하고 언제 while 문을 사용할까? 두 명령어가 조금 다른 특성이 있기는 하지만, 각자 사용하기 편한 것을 선택해서 사용하면 된다. 위에서 소개한 for(; ;) 문을 이용하면, while 문을 이용해서 할 수 있는 프로그래밍을 다 할 수 있다. 물론 while 문을 사용하여서도 for (; ;) 문이 하는 일을 다 할 수 있다. 새로운 while문의 사용법을 배우기 싫다면 for(; ;) 문 만을 알고 while 문은 그냥 넘어가도 무방하다.

위에서 for( ) 반복문으로 한 일을 아래와 같이 while 반복문을 사용해서도 만들 수 있다. 아래의 프로그램은 1부터 100까지 출력하는 동일한 일을 한다.

```
int i = 1;

while( i <= 100 ) {
   println(i);
   i++;
}
```

동일한 경우로, while( ) 문을 이용하여 1부터 100까지의 합을 계산하고 싶다면 아래와 같이 하면 된다.

```
int sum = 0;
int i=1;
while( i <= 100 ) {
   sum += i;
   i++;
}
println("Sum from 1 to 100 : " + sum);
```

조건문: if, else, else if

1에서 100사이의 숫자 중 짝수만을 출력하려면 아래와 같이 하면 된다. 즉 if 문 안에서 원하는 조건을 적어주면 된다.

```
for(int i=1 ; i<=100 ; i++) {
    if ( i % 2 == 0) println(i);
}
```

% 연산자는 나머지 연산자이다. 2로 나눈 나머지가 0이면 짝수.

== 은 '동일함'을 체크하는 연산자. a와 b가 같으면 (a==b)는 참이 됨.

if 문의 형식을 기억하자. 아래의 순서도에서 'test'는 참 또는 거짓으로 판정할 수 있는 값이나 식(boolean expression)을 의미하고, if-body는 조건이 만족하는 경우 실행될 명령어들을 의미한다.

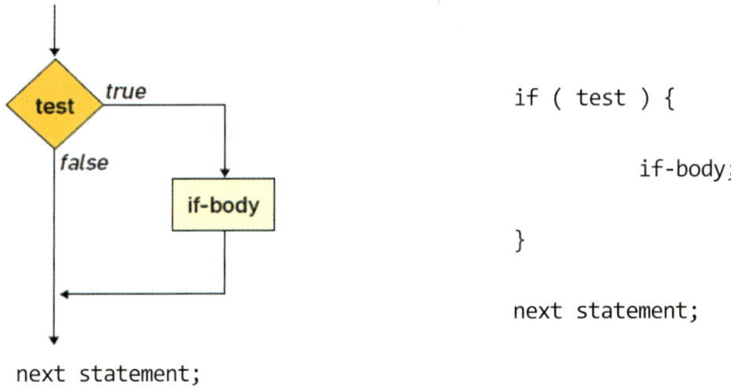


```
if ( test ) {
        if-body;
}
next statement;
```

▲ if 문의 실행 구조

그럼, 1에서 100사이의 숫자 중 짝수이면서 3의 배수이기도 한, 즉 2의 배수이면서 3의 배수(즉 6의 배수)만을 출력하고자 한다. 그러면 아래와 같이 하면 된다. 즉, 원하는 조건이 여러 개라면 이를 나열하면 된다.

&& 연산자는 두 조건이 'AND' 관계로 모두 만족하는 경우를 말한다.
물론 여기서 2와 3의 최소 공배수인 6을 이용해서, if (i % 6 == 0) 이라고 해도 된다.

```
for(int i=1 ; i<=100 ; i++){
    if ( i % 2 == 0 && i % 3 == 0) println(i);
}
```

그럼, 이번은 2의 배수와 3의 배수를 모두 찍고 싶으면?

```
for(int i=1 ; i<=100 ; i++){
    if ( i % 2 == 0 || i % 3 == 0) println(i);
}
```

|| 연산자는 조건이 'OR' 인 경우로 2중에 하나 또는 두 개다 만족하는 경우를 말한다.

if 문의 조건이 만족하는 경우와 만족하지 않는 경우, 이 2가지 경우 모두 실행할 명령어가 있는 경우는 if… else… 문을 사용할 수 있다.

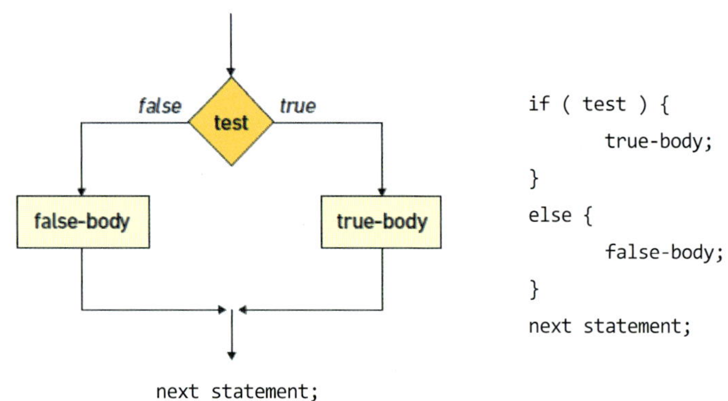


```
if ( test ) {
        true-body;
}
else {
        false-body;
}
next statement;
```

▲ if … else 문의 실행 구조

if … else… 문은 아래와 같이 사용할 수 있다. 아래는 두 변수의 값이 동일하면 same을, 다르면 different를 출력한다.

if 문의 바디와 else 문의 바디의 중괄호 위치에 유의하자.

프로그램	출력 결과

`int a = 1;`
`int b = 2;`
 	
`if( a==b ){`
`   println("same");`
`}`
`else{`
`   println("different");`
`}`
	different

이제까지는 하나의 조건만을 체크하였다. 만약에 조건이 여러 개의 경우의 수가 있는 경우는 어떻게 해야할까?

예를 들어, 입력된 2개의 숫자 중 하나가 '큰지, '작은지, '같은지'를 구분해야 하는 것처럼, 여러 개의 조건 비교가 필요하다면 어떻게 해야할까? 이와 같이 다양한 조건을 순차적으로 검사할 필요가 있을 경우는 if…else if…. else … 문을 사용할 수 있다.

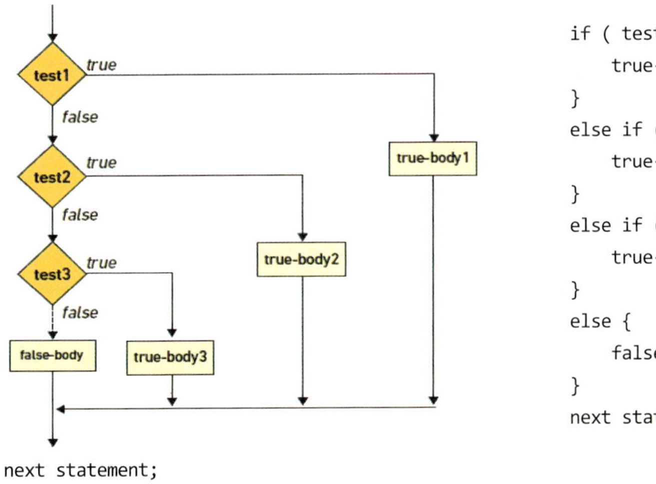


```
if ( test1 ) {
    true-body1;
}
else if ( test2 ) {
    true-body2;
}
else if ( test3 ){
    true-body3;
}
else {
    false-body;
}
next statement;
```

▲ if … else if… else 문의 실행 구조

아래와 같이 if문 뒤에 else if, 또는 else 문을 사용하면 된다.

```
for(int i=1; i<=100; i++){
    if ( i % 2 == 0 ) println("짝수입니다");
    else if ( i % 2 == 1 ) println("홀수입니다.");
    else println("짝수도 홀수도 아닙니다.");
}
```

이 경우에는 if 문의 바디에 중괄호가 없다. 바디가 하나의 문장인 경우에는 중괄호를 사용하지 않아도 된다.

물론 자연수 중에 짝수도 아니고 홀수도 아닌 경우는 없다 ^^.

예를 한번 보자. 2개의 정수형 변수를 만들고, 이 2 변수의 값이 같은 지 비교하는 프로그램이다. 이를 실행시키면 어떻게 될까? 아래에서는 a와 b는 값이 다르기 때문에 아무것도 출력되지 않는다.

```
int a = 1;
int b = 2;

if( a==b ){
   println("same");
}
```

아래와 같이 고쳐보자. 즉 else 문을 써서 조건이 만족할 때, 만족하지 않을 때를 각각 설정할 수 있다.

```
int a = 1;
int b = 2;

if( a==b ){
   println("same");
}
else{
   println("different");
}
```

if 문 예: 공 움직임 수정

앞에서 공이 오른쪽 경계를 지나서 없어져 버려서 황당했을 것이다. 그래서 조금 전의 프로그램을 수정해서 볼이 좌우의 경계에서 계속적으로 좌우로 반사되면서 움직이도록 해보자. 이를 위해서는 **'매 번'** 볼을 움직일 때 마다 좌우의 경계에 부딪히지 않는지 체크해야 한다.

기억하자! 프로그램은 프로그래머가 시킨 동작만 한다. 경계를 벗어나더라도 화면에서 보이지는 않지만 계속 공은 움직이고 있을 것이다.

아래에서 사용한 변수 xDir은 우리가 만든 새로운 변수이다. 공의 움직이는 방향을 나타내는 변수인데, 오른쪽으로 움직이면 +1, 왼쪽으로 움직이면 –1 값을 가지는 것으로 하였다. 즉, xDir 변수는 x축 상에서 움직이는 **방향**을 의미한다.

내부 변수를 하나 더 설명하고 넘어가자. 프로세싱에는 width 라는 변수가 있다. 이것은 실행되는 프로그램 창(window)의 가로 폭의 길이이다. height 라는 변수는 창의 세로 높이이다.

내부 변수 width와 height

"if ( ) statement " 문은 ( ) 안의 조건이 만족하는 경우만 뒤 따르는 statement(명령문)를 수행한다. 즉, 아래의 명령문을 보면, 공이 왼쪽으로 움직이는 경우에는 xPos가 0보다 작으면, 공이 오른쪽으로 움직이는 경우에는 xPos가 width 보다 크면, xDir의 부호를 바꾸어서 공이 움직이는 방향을 바꿀 수 있다. 아래의 프로그램에 포함된 예를 먼저 살펴보자.

이제는 공이 좌우로 방향을 바꾸면서 움직일 것이기 때문에 공의 방향도 변수에 기억해야 한다.
변수 xDir에 –1을 곱하면 xDir의 부호가 바뀌어서 공의 움직이는 방향이 반대가 된다.

```
if ( xPos < 0 ) xDir = xDir * -1;

if ( xPos > width) xDir = xDir * -1;
```

좌우 경계를 체크하는 이 2 문장을 아래와 같이 합칠 수 도 있다.

if (xPos<0 || xPos>width) xDir = xDir * –1;

|| 는 OR의 의미이다.

```
// Ball Position
int xPos;

//Ball Direction
int xDir;

void setup() {
  size(300, 200);
  xPos = 0;
  xDir = 1;
}
```

```
void draw() {
    background(128);

    // Ball Drawing and Movement
    ellipse(xPos, 10, 20, 20);
    xPos = xPos + xDir;

    // Ball Bouncing
    if ( xPos < 0) xDir = xDir * -1;
    if ( xPos > width) xDir *= -1;
}
```

아래는 좌우로 움직이던 공이 좌우 경계를 만나서 방향을 바꾸기 위한 if 문이다.

실행창의 폭(너비)

*= 은 '곱해서 넣는다'라는 의미로, 여기서는 xDir = xDir * -1; 과 동일한 의미이다. 즉, 이렇게 하면 xDir의 부호가 바뀜에 따라서, 공의 방향이 바뀌게 된다.

동일한 의미로 +=는 더해서 넣는다는 의미이다.
xPos = xPos + xDir; 은 xPos += xDir; 과 동일한 효과이다.

if 문을 사용함에 있어서 조건이 맞는 경우 2개 이상의 문장을 수행하려면 해당하는 문장들을 { }로 묶어주어야 한다. 즉 아래와 같이 해야 한다.

```
if ( 조건 ) {
    statement1;
    statement2;
}
```

그러나 if 문의 바디가 하나의 문장이라면 중괄호를 생략해도 된다. 아래의 좌우는 동일한 의미다.

```
if ( 조건 ) {                     if ( 조건 )
    statement1;                       statement1;
}
```

다양한 연산자

> 바로 전에, *=과 같은 실제 일상 생활에서는 사용하지 않는 연산자를 사용하였다. 프로세싱에서 사용하는 연산자를 정리해보자.

연산자의 종류

연산자(operator)란 실제 연산(계산)에 사용되는 기호들을 의미한다. 프로세싱에서는 자바, C언어와 유사한 연산자들을 사용하고 있다. 아래에 표로 간단하게 정리하였다.

> 다시 말하지만, 프로세싱은 자바를 기반으로 하는 언어이다. 자바는 C와 기본적인 부분에서 유사한 부분이 많기 때문에, 프로세싱을 배우면 C와 자바 또한 쉽게 배울 수 있을 것이다. 연산자도 유사하다.

연산자 종류	기호	예제	설명
괄호	( )	`a - (b + c)`	연산자들의 계산 순서를 명확히 하고자 할 때 사용한다. 괄호로 묶여진 부분을 먼저 계산한다.
단항 연산자	++, --	a++ a--	a = a + 1 a = a - 1 과 같은 효과

곱셈 연산자	*, /, %	`a * b`
		`a / b`
		`a % b`
			*은 곱셈 연산자
			/는 나눗셈 연산자
			%는 나머지 연산자(예, 5 % 2 는 1이다)

덧셈 연산자	+, -	`a + b` `a - b`	일반적인 덧셈, 뺄셈 연산자

관계 연산자	>, <, >=, <=, ==, !=	`if ( a > b )`
		`if ( a < b )`
		`if ( a >= b )`
		`if ( a <= b )`
		`if ( a == b )`
		`if ( a != b)`
			if( ) 문 등에서 조건을 비교하는 부분에서 주로 사용하는데, 조건을 비교해서 참, 거짓을 판단

논리곱 연산자	&&	`if ( a>b && b<c )`	2개 이상의 조건이 모두 참일 때 참. 왼쪽의 경우는 (a>b)가 만족하고 (b<c)도 만족할 때 참.
논리합 연산자	||	`if ( a>b || b<c )`	2개 이상의 조건 중 하나라도 참일 때 참.

대입연산자	=, +=, -=, *=, /=, %=	`a = b;`
		`a += b;`
		`a *= b;`
			= 연산자는 대입문.
			a*=b 는 a=a*b 와 동일한 효과.

> ```
> int a = 10;
> double b = 10;
> println(a/3);
> println(b/3);
> ```
> 위의 결과는 아래와 같다.
> 3
> 3.3333333333333335
> 정수의 나눗셈은 결과가 정수, 실수의 나눗셈은 결과가 실수이다.

> != 연산자는 '다름'을 체크하는 연산자. a와 b가 다르면 (a != b)는 참이 됨.
>
> **[참고]** = 은 대입 연산자

우리가 자주 사용하는 +, −, *, / 같은 사칙연산(四則演算)에 사용하는 기호들도 프로그래밍에서 사용되는 연산자의 일부이다. 컴퓨터 프로그래밍에서는 이런 사칙연산 말고도 일상 생활에서 사용하지 않는 모양의 연산자들이 있어서 많이 어색할 텐데, 차차 적응해보도록 하자.

중요한 몇 가지 연산자는 아래에서 예를 들어서 설명한다.

여기서 예를 든 설명은 극히 일부분이다. 각 연산자의 기능을 정확히 알고 싶으면 http://www.processing.org/reference/ 페이지에서 [Operators] 부분을 찾아보자.

1. 대입 연산자

```
a = 10;    // 변수 a에 10을 대입한다.
a += 10;   // a의 값이 10 증가된다.
a *= 10;   // a의 값이 10배가 된다.
a /= 10;   // a의 값이 1/10이 된다.
a %= 10;   // a에 a를 10으로 나눈 나머지가 대입된다.
```

2. 논리 연산자

```
if ( a<b && b<c )   // a<b이고 b<c 이면 if 문의 조건이 참
if ( a<b || b<c )   // a<b거나 b<c 이면 if 문의 조건이 참
```

3. 비교 연산자

```
if ( a == b )  // a와 b의 값이 같으면 if 문의 조건이 참.
if ( a != b )  // a와 b의 값이 다르면 if 문의 조건이 참.
if ( a > b )   // a가 b보다 크면 if 문의 조건이 참.
if ( a >= b )  // a가 b보다 크거나 같으면 if 문의 조건이 참.
if ( a < b )   // a가 b보다 작으면 if 문의 조건이 참.
if ( a <= b )  // a가 b보다 작거나 같으면 if 문의 조건이 참.
```

연산자의 우선 순위

```
1 + 2 * 4 + (2 - 1)
```

위의 식을 계산할 때는 괄호 부분을 먼저 계산하고 그 다음에는 곱셈을 계산하고, 그 다음에는 왼쪽의 +부터 차례로 계산한다. 이 계산 순서를 따르지

않으면 결과가 달라진다.

즉, 연산자들의 우선 순위 규칙을 지켜야 한다. 프로그래밍에서도 동일하다. 다양한 연산자들을 복잡하게 섞어 쓸 때는 연산자의 우선순위(operator precedence)를 고려해야 한다.

예를 들면
a=3+4*5;
라는 문장은 곱셈을 먼저 계산한다. 즉, 덧셈보다 곱셈을 먼저 계산한다는 뜻이다. 이를 연산자의 우선 순위라고 한다.

위의 표에서는 명시적으로 언급하지는 않았지만, 표에 나타낸 연산자들 중에서 상위에 있는 연산자들이 우선 순위가 높다. 즉, 가장 상단의 괄호 ( ) 연산자가 가장 우선 순위가 높고, 대입 연산자의 우선 순위가 가장 낮다. 이는 우리가 수학 시간에 배운 것과 유사하다.

즉, 아래의 문장은 괄호 안의 + 이 먼저 수행되고, 그 이후에 * 연산자가 수행되고, 마지막으로 대입 연산자 =이 수행된다.

```
a = a * ( b + c );
```

함수(FUNCTIONS)

이제까지 프로세싱을 사용하면서 많은 함수들을 사용하였다. setup(), draw()와 같은 동적 프로그래밍 모드의 기본 함수에서 출발하여, ellipse(), line() 등 프로세싱에서 제공해주는 '내부 함수'들은 그 함수들의 사용법만 알면 된다.

함수의 기능은 음악 악보에서 '후렴'이라고 생각하면 된다. 예를 들어, 애국가 1절을 부르고, (후렴)을 부르고, 또 2절을 부르고 (후렴)을 부르는 경우, 매번 후렴을 반복해서 악보에 쓰기 귀찮으니까, 후렴이라고 뭉쳐놓고, (후렴) 부르세요… 라고 말만하면 되는 것처럼, 함수의 기본적인 역할은 반복되는 부분의 재 사용성을 높이는 역할이다.

그 외에 자신만의 함수인 '사용자 정의 함수'는 반복되는 작업에 의한 불필요한 작업을 줄이고 프로그램의 재 사용성을 높일 수 있는 장점이 있다. 또한 긴 프로그램을 작성할 때, 연관된 부분끼리 묶음으로써 긴 소스 코드들을 효율적으로 관리할 수 있다.

함수의 개념을 설명하기 위해서, 마우스를 이용해서 화면의 중간에 원을 그리고 원의 중심에서 마우스까지의 거리를 반지름으로 하는 원을 계속적으로 그려주는 프로그램을 만들어 보자. 즉, 마우스의 위치에 따라 원의 크기가 계속 변경되어야한다. 이를 위해서 원의 중심에서 마우스 위치까지의 거리를 계산해야하는데, 이 부분을 사용자 정의 함수로 구현해보자.

distance( ) 함수는 아래에 정의되어 있다. 실제로 프로세싱에서는 dist( )라는 이름의 내부 함수가 이와 동일한 기능을 제공한다.

함수 이름 앞의 float 라는 데이터 형은 이 함수의 결과값이 float 형이라는 말이다. 아래가 조금 복잡해 보이기는 하지만 절대 그렇지 않다. 찬찬히 살펴보자. 이 distance( ) 함수는 평면에서 두 점 사이의 거리를 구하는 함수다.

sqrt( ) 함수는 제곱근(√)을 구하는 함수로써, 프로세싱에서 기본적으로 제공하는 함수다. $\sqrt{4}=2$.

return 문장은 함수 내부에서 계산된 값을 돌려줄 때 사용한다. 즉, 이 예제에서는 함수 내부에서 계산된 거리 값을 돌려주는 역할을 한다.

```
void setup() {
   size(300, 300);
}

void draw() {
  background(255);
  float d = distance(width/2, height/2, mouseX, mouseY);
  ellipse(width/2, height/2, 2*d, 2*d);
}

float distance(float x1, float y1, float x2, float y2) {
  float dx = x1 - x2;
  float dy = y1 - y2;
  float d = sqrt(dx*dx + dy*dy);
  return d;
}
```

위의 distance( ) 함수를 살펴보자. 위의 함수는 화면상의 2곳의 좌표값을 파라미터로 받아서 거리를 계산하는 함수이다. 함수 내부에 sqrt( ) 함수는 제곱근을 구하는 함수이다. 즉, sqrt(4)는 2다. 이렇게 거리를 계산하는 함수를 만들고 나서, draw() 함수에서

```
distance(width/2, height/2, mouseX, mouseY);
```

라고 사용하면, 두 지점 사이의 거리를 계산하는 과정은 생각할 필요없이 우리는 결과값만 사용하면 된다. 두 점 사이의 거리를 구하는 부분을 블랙박스처럼 생각하면 된다. 즉, 프로세싱에서 기본적으로 제공해주는 함수와 전혀 차이 없이 자신만의 함수를 사용할 수 있다는 것이다.

함수의 기본적인 모양은 다음과 같다.

```
float  distance (float x1, float y1, float x2, float y2) {
  ......
......
......
  return d;
}
```

함수의 결과값의 데이터 타입.

함수의 이름

함수로 넘겨주는 파라미터 리스트

함수의 값을 되돌려줌

만약, 함수가 어떤 동작만 취하고 값을 return 하지 않을 경우는 void 타입으로 선언한다. 이 경우에는 함수의 바디에서도 return 문을 사용할 필요가 없다. 아래의 예제는 프로세싱에서는 원을 그려주는 함수가 제공되지 않기 때문에, ellipse( ) 함수를 이용해서 원을 그려주는 함수를 만드는 경우이다. 즉, 아래와 같은 경우는 return 문이 필요없다.

```
void drawCircle( int x1, int y1, int diameter) {
   ellipse(x1, y1, diameter, diameter);
}
```

함수가 return값이 없을 경우

지역 변수와 전역 변수

전역 변수와 지역 변수의 구분

변수는 전역 변수(global variables)와 지역 변수(local variables)가 있다. 특정 함수(또는 블록) 내부에서 선언한 변수는 지역 변수다. 지역 변수는 그 함수(또는 블록) 내에서만 사용할 수 있다.

예를 들어, 아래의 변수 i는 setup( ) 함수 '안'에서만 사용 가능하다는 말이다. setup( ) 함수 '밖'에서는 이 변수 i를 사용할 수 없다.

```
void setup() {
  int i;

}
```

이 프로그램은 처음 한번은 setup( ) 함수에 의해서 **지역 변수** i의 값인 10을 출력하고, 그 이후에는 draw( ) 함수에 의해서 반복적으로 **전역 변수** i의 값인 100을 출력한다.

즉, 전역변수 i와 지역변수 i는 이름은 동일하지만 실제로는 전혀 다른 변수다. draw( ) 함수 내부에서 사용하는 변수 i는 전역변수 i다.

그렇다면, 아래와 같은 프로그램은 어떻게 동작할까?

```
int i = 100;

void setup() {
  int i = 10;
  println( i );
}

void draw() {
  println( i );
}
```

```
10
100
100
100
100
100
100
100
100
…
…
```

먼저 for(; ;) 문 안에서 선언된 i의 값이 1, 2, 3, 4, 5가 출력되고, 그 다음에, setup( ) 함수 안에서 선언된 지역변수 i의 값 3이 출력된다.

아래의 프로그램은 어떤 숫자들이 출력할까?

```
int i=1;

void setup() {
  i = 3;
  for(int i=1; i<=5; i++) {
    println(i);
  }
  println(i);
}

void draw() {
}
```

```
1
2
3
4
5
3
```

이 i는 for 문 내부에서 정의된 i를 의미한다. (첫 번째 println(i);)

여기의 i는 코드 3번째 줄의 i=3;이라는 문장의 i를 의미한다. (두 번째 println(i);)

CHAPTER

03

그림 그리기

CHAPTER

03 그림 그리기

지금부터 시작이다.
이제부터는 이 교재에 있는 예제 코드를 최대한 이해하고,
코드에 자신만의 변화를 줘보자.

지금까지 지루한 프로세싱 언어의 문법 사항들을 공부했다. 축하한다. 이제부터는 프로세싱을 이용해서 그림을 그리기 위한 기본적인 기법들을 단계별로 살펴보자. 각각의 기법을 잘 이해하고, 이들을 잘 엮어서 자신만의 그림을 만들어보자.

그림의 종류에는 여러 가지 종류가 있다 그 중에서도 추상화를 중심으로 그려보자. 이 책을 보고 나서, 유명 작가의 추상화를 프로세싱을 이용해서 모방하는 연습을 해보자. 원작을 가급적 비슷하게 모방하면서 인터랙션이나 동적인 느낌을 추가하도록 하자.

'3장. 그림 그리기' 코너에서는 선, 사각형, 원을 이용한 그림 그리기에 집중한다.

선을 그리자

가장 간단한 도형인 선을 그려보자. 아래는 세로 방향의 선으로 화면을 채우는 코드다. 화면에 129라는 색상(회색)의 세로 선으로 가득 채웠기 때문에 화면이 꽉 차서 선이라는 느낌이 나지 않는다.

```
size(512, 256);
stroke(129);

for(int i=0; i<width; i=i+1){
  line(i,0, i,height);
}
```

stroke( ): 선의 색상을 정하는 함수: 파라미터가 0이면 검은색, 255면 흰색.

width와 height는 실행 창의 폭과 높이를 의미하는 내부 변수

line( ) 함수로 수직선을 그리고 있다.
line(x1, y1, x2, y2);

화면을 조금 밝게 그리려면, stroke( )의 값을 조절해도 되지만, 선 사이의 간격을 늘리면 조금 연한 화면을 얻을 수 있다.

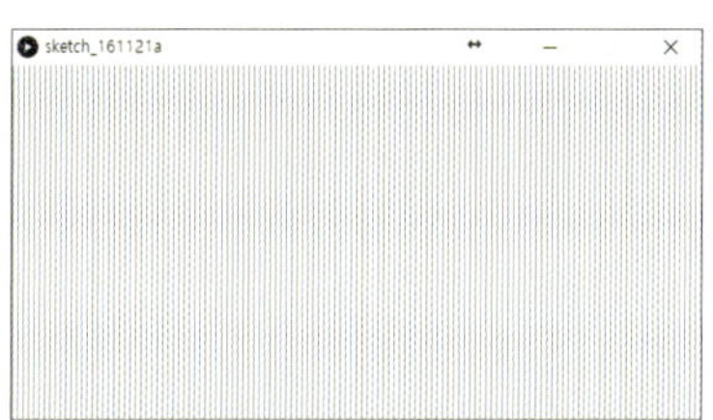


```
size(512, 256);
background(255);
stroke(129);

for(int i=0; i<width; i=i+4){
  line(i,0, i,height);
}
```

background( )는 배경을 칠하는 함수. background(255)는 배경을 흰색으로.

바뀐 부분. 가로로 4픽셀씩 건너뛰면서 선을 그린다.

선의 굵기, 위치, 색상을 변경하면서 화면을 채워보자. 아래의 코드는 화면의 왼쪽에서 오른쪽으로 가면서 선의 색상을 바꾸어서 그래디에이션(gradiation) 효과를 주고 있다.

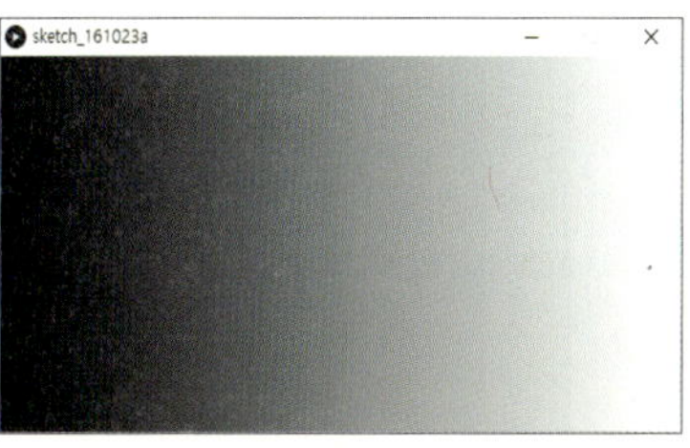

```
size(512, 256);

for(int i=0; i<width; i++){
  stroke(i/2);
  line(i,0, i,height);
}
```

이 문장의 의미에 주의하자. 선이 그려지는 칼럼의 위치를 stroke( ) 함수의 색상값 파라미터로 사용하고 있다. 오른쪽으로 갈수록 칼럼의 위치가 증가하는데, 큰 숫자 값이 밝은 색이다.

오른쪽으로 갈수록 선을 굵기를 조금씩 두껍게 그려보자.

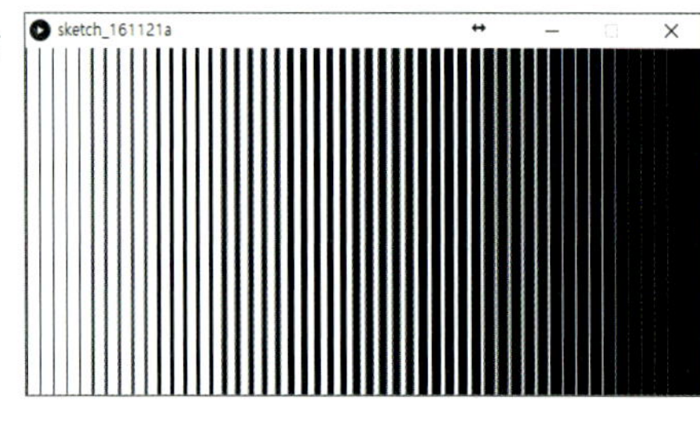


```
size(512, 256);
background(255);
stroke(0);

for(int i=0; i<width; i=i+10 ){
  strokeWeight(i/50+1);
  line(i,0, i,height);
}
```

strokeWeight( ): 선의 굵기를 조절하는 함수, 숫자가 클수록 선이 굵어진다. i/50+1에서 마지막에 1을 더한 이유는 폭이 0이 되어버리면 그려지지 않기 때문이다.

선의 굵기를 랜덤하게 변화를 줘서 그림을 그려보자.

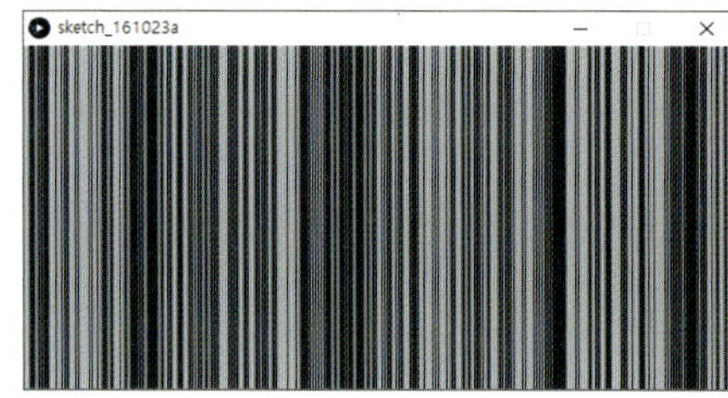

int( ): 파라미터 값을 정수값으로 변경한다. strokeWeight( ) 함수가 정수값을 받아들이기 때문이다.

random(x) 함수는 0이상 x 미만의 값 중에 실수값을 구해준다. 이에 대한 자세한 설명은 곧 나온다.
int(random(3)) 이라는 말은 0에서 3미만의 랜덤값을 정수로 변환하라는 말이다.

```
size(512, 256);

for(int i=0; i<width; i+=2){
  strokeWeight( int(random(3)) );
  line(i,0, i,height);
}
```

이제까지는 세로 선만 그렸다. 이제 가로 선과 세로 선을 같이 그려보자.

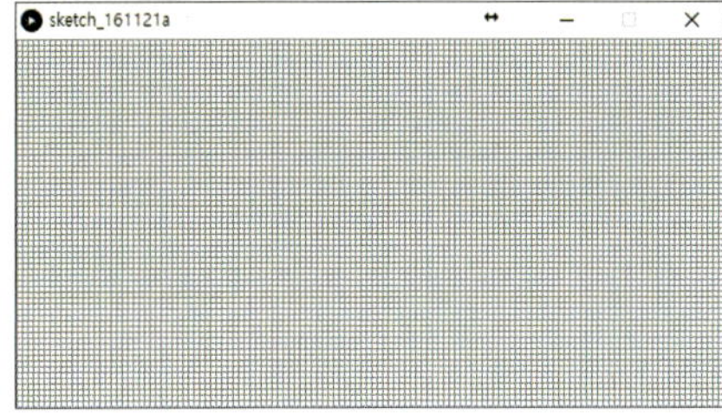


```
size(512, 256);
background(255);
stroke(129);

for(int i=0; i<width; i=i+4 ){
  line(i,0, i,height);
}

for(int i=0; i<height; i=i+4 ){
  line(0,i, width,i);
}
```

세로선을 그리는 부분

가로선을 그리는 부분

line( ) 함수의 파라미터를 잘 생각하자. line(x1, y1, x2, y2)

선에 색상을 부여하자

이제까지는 흑백 영상이었다. 이제 부터는 컬러 색상을 사용해보자. 아래는 화면의 왼쪽에서 오른쪽으로 가면서 조금씩 색상을 변경하면서 수직선을 그리는 코드다. 즉, 아래는 RGB값을 빨간색 (255, 0, 0)에서 검은색 (0, 0, 0)으로 변화시키면서 선을 그린다.

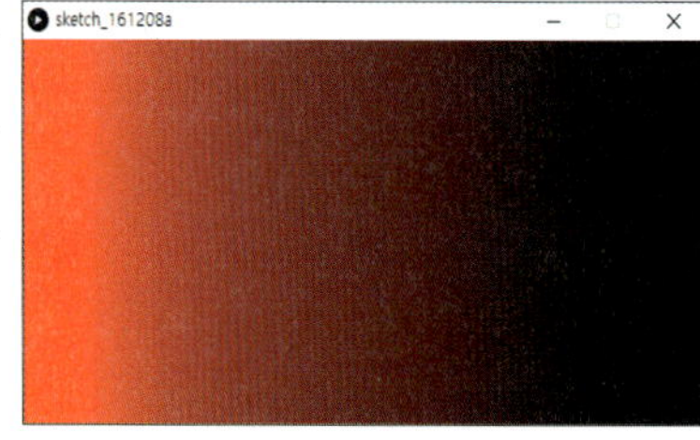

stroke( ) 함수는 파라미터의 개수가 1개에서 4개까지가 가능하다. 1개이면 흑백, 3개이면 컬러를 의미한다.
4개면 투명도를 조절할 수 있다.
지금 이 코드는 파라미터가 3개라서 각각이 R, G, B 값을 의미한다.
아래 페이지 참고:
https://www.processing.org/reference/stroke_.html

```
size(512, 256);
background(255);
stroke(255, 0, 0);

for(int i=0; i<width; i=i+1 ){
  stroke(255-i/2, 0, 0);
  line(i,0, i,height);
}
```

이 식에 유의하자. 변수 i는 0에서 width 즉 511까지 증가한다. 그러니까 이 식의 값은 0에서 255까지의 값이 되는 셈이다.

아래 코드는 화면을 아래 위 두 부분으로 나누어서, 윗부분은 빨간색에서 녹색으로 천천히 변화하는 코드, 아래 부분은 노란색에서 녹색으로 변경하는 부분이다.

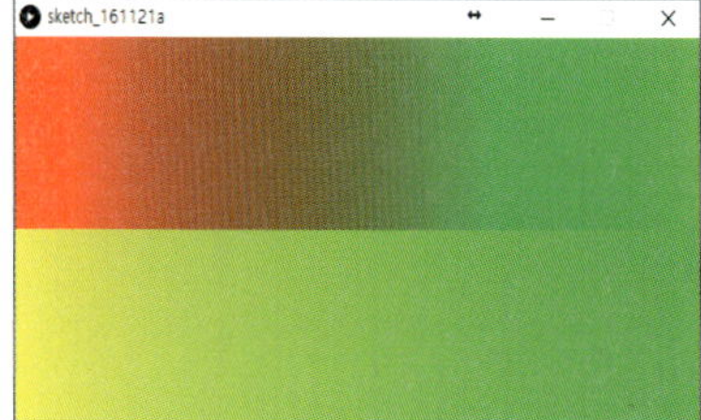


```
size(512, 256);
background(255);
stroke(255, 0, 0);

for(int i=0; i<width; i=i+1 ){
  stroke((255-i/2), i/2, 0);
  line(i,0, i,height/2);

  stroke((255-i/2), 255, 0);
  line(i,height/2, i,height);
}
```

stroke( ) 함수에 파라미터를 3개를 쓰면, 순서대로 Red, Green, Blue값을 의미한다. 파라미터가 1개이면 흑백 색상, 3개이면 컬러 색상.

기울어진 선

이제 기울어진 선을 그려보자.

```
size(512, 256);

stroke(129);
int slant = 256;

for(int i=-slant; i<width;  i=i+40 ){
  line(i,0, i+slant,height);
}
```

x 축으로 기울어지는 정도를 나타내는 변수. 이 값을 변경하면 기울어진 정도를 조절할 수 있다.

가장 왼쪽에서 시작하는 직선을 화면에 보이지 않는 곳에서 시작해야지 화면에 여백이 남지 않는다.
즉, x 좌표값을 −256에서 시작하는 것이다.

이제 2장에서 설명한 Tweak 기능을 자세히 설명하자. Tweak이란 '미세 조절'이라는 의미다.

Tweak 기능은 동적 프로그래밍 모드에서만 사용할 수 있다.

1. 아래와 같이 프로그래밍하고 [Sketch]→ [Tweak] 메뉴를 눌러보자(소스 파일을 미리 저장하라는 창이 뜰 것이다. 파일을 미리 저장하자).

```
void setup(){
  size(512, 256);
  stroke(129);
  strokeWeight(3);
}

void draw(){
  int slant = 259;
  background(255);

  for(int i=-slant; i<width;  i=i+40 ){
    line(i,0, i+slant,height);
  }
}
```

sketch_161214a | Processing 3.2.1
File Edit Sketch Debug Tools Help
Run Ctrl+R
Present Ctrl+Shift+R
Tweak Ctrl+Shift+T
Stop
Import Library...
Show Sketch Folder Ctrl+K
Add File...
sketch_161214a (Java)

```
  int slant = 259;
  background(255);

  for(int i=-slant; i<width;  i=i+40 ){
    line(i,0, i+slant,height);
  }
}
```

2. 그러면 아래 그림처럼 프로그램이 실행되면서 PDE 화면이 바뀐다. 여러분이 상수로 설정한 숫자값 위로 마우스를 옮겨서, 클릭한 후에 마우스를 움직이면 동적으로 숫자 값이 바뀌면서, 그에 따라 실행 화면이 바뀌는 것을 볼 수 있다. 그래서 Tweak(미세 조절) 기능이라고 하는 것이다.

sketch_161214a | Processing 3.2.1

File Edit Sketch Debug Tools Help

sketch_161214a

```
void setup(){
  size(512, 256);
  stroke(129);
  strokeWeight(3);
}

void draw(){
  int slant = 363;
  background(255);

  for(int i=-slant; i<width;  i=i+40 ){
    line(i,0, i+slant,height);
  }
}
```

3. 프로그램을 종료하면, 아래 창이 뜨면서 변경된 상수값들을 코드에 반영할지를 묻는다. 적절하게 선택하자. [Yes]를 클릭하면 코드 내부의 상수값이 자동으로 변경된다.

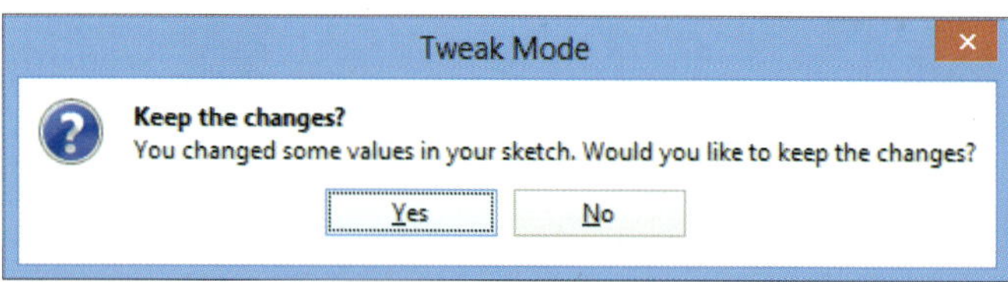

한 점을 중심으로 선을 펼쳐보자

아래의 코드를 보면 원의 중심에서 펼치지는 선을 그리는 것을 알 수 있다. 선의 한쪽 중심은 화면의 중심에, 다른 한쪽 끝은 각 x좌표에 대한 y값을 random( ) 함수를 사용하였다.

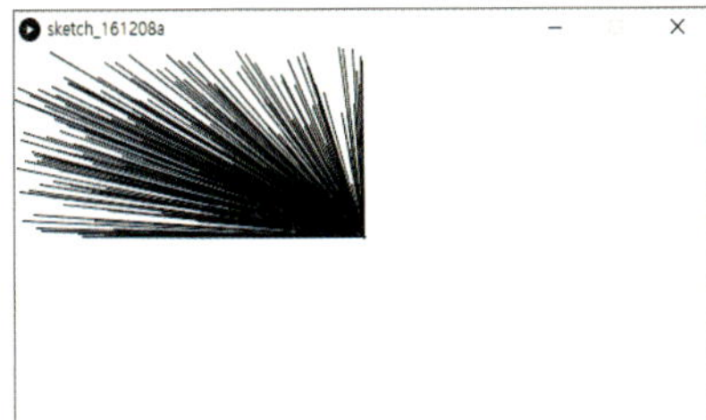


```
size(512, 256);
background(255);
stroke(0, 0, 0);

for(int i=0; i<width/2; i=i+1 ){
    line(width/2, height/2, i, random(height/2) );
}
```

랜덤하게 생성되는 다른 한쪽 끝 좌표

선의 한쪽 끝은 화면의 중심

위의 코드에 덧붙여서, 화면의 나머지 3개의 화면을 채우는 코드다. 화면에 그려지는 선분의 좌표값에 유의하자.

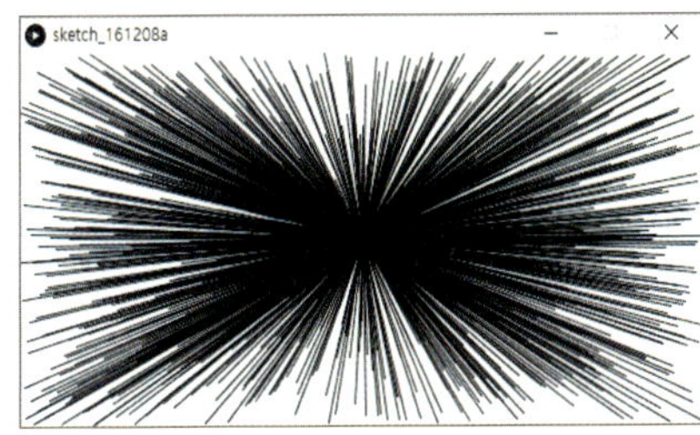


```
size(512, 256);
background(255);
stroke(255, 0, 0);

for(int i=0; i<width/2; i=i+1 ){
    line(width/2, height/2,  i,          random(height/2) );
    line(width/2, height/2,  i+width/2, random(height/2) );
    line(width/2, height/2,  i,          height/2+random(height/2) );
    line(width/2, height/2,  i+width/2, height/2+random(height/2) );
}
```

연습해보자

1. 선의 굵기도 랜덤하게 정해보자. strokeWeight ( ) 함수를 사용하면 된다.
2. 선의 색상도 랜덤하게 정해보자. stroke( ) 함수를 사용하면 된다.

https://www.processing.org/reference/strokeWeight_.html

랜덤한 선 그리기

선을 고정된 위치에 그리는 효과만으로는 다양한 모양의 그림을 그리기 어렵다. 선의 위치를 랜덤하게 그려보자. 선분의 양 끝 점의 위치를 랜덤하게 정해서 그림을 그리자.

아래의 코드는 프로세싱의 '동적 모드' 프로그램으로써, setup( ), draw( ) 함수를 사용하고 있다. draw( ) 함수 내부에 선을 그리는 함수가 있기 때문에 계속적으로 랜덤한 위치에 선을 그리고 있다.

```
void setup() {
  size(500,500);
  background(0, 0, 0);
  stroke(255,50);
}

void draw() {
  line(random(0,width),random(0,height),random(0,width),random(0,height));
}
```

stroke( ) 함수의 파라미터가 2개이면, 마지막 파라미터는 투명도. 투명도는 숫자가 작을수록 투명도가 높아진다.
stroke( ) 함수의 사용법: https://www.processing.org/reference/stroke_.html

아래의 코드는 왼쪽 상단에 한 점을 고정하고 다른 점의 위치를 랜덤하게 생성해서 그린다.

```
void setup() {
  size(500,500);
  background(0, 0, 0);
  stroke(255,50);
  strokeWeight(2);
}

void draw() {
    line(0, 0, random(0,width),random(0,height));
}
```

박스로 그림 그리기 #1

이제 부터는 사각형을 그려보자. 아래는 여러 개의 박스를 랜덤한 색으로 변화를 주는 코드다. 가로, 세로 방향으로 각각 10개씩, 총 100개의 박스를 랜덤한 색상으로 그려준다.

이중 반복문(nested loop)을 사용한다. 즉, 반복문 안에 또 다른 반복문을 사용할 수 있다. 바깥 반복문은 열(column)을 구분하고, 안쪽 반복문은 행(row)을 구분하고 있다.

```
void setup() {
  size(400, 400);
  background(0);
}

void draw() {
  for (int i = 0; i < width/40; i = i + 1) {
    for (int j = 0; j < height/40; j = j + 1) {
      fill(random(255), random(255), random(255));
      rect( 40*i, 40*j, 40, 40);
    }
  }
}
```

fill( ): 그려지는 도형의 내부 색상을 정하는 함수. fill( ) 함수에 의해서 색상을 정하면 그 뒤로 그려지는 모든 도형들의 내부가 동일한 색으로 칠해진다. 여기서는 RGB 값을 랜덤하게 정하고 있다. 도형 내부를 채우지 않으려면, noFill( ) 함수를 사용하면 된다. 채우려면 fill( ) 함수를 사용하자.

i에 40을 곱하는 이유는 각 박스가 40픽셀씩 떨어지도록 하기 위함이다.

아래와 같이 가로, 세로 각각 10개씩 총 100개의 사각형의 색깔이 랜덤하게 변하는 것을 볼 수 있다.

[참고] 간단한 수학

여기서 프로세싱 언어를 이용한 간단한 수학적 연산에 대한 이야기를 하자. 연산자(operators)에 대한 이야기는 앞에서 했지만, 좀 더 실용적인 면에서 이야기를 해보자.

덧셈, 뺄셈, 곱셈, 나눗셈

아래는 정수형 변수의 가감승제(+, -, *. /) 예제이다. 나눗셈 연산을 보면 정수형 나눗셈이어서 결과 또한 정수값이 나오는 것을 알 수 있다.

```
int x; //변수 x는 정수형 변수

x = 10;
println(x);                                   10
x = x+1;
println(x);                                   11
x = x-1;
println(x);                                   10
x = x*2;
println(x);                                   20
x = x/3;
println(x);                                   6
```

동일한 값을 실수형 연산을 수행할 때의 결과를 보자.

```
float x; // float 형으로 변수형을 변경하였다.

x = 10;
println(x);                                   10.0
x = x+1;
println(x);                                   11.0
x = x-1;
println(x);                                   10.0
x = x*2;
println(x);                                   20.0
x = x/3;
println(x);                                   6.6666665
```

실수 나눗셈으로 소수 값이 남아 있다.

컴퓨터 프로그래밍에서는 나머지 연산자가 요긴하게 사용되는 경우가 많다. 어떤 변수의 값이 0 .. 9 사이의 값이 순환적으로 반복되게 하려면 보통 아래의 왼쪽과 같이 한다. 그러나 이 방식은 if 문에 의해서 속도가 조금 느려질 수 있다. 변수 x값을 변경할 때 마다, if 문으로 검사해야 하기 때문이다. 아래의 오른쪽은 나머지 연산자를 이용한 동일한 일을 하는 다른 방식이다. 훨씬 코드가 깔끔해졌다.

```
int x;

void setup() {
  x = 1;
}

void draw() {
  x = x + 1;
  if ( x > 9){
     x = 0;
  }
  println(x);
}
```

```
int x;

void setup() {
  x = 1;
}

void draw() {
  x = x + 1;
  x = x % 10;
  println(x);
}
```

삼각 함수

삼각 함수에 대해서 이야기해보자. 아래와 같은 삼각형을 생각해보자.

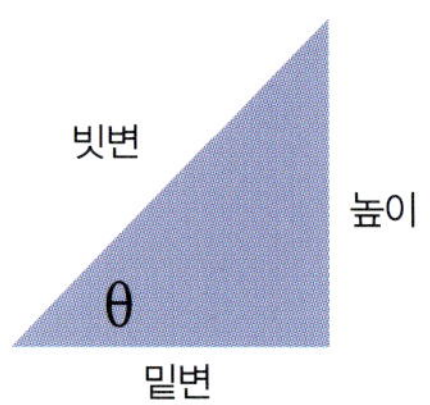

sin(30) 이라는 '삼각 함수의 값'은 더 이상 각도가 아니다. 삼각 함수는 더 이상 각도가 아니며, '삼각형의 변들의 길이의 비'를 의미한다. 이러한 비율에 이름을 아래와 같이 정의한 것이 삼각 함수다.

tan(θ) = 높이/밑변

sin(θ) = 높이/빗변

cos(θ) = 밑변/빗변

즉, 삼각 함수는 두 변이 길이의 비율을 나타내는 함수인 것이다. 이를 그림으로 그려보면 옆과 같다. sin 함수에서 x축을 시간이라고 생각한다면, 시간이 지남에 따른 어떤 대상의 변화를 이와 같이 그리고 싶은 경우에 활용하면 그럴듯한 효과를 가질 수 있게 된다. sin 함수는 함수 자체로써도 아름답지 않은가? 삼각 함수는 이 책의 중반부에서 요긴하게 사용된다.

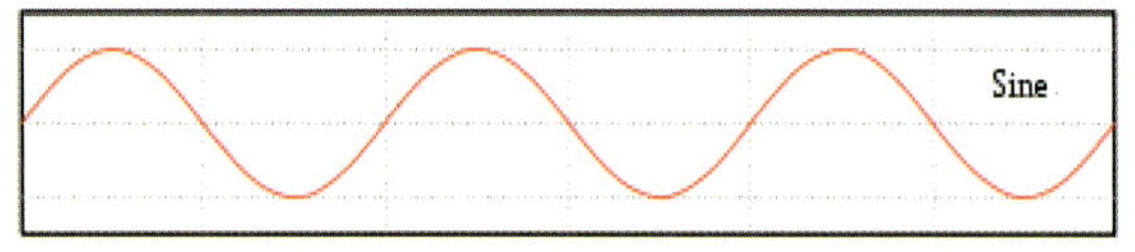

배열과 반복문

이 부분은 프로그래밍에서 조금 어려운 부분이다. 배열과 반복문은 배우기는 쉽지 않지만, 익혀두면 아주 요긴하게 사용할 수 있다. 컴퓨터 프로그램이 해결하는 많은 일들이 정해진 일을 반복적을 수행하는 일들이 대부분이기 때문에 반복문은 아주 자주 사용된다. 아래의 그림은 화면을 칼럼으로 나누고(사각형을 배치하고), 마우스를 이용해 마우스가 위치한 곳(사각형)의 색상을 바꾸는 프로그램이다. 즉, 피아노 건반을 누르는 느낌의 프로그램을 만들어보자.

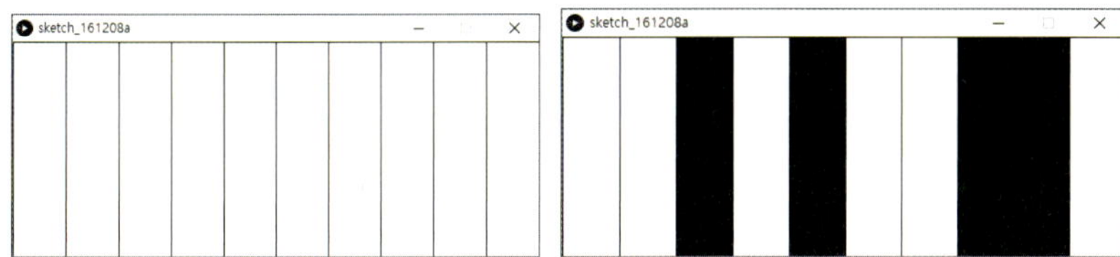

이를 위해서, 각 사각형마다 변수를 할당해야 한다. 그리고 마우스가 클릭될 때 마다 어느 사각형이 선택되었는지 체크해야 한다. 사각형이 1~2개 일 경우에는 별 문제가 없겠지만, 20~30개가 된다면, 각 사각형마다 변수를 따로 설정하는 것은 대단한 노동임에 틀림없다.

프로그램의 화면상에 보이는 모든 물체는 '변수'로 관리해야 한다.

그래서 배열(array)라는 것을 사용한다. 배열이란 하나의 변수로 여러 개의 메모리 방(cell)을 사용하는 구조로써, 각 방을 '동일한 이름에 번호를 붙여서' 사용하는 구조를 말한다.

배열은 향후에 반복문(for 문)을 이용한 프로그래밍에서 아주 유용하다.

즉, 아래와 같은 10개의 메모리를 모두 bricks 이라는 이름으로 사용할텐데, 각 위치에 따라서 번호를 할당한다. 그러면 앞에서부터 차례로 bricks[0], bricks[1], …, bricks[9] 까지로 변수로써 사용이 가능하다.

기억하자! 방 번호의 시작은 0부터이다.

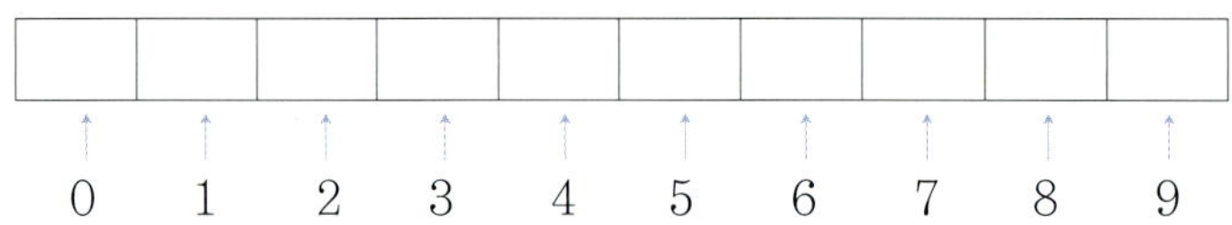

이제 배열을 실제적으로 사용해보자. 배열 변수의 선언은 다음과 같이 한다.

```
형식:  데이터형 [ ] 변수명 = new 데이터형 [ 개수 ]
예:      int [ ] bricks = new int [10];
```

위의 문장은 이렇게 해석한다. 정수형 변수를 묶어 놓은 1차원 배열이 있는데, 그 이름은 bricks이고, 10칸의 메모리 방을 할당한다. 이렇게 되면, bricks[0], bricks[1], …, bricks[9]까지 총 10개의 공간을 동일한 이름으로 (인덱스만 바꿔서) 사용할 수 있다.

하나의 예를 더 들어서 만약에 실수형 변수를 20개를 1차원 변수로 선언하려면 어떻게 하면 될까?

float [ ] bricks = new float [20];

배열 변수를 선언하는 또 다른 방법으로, 아래와 같이 배열 변수 선언과 배열 변수 생성을 분리할 수도 있다.

```
int [ ] bricks;  // 배열 변수 선언
bricks = new int [10]; // 배열 변수 생성
```

배열의 각 요소를 사용할 때 아래와 같이 10줄에 거쳐서 일일이 대입해서 초기화를 할 수도 있다.

```
bricks[0] = 1;
bricks[1] = 1;
bricks[2] = 1;
…
bricks[9] = 1;
```

그렇지만 이렇게 하는 것은 너무 힘들다. 배열과 반복문은 아주 밀접한 관계가 있다. 여기서 반복문을 사용하면 아주 편한데, 여러 종류의 반복 문 중에 for(; ;) 문을 사용한다.

아래의 for(; ;) 문은 변수 i를 0에서 10보다 작은 수까지(즉, 9까지) 1씩 증가시켜가면서 총 10번 수행하게 된다. 즉, brick[0] 부터 brick[9] 까지 1을

대입한다. 이렇게 하면 10줄에 걸쳐서 일일이 대입해야하는 문제가 3줄로 가능해진다.

```
int i;
for(i=0; i<10; i++) {
    bricks[i] = 1;
}
```

위를 조금 더 줄이면 아래와 같이 할 수 있다. 아래의 프로그램이 다른 점은 중괄호 {} 가 없다는 점이다. 아래와 같이 for(; ;) 문의 바디(body)가 여러 명령어인 경우는 중괄호로 합쳐야 하지만, 하나의 명령어인 경우는 꼭 필요하지는 않다. 그렇지만, 이런 경우도 중괄호를 사용하는 것이 향후에 프로그램을 수정해서 명령어가 늘어나는 경우에 실수를 줄일 수 있다. 즉, 아래와 같은 방식은 가급적 사용하지 말고 꼭 중괄호를 사용하는 버릇을 들이자.

```
int i;
for(i=0; i<10; i++)
    bricks[i] = 1;
```

박스로 그림 그리기 #2

위의 100개의 박스를 각각 랜덤하게 색상을 바꾸는 코드를 조금 수정해서, 각 박스의 색상을 조금씩 변경해보자. 아래의 코드는 칼럼으로 색상의 그래디에이션을 변경하고 있지만, 이를 수정하면 다양한 효과를 얻을 수 있을 것이다.

아래의 setup( ) 함수에서 기본 색상 설정 등의 작업을 하고, draw( ) 함수에서 매번 색상을 바꾸면서 그려준다.

각 칼럼의 박스들은 동일한 색상을 가진다. 이 문장은 각 칼럼의 색상을 저장할 배열 변수의 선언이다.
이렇게 전역 변수로 선언하는 이유는 이 변수들을 setup( ) 함수와 draw( ) 함수 모두에서 사용하기 때문이다.

이 문장은 배열 변수 각 항목을 위한 메모리 할당(변수 공간 생성)이다.
위의 배열 변수 선언과 변수 생성 문장을 아래와 같이 하나의 문장으로 바꿔도 된다.
float [] colorOfPositions = new float [10];

색상 값을 조금씩 밝게 하는 부분이다. 큰 숫자값이 더 밝은 색.

색상은 0에서 255사이의 값을 가져야 하기 때문에 256로 나눈 나머지 값을 사용한다.

```
float [] colorOfPositions;

void setup() {
  size(400, 400);
  background(0);
  colorOfPositions = new float [10];
  for(int i=0; i<10; i+=1){ //초기 색상 설정
      colorOfPositions[i] = i*25.5;
  }

}

void draw() {
  for (int i = 0; i < width/40; i = i + 1) {
    colorOfPositions[i] += 5;
    colorOfPositions[i] %= 256;
    fill(colorOfPositions[i]);

    for (int j = 0; j < height/40; j = j + 1) {
      rect( 40*i, 40 *j, 40, 40);
    }
  }
}
```

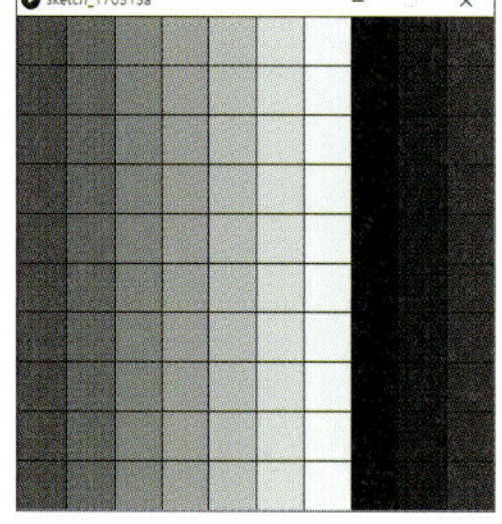
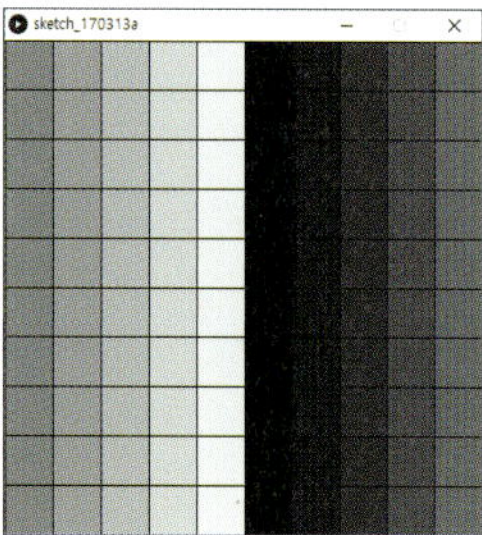
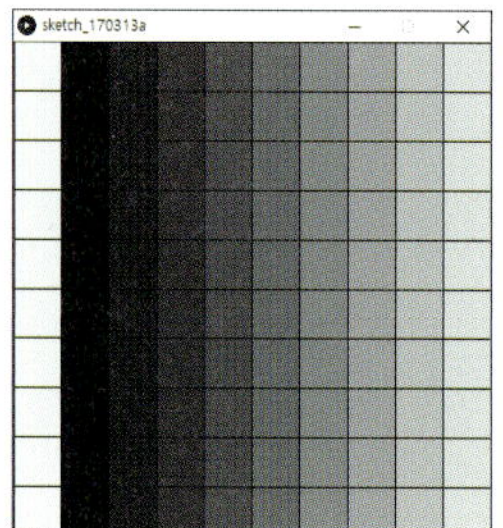

배열을 이용한 색상 팔레트 사용

색깔이 있는 선을 이용해서 그림을 그리려고 할 때, 특정한 색상 만을 원할 때가 있다. 이 책의 후반부에 소개될 기법이기는 하지만, 여기서 간단하게 설명한다.

```
color c[] = { #ff0000, #00ff00, #0000ff, #ffff00, #ffffff};
```

2장에서 프로세싱에서 제공하는 자료형에서 간단하게 언급된 내용인데 color 자료형을 사용할 수 있다. color 자료형은 RGB(Red, Green, Blue) 값으로 색상을 조합해서 표현할 수 있다. 위의 변수 선언은 색상값들을 배열로 보관하는 것이다. 일종의 팔레트인 셈이다. 컬러 색상은 #뒤에 Red, Green, Blue 값을 16진수로 적어주면 된다(대소문자 구분 없음).

- red 색: #ff0000
- green 색: #00ff00
- blue 색: #0000ff

아래의 명령어를 이용해서 random( ) 값을 그때그때 생성해서 위의 팔레트 중에서 색상을 선정하면, 자신이 사용할 색을 미리 정해둘 수 있는 것이다.

```
stroke( c[int(random(c.length))], 50 );
```

위의 명령문을 풀어서 설명해보자.

- c.length: 배열의 크기
- random(c.length): 0에서 배열의 크기 중에서 랜덤값 생성(실수값)
- int(random(c.length)): 랜덤값을 정수로 변환
- c[int(random(c.length))]: 해당하는 순번의 색상을 팔레트에서 선택

자신이 원하는 색상의 RGB값을 알고 싶을 때는 PhotoShop 같은 프로그램을 사용해도 되지만, 프로세싱 PDE에서 쉽게 할 수 있다.

PDE 의 [Tools]—[Color Selector…] 메뉴를 선택하면 아래와 같이 색상판이 나오는데, 원하는 위치를 클릭하면 16진수 색상값을 확인할 수 있다.

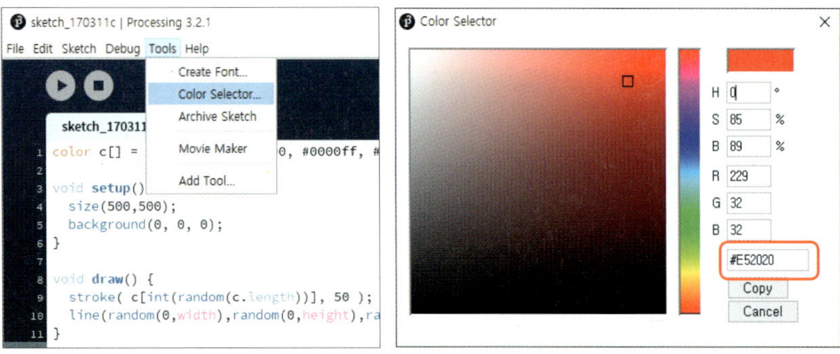

위의 내용을 사용한 아래의 코드를 보자. 앞 부분의 랜덤한 선 그리기 부분을 조금 수정하였다.

```
color c[] = { #ff0000, #00ff00, #0000ff, #ffff00, #ffffff};

void setup() {
  size(500,500);
  background(0, 0, 0);
}

void draw() {
  stroke( c[int(random(c.length))], 50 );
  line(random(0,width),random(0,height),random(0,width),random(0,height));
}
```

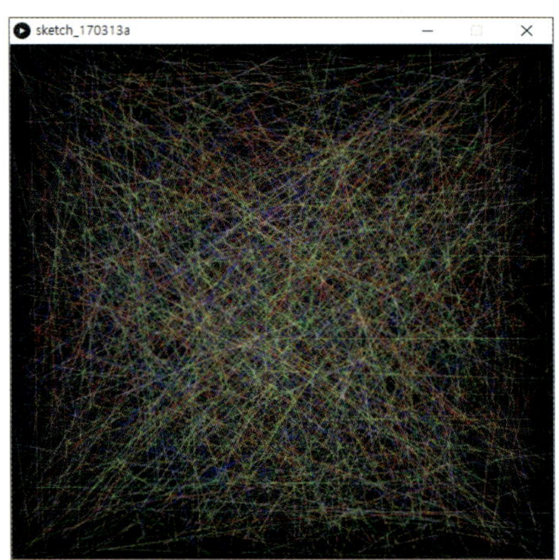

원 그리기: 극 좌표계

프로세싱에서 원(circle)을 그리기 위해서는 ellipse( ) 함수를 사용하면 된다. 지금부터는 원의 픽셀 하나 하나를 직접 그려보자. 즉, point( ) 함수로 픽셀들을 하나씩 찍어서 원을 그려볼 것이다. 프로세싱에서 제공하지 않는 조금 울퉁 불퉁한 원을 그리려면 직접 픽셀을 찍어서 그려야 한다.

다음 쪽의 원을 그리는 코드는 '극 좌표계(polar coordinate)'를 사용한다는 점이 다르다. 우리가 일반적으로(지금까지) 사용하는 좌표계를 '데카르트 좌표계'라고 한다.

옆의 그림과 같이 데카르트 좌표계는 공간 상의 점의 '위치 좌표'를 사용한다. 즉 P(x, y)는 x, y 위치의 점을 의미한다. 동일한 위치를 극 좌표계로 표현하면 P(r, θ)라고 할 수 있다. r은 원점에서의 거리, θ는 원점과 P 점을 이은 선분이 x축과 이루는 각도를 의미한다. 즉, 극 좌표계에서는 원점에서의 거리와 각도로 점의 위치를 표현하는 방법이다.

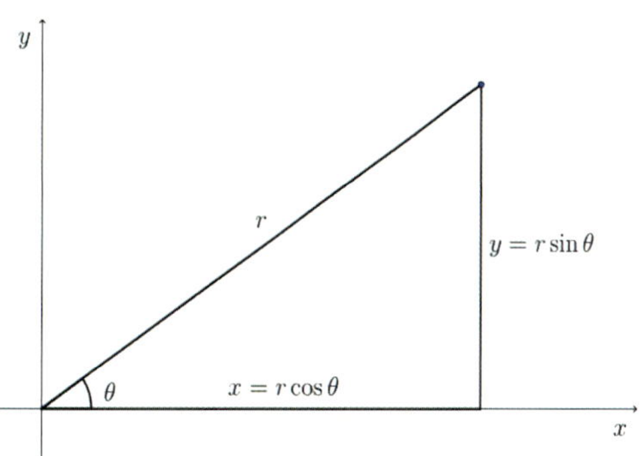

극좌표와 데카르트 좌표는 아래와 같은 관계가 있다. 아래는 삼각 함수의 정의에 따른 것이다.

$$\cos\theta = \frac{x}{r}\,,\ \sin\theta = \frac{y}{r}$$

극 좌표를 통해 표현되는 위치는 아래와 같이 구할 수 있다.

$$x = r\cos\theta,\ \ y = r\sin\theta$$

즉, 극 좌표계란 공간 속의 좌표를 거리와 각도로 표현하는 방법인데, 이를 활용하면 재미있는 원을 그릴 수 있다.

아래의 코드는 극 좌표계를 이용해서 point( ) 함수로 원을 그린다.

```
size(500,300);
background(255);
stroke(0);

int centerX = width/2;  //화면의 중심에 원의 중심을 두고..
int centerY = height/2;

float x, y;
float angle;
float radius = 100; //원의 반지름

for (angle = 0; angle < 360; angle++) {
    float rad = radians(angle);

    x = centerX + (radius * cos(rad));
    y = centerY + (radius * sin(rad));

    point(x, y);
}
```

시계 반대 방향으로 0도에서 360도까지 극 좌표계를 이용해서 점의 좌표를 설정

radian( ) 함수는 우리가 일반적으로 사용하는 각도를 라디안 각도로 바꿔준다.
라디안이란 0..360도까지의 각도를 0..π로 나타내는 방법을 말한다. 여기서 π란 우리가 익히 알고 있는 3.141592…라는 숫자. sin 등의 삼각함수는 파라미터로 라디안을 사용하기 때문이다.

그렇지만, 위의 코드는 x, y 변수를 정수형 변수로 사용하고 있고, angle을 1도씩 증가하기 때문에 픽셀 사이가 비어있는 모양이 된다. 그래서 아래는 짧은 선분을 이용해서 선을 그리는 코드다. 그림의 붉은색 점이 각도가 시작되는 위치를 표시한 것이다.

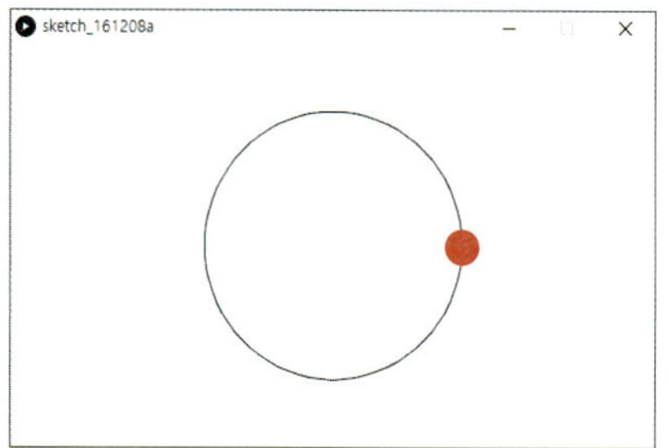

```
size(500,300);
background(255);
stroke(0);

int centerX = width/2;
int centerY = height/2;

float x, y;
float angle;
float radius = 100;
float beginx = radius+centerX;
float beginy = 0+centerY;

for (angle = 0; angle <= 360; angle += 5) {
    float rad = radians(angle);

    x = centerX + (radius * cos(rad));
    y = centerY + (radius * sin(rad));
    line(beginx, beginy, x, y);

    beginx = x;
    beginy = y;
}
```

그림의 원 상의 점 위치부터 점을 하나씩 그려간다.

극 좌표계에서 각도를 5도씩 돌아가면서 원을 그려간다.

극 좌표계를 데카르트 좌표계로 변환하는 부분

극 좌표계를 이용한 원 그리는 방법은 지금 당장은 별 의미가 없어 보이지만, 바로 다음 챕터에서 요긴하게 사용한다.

CHAPTER 04

그림 움직이기

CHAPTER

04 그림 움직이기

이제까지는 도형의 위치가 고정되어 있는 상황만 다루었다. 이제 부터는 도형을 움직여 보자. 4장에서는 선, 사각형, 원을 움직이는 효과를 연출한다. 시간에 따라 계속적으로 움직이는 효과를 위해서 동적 모드(active mode) 프로그래밍을 주로 사용한다. setup( )과 draw( ) 함수를 이용해서, 계속적으로 변화하는 프로그램을 작성해보자.

하나의 선을 움직이기

하나의 선을 이동하면서 그림을 그려보자. 선을 현재 위치에서 조금씩 랜덤하게 움직여본다. 아래의 코드는 매 프레임마다 배경을 지우지 않고, stroke( ) 함수의 4번째 파라미터인 투명도(alpha)를 10으로 함으로써, 이전에 그려진 선들이 투명하게 비치는 효과를 나타냈다. 이렇게 투명하게 선을 그리면, 이전에 그렸던 선들과 함께 재미있는 효과를 낼 수 있다.

```
float x1, y1;
float x2, y2;

void setup() {
  size(500, 500);
  background(0);

  x1 = width/2; //위쪽의 점
  y1 = 0;
  x2 = width/2; //아래쪽의 점
  y2 = height;
}

void draw() {
  stroke(255,255,255,10); // 투명도를 10으로

  x1 = x1 + random(-10,10);
  x2 = x2 + random(-10,10);
  y1 = y1 + random(-10,10);
  y2 = y2 + random(-10,10);

  x1 = constrain(x1, 0, width);
  x2 = constrain(x2, 0, width);
  y1 = constrain(y1, 0, 10);
  y2 = constrain(y2, height-10, height);

  line( x1, y1, x2, y2);
}
```

선의 한 지점의 위치를 저장하는 변수. x1, y1이 한쪽 끝 점, x2, y2가 다른 한쪽 끝 점. 이렇게 전역 변수로 선언하는 이유는 이 변수들을 setup( ) 함수와 draw( ) 함수 모두에서 사용하기 때문이다.

draw( ) 함수에서 배경을 지우지 않고, 이전에 그려진 선을 계속 남기면서 그려간다.

random( ): 선이 랜덤하게 움직이는 정도를 조절하는 부분.
- random(a): 0이상 a 미만 값 중에서 랜덤
- random(a, b): a이상 b 미만 값 중에서 랜덤

constrain(a, b, c): a 변수의 값을 b이상 c 이하의 값에 머물도록 한다. 해당하는 값을 반환한다.
여기서는 선분의 양 끝점이 화면 상에서 벗어나지 않도록 하기 위함이다.

여러 개의 선 움직이기

배열(array): 여러 개의 데이터를 사용할 때 편한 방법이다. 앞 장에서 소개했다.

하나의 선이 아니라 여러 개의 선을 움직이면서 그려보자. 앞에서 배운 배열 변수를 사용해야 한다. 아래의 코드는 10개의 선을 위치를 랜덤하게 바꾸는 프로그램이다.

10개의 선을 랜덤하게 움직여보자. 아래의 그림은 매 번의 프레임을 그릴 때 화면을 지우고 다시 그린다.

배열 변수 생성: 실제로 메모리를 할당한다.

10개의 선의 x 좌표를 초기화한다. 초기화란 제일 처음의 값을 지정하는 것을 의미한다.

이 부분을 주석으로 지우면, 즉, 배경을 지우지 않으면 아래와 같은 효과를 연출할 수 있다.

선을 이동할 량을 랜덤하게 정한다.

```
float[] arrayOfPositions; // 배열 변수 선언

void setup() {
  size(512, 256);
  background(0);
  stroke(255);

  arrayOfPositions = new float[10];

  for(int i=0; i<10; i+=1) {
    arrayOfPositions[i] = width/10*i;
  }
}

void draw() {
  background(0);

  for(int i=0; i<10; i+=1) {
    arrayOfPositions[i] += int(random(-2, 2));
    arrayOfPositions[i] = constrain(arrayOfPositions[i], 0, width);
  }

  for(int i=0; i<10; i+=1) {
    line(arrayOfPositions[i], 0, arrayOfPositions[i], height);
  }
}
```

sketch_161023a

sketch_161023a

움직이는(커지는) 원: #1

이 코드는 Generative Art a Practical Guide using Processing, Matt Pearson, Manning 책을 참고하였다.

이제까지는 도형의 색상이나 위치를 바꾸는 내용이 주된 내용이었다. 이제 도형의 크기를 변경해보자. 아래의 코드는 화면의 중앙에 중심을 두고 있는 원이 조금씩 커지는 코드이다.

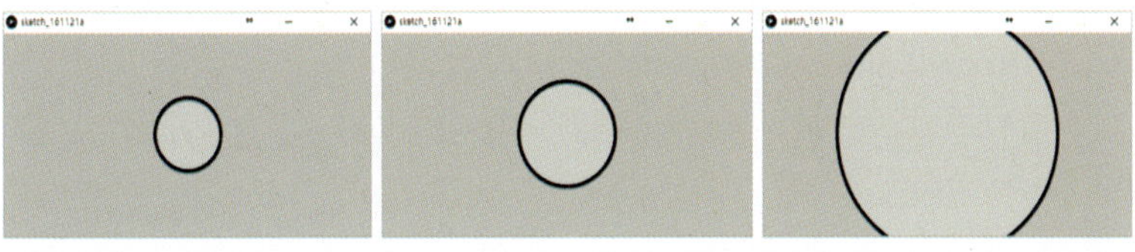

```
int diam = 10;
float centX, centY;

void setup() {
  size(512, 256);
  centX = width/2;
  centY = height/2;
  stroke(0);
  strokeWeight(5);
  fill(255, 10);
}

void draw() {
  background(180);
  ellipse(centX, centY, diam, diam);
  diam += 10;
  diam %= width;
}
```

이 코드에서 원의 흔적을 남기려면 background( ) 함수를 제거하면 된다. 그러면 아래와 같은 효과를 생성할 수 있다.

이 명령어에 의해서 원이 실행창보다 커지지 않는다. 이런 경우에 if 문을 사용하여서 값을 조절할 수 있지만, 나머지 연산자 %를 주로 사용한다.

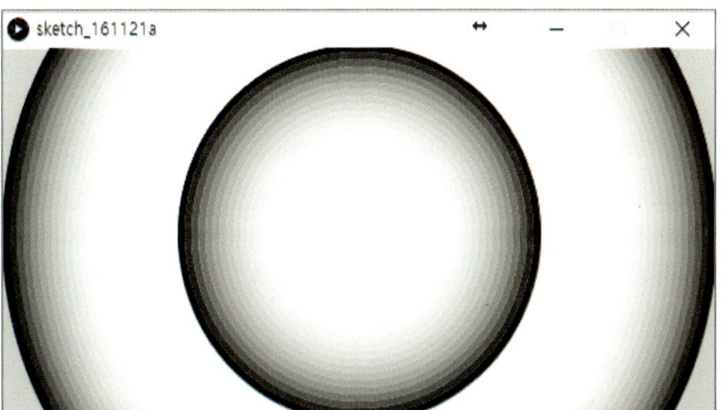

움직이는(커지는) 원: #2(여러 개의 원)

이제 여러 개의 원을 키워보자. 10개의 원의 크기를 변경해보자. 원의 중심 좌표를 배열에 담고 있다. 이와 같이 화면에 여러 개의 도형을 그리려면 배열 변수를 사용하는 것이 필수적이다.

원의 중심 좌표의 x, y 각각을 별도의 배열에 담고 있다.

배열 변수들을 생성

10개의 원의 배열 변수값 초기화

화면의 배경을 지우지 않으면(즉, 이 문장을 없애면) 다른 효과가 난다. fill( ) 함수의 투명도에 따른 효과다.

```
int [] arrayOfDiam; //원의 지름을 담고 있는 배열
float [] arrayOfCentX, arrayOfCentY;

void setup() {
  size(500, 300);
  background(180);

  arrayOfDiam = new int[10];
  arrayOfCentX = new float[10];
  arrayOfCentY = new float[10];

  for(int i=0; i<10; i++){
     arrayOfDiam[i] = int(random(300));
     arrayOfCentX[i] = random(500);
     arrayOfCentY[i] = random(300);
  }
  stroke(0);
  strokeWeight(5);
  fill(255, 10);
}

void draw() {
    background(180);
    for(int i=0; i<10;i++){
         ellipse(arrayOfCentX[i], arrayOfCentY[i], arrayOfDiam[i],
arrayOfDiam[i]);
         arrayOfDiam[i] += 10;
         arrayOfDiam[i] %= width;
  }
}
```

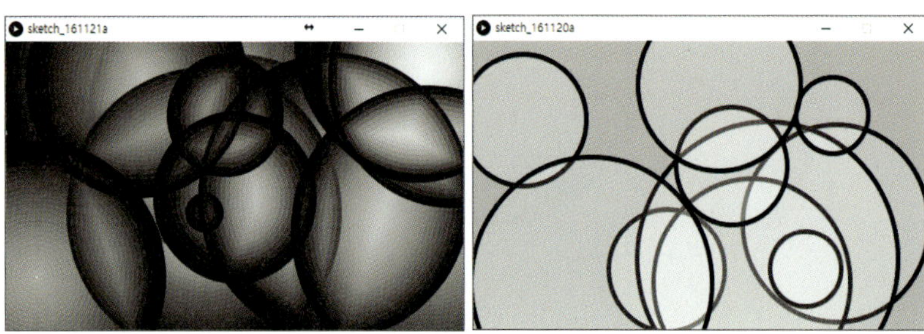

PVector 자료형에 대한 설명

아래에서는 새로운 자료형인 PVector를 사용한다. 이제까지는 int, float와 같은 '기본 자료형'만 사용하였지만, 그 이외에도 다른 많은 자료형들이 있다. 그 중에서 PVector는 2차원 또는 3차원 좌표를 사용할 때 편하다.

```
PVector v1;
v1 = new PVector(0, 0);
```

참고로 기본 자료형 이외의 모든 자료형은 참조형 변수(reference) 변수다. 참조형 변수는 이와 같이 new를 통해 구체적으로 변수를 생성해야 한다.

위 문장은 new라는 명령어를 이용해서 PVector 형의 값을 새롭게 하나 만드는 과정이다. 기본 자료형은 int a 와 같이 변수를 생성할 수 있지만, PVector 형과 같은 자료형들은 new라는 명령어를 사용해야한다. 위와 같이 변수를 생성하면 같이 v1이라는 변수는 (0, 0)이라는 벡터값을 가지게 된다.

아래의 코드에서 변수 v1은 PVector 형 변수로써 x좌표와 y좌표 2개의 값을 저장할 수 있고, 각각의 값은 점(dot)를 이용해서 v1.x 또는 v1.y와 같이 사용할 수 있다. 이를 통해 대각선 선을 하나 그리는 코드다.

이 내용은 객체 지향 프로그래밍에 대한 이야기다. 뒷부분의 객체 지향 프로그래밍 부분에서 자세한 설명이 나온다.

```
PVector v1, v2;

v1 = new PVector(0, 0);
v2 = new PVector(width, height);

line(v1.x, v1.y, v2.x, v2.y);
```

변수 v1과 v2를 PVector 변수형으로 선언

PVector형의 변수는 현재 2차원 공간을 의미하기 때문에 x축에 해당하는 값은 v1.x, y축에 해당하는 값은 v1.y와 같은 방식으로 사용할 수 있다.

아래는 2개의 원의 좌표를 각각 PVector 형 변수로 사용하고, 이들 변수들 사이의 덧셈 연산으로 새로운 원의 좌표를 생성한다.

noLoop( )은 동적 모드 프로그램에서 draw( ) 함수를 한번만 실행하게 한다.

v2에 v1의 값을 더하는 방식이다. 이러한 사용법은 설명하기 쉽지 않다. 향후의 객체 지향 프로그래밍을 설명하는 부분에서 자세히 살펴보자. 이로써 v2 변수의 값이 변경된다.

3번째 원은 1번 원과 2번 원의 좌표를 더한 곳에 그려진다.

```
PVector v1, v2;

void setup() {
  noLoop();
  v1 = new PVector(40, 20);
  v2 = new PVector(25, 50);
}

void draw() {
  ellipse(v1.x, v1.y, 12, 12);

  ellipse(v2.x, v2.y, 12, 12);

  v2.add(v1);

  ellipse(v2.x, v2.y, 24, 24);
}
```

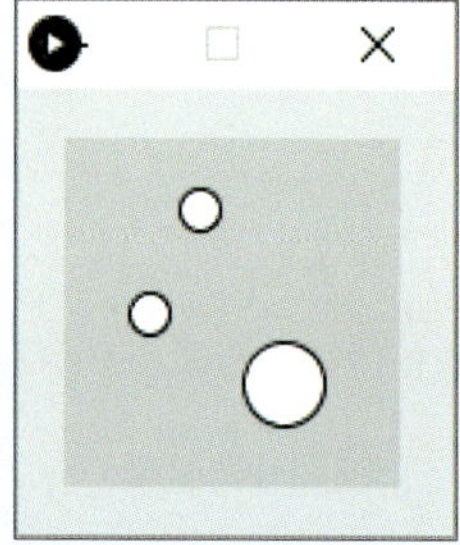

참고

프로세싱은 기본적으로 자바 언어를 기반으로 하기 때문에, 사용 가능한 연산자들도 자바의 특성을 물려받는다. 프로세싱에서 기본적으로 제공되는 int, float, boolean 등은 '기본 자료형'들이고, 아래와 같이 클래스(Class)에 의해 제공되는 자료형은 '참조 자료형'이다.

기본 자료형(Primitive Type)	참조 자료형(Reference Type)
– Boolean Type(boolean) – Integer Type(short, int, long) – Floating Point Type(float, double) – Character Type(char)	– Array Type – Class Type – Enum Type – Interface Type

이 두 자료형은 본 교재에서는 설명하지 않는다.

위에서 사용한 PVector 형도 클래스(Class) 형으로써 '참조 자료형'이라서 아래와 같이 사용할 수는 없다.

```
PVector v1, v2;
void setup() {
  noLoop();
  v1 = new PVector(40, 20);
  v2 = new PVector(25, 50);
}

void draw() {
  ellipse(v1.x, v1.y, 12, 12);
  ellipse(v2.x, v2.y, 12, 12);
//v2 = v2 + v1;
  v2.add(v1);
  ellipse(v2.x, v2.y, 24, 24);
}
```

이렇게 사용할 수 없다. PVector 클래스에 +이라는 연산자를 정의하지 않았기 때문이다.
그래서 바로 아랫줄에 적힌 방식과 같이 add( )라는 PVector 클래스에서 제공하는 메쏘드를 사용해야한다.

움직이는 원: #3(원이 움직이는 궤적을 설정하자)

작품을 만들다 보면, 도형을 정해진 위치들을 반복적으로 움직이고 싶을 때가 있다. 앞에서 배운 PVector를 이용해서 원을 한 위치에서 다른 위치로 움직여보자. 아래의 코드는 정해진 목적지까지 천천히 움직이도록 한다.

```
PVector begin, end, current;

void setup() {
  size(400, 400);
  begin = new PVector(0, 0); //원의 시작 위치
  end = new PVector(300, 300); //원의 도착 위치

  current = begin;
  fill(50);
}

void draw() {
  background(255);

  current.x = lerp(current.x, end.x, 0.05);
  current.y = lerp(current.y, end.y, 0.05);

  ellipse(current.x, current.y, 50, 50);
}
```

begin, end, current변수는 각각 원의 시작 위치, 도착 위치, 현재 위치를 저장하는 변수

이렇게 하면 current는 begin과 동일한 값을 사용하게 된다. 어려운 이야기인데 current에 begin값을 대입하는 것이 아니다. 참조형 변수의 특성이다.

lerp(a, b, c): 선형 보간(linear interpolation) 함수이다. 변수 a의 값에서 b의 값까지 c값 비율 만큼 변경한 값을 반환한다. 이로써 목적지에 도착할수록 속도가 줄어드는 효과가 난다.

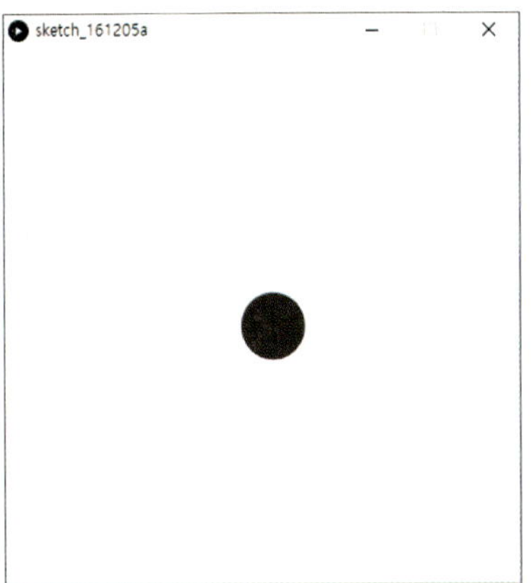

움직이는 원: #4(랜덤한 위치로 계속 움직이게 하자)

위의 프로그램을 조금 수정해서 원을 랜덤한 위치로 계속적으로 움직이게 해 보자. 즉, 하나의 목적지에 도착하면 다음 목적지를 랜덤하게 만드는 코드다.

```
PVector begin, end, current;

void setup() {
  size(400, 400);
  begin = new PVector(0, 0);
  end = new PVector(300, 300);

  current = begin;
  fill(50);
}

void draw() {
  background(255);

  current.x = lerp(current.x, end.x, 0.05);
  current.y = lerp(current.y, end.y, 0.05);

  ellipse(current.x, current.y, 50, 50);

  if ( PVector.dist(current, end) < 4){
     end.x = random(width);
     end.y = random(height);
  }
}
```

이 부분이 수정된 부분이다. 목적지에 도착하면 다음 목적지를 랜덤하게 생성한다.

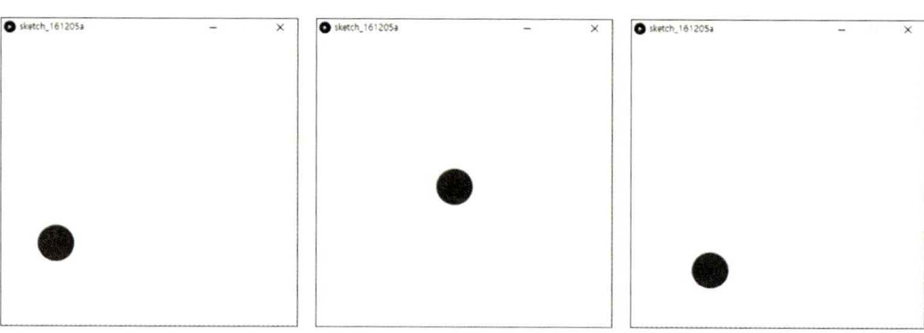

움직이는 원: #5(연속적인 목적지를 순환 이동)

아래의 프로그램은 화면의 4 구석을 반복적으로 원을 이동시키는 코드이다. 화면의 4 모서리의 좌표를 PVector 형 배열에 저장하고, 그 위치들을 반복적으로 이동하게 하였다.

```
PVector current = new PVector(0,0);
PVector[] end = new PVector[4];
int pos;

void setup() {
  size(400, 400);
  pos = 0;

  end[0] = new PVector(50,  50);
  end[1] = new PVector(350, 50);
  end[2] = new PVector(350, 350);
  end[3] = new PVector(50,  350);

  current.set(end[pos]);

  fill(50);
}

void draw() {
  background(255);

  current.x = lerp(current.x, end[pos].x, 0.05);
  current.y = lerp(current.y, end[pos].y, 0.05);

  ellipse(current.x, current.y, 50, 50);

  if ( PVector.dist(current, end[pos]) < 4){
     pos++;
     pos = pos%4;
  }
}
```

움직여야 하는 4곳의 위치를 PVector의 배열 변수로 선언하였다.

4 모서리의 위치에 해당하는 PVector 변수를 생성한다.

벡터의 복사: 중요한 부분이다. 프로세싱(자바)에서는 클래스에 의해서 제공되는 모든 변수형은 참조형(reference)이다. 따라서 그냥 아래와 같이 대입하면 안된다.

current = end[pos];

위와 같이 하면 current 값을 수정하면 end[pos] 값도 수정되기 때문이다.

current.set(end[pos]); 에 의해서 current 변수는 end[pos] 값과 동일한 값을 가진다.

PVector.dist( ) 함수는 파라미터로 주어지는 두 벡터값의 거리를 계산해주는 함수다.

도형의 변환(transformation)

이제까지는 도형을 움직이기 위해서는 도형의 위치 좌표를 수정했다. 그보다 간편한 방법이 있다. 좌표축 자체를 수정하여 움직임을 만들어 낼 수도 있다. 좌표축을 변환한다는 것은 상당히 신기한 개념이기도 하고, 종종 헷갈리기도 한다. 잘 배워보자.

좌표축 변환 함수는 아래의 3가지가 있다.

- 이동 : translate(x, y)
- 크기 변화 : scale(상대적 크기)
- 회전 : rotate(각도)

도형 그리기

아래의 좌우 프로그램은 동일하게 오른쪽 그림을 그린다. 아래의 왼쪽 코드는 이제까지 배운 방법으로, 아래의 오른쪽 코드는 translate()라는 변환(transform) 함수에 의해서 좌표축을 이동한 후에 그림을 그렸다.

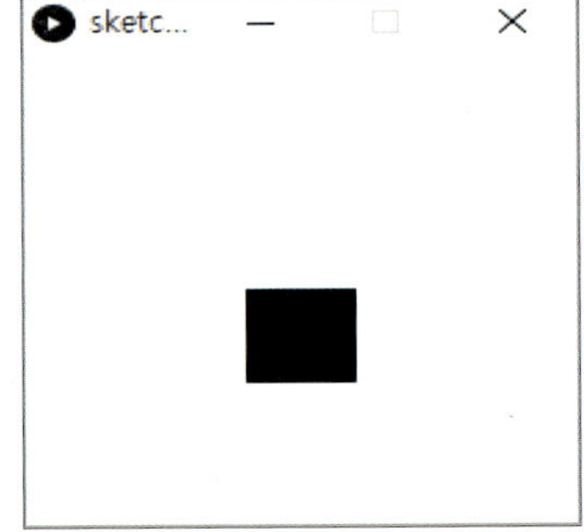


```
void setup() {
  size(200, 200);
  background(255);
  noStroke();
  fill(0);

  rect(80, 100, 40, 40);
}
```

```
void setup() {
  size(200, 200);
  background(255);
  noStroke();
  fill(0);

  translate(80, 100);
  rect(0, 0, 40, 40);
}
```

위의 2 프로그램을 비교해보자. translate(x, y) 함수는 화면의 (x, y) 위치로 '원점을 이동'하는 것이다.

```
translate(80, 100);
rect(0, 0, 40, 40);
```

> 이 translate( ) 함수에 의해서 지금의 (80, 100)이라는 곳이 차후에는 (0, 0) 즉 원점이 된다.

따라서 위의 명령어는 아래와 동일한 의미다.

```
rect(80, 100, 40, 40);
```

즉, translate( )라는 함수는 좌표축 자체를 이동해준다. 한번 좌표축 변환을 하면 다시 변환하지 않는 이상은 계속 그 좌표축 위에서 그림이 그려진다.

아래의 코드를 보자. 한번 translate( ) 함수에 의해 좌표축의 원점이 이동하면 다시 변경하지 않는 이상은 계속 영향을 미치게 된다.

```
void setup(){
  size(400, 400);
  background(255);
  noStroke();

  fill(0);
  translate(50, 50);
  rect(0, 0, 100, 100);
  fill(128);
  rect(100, 100, 100, 100);
}
```

> 스택: 스택은 차곡차곡 쌓여서 가장 나중에 추가된 항목이 가장 먼저 출력되는 자료구조다.

아래 코드를 한번 보자. pushMartix( )와 popMatrix( ) 함수는 각각 현재의 좌표축 정보를 스택(stack)에 저장(push)하고 꺼내는(pop) 함수다. 이를 통해서 pushMatrix( ) 함수와 popMatrix( ) 함수 사이에 일어난 좌표축 변환은 그 외부에 영향을 미치지 않게 된다.

> translate( ) 함수를 이용해서 좌표축을 연속적으로 변환하는 경우에는 정해진 영역 내에서만 이러한 변환이 유효하게 할 필요가 있다. 이럴 때 사용하는 것이 pushMatrix( )와 popMatrix( ) 함수다.

현재의 좌표축 정보를 저장해 둔다.

최근에 pushMarix( ) 함수에 의해 저장된 좌표축 정보를 꺼낸다.

```
void setup(){
  size(400, 400);
  background(255);
  noStroke();
  fill(0);

  pushMatrix();
  translate(50, 50);
  rect(0, 0, 100, 100);
  popMatrix();

  fill(128);
  rect(100, 100, 100, 100);
}
```

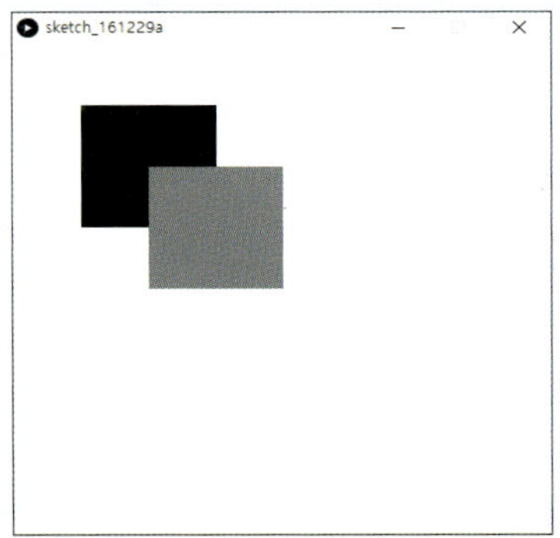

도형을 하나씩 이동해서 그리면 되지 왜 굳이 이런 식의 '좌표축 변환 방법'을 사용할까? 아래와 같이 동일한 도형을 여러 번 반복적으로 표현해야하는 경우를 생각해보자.

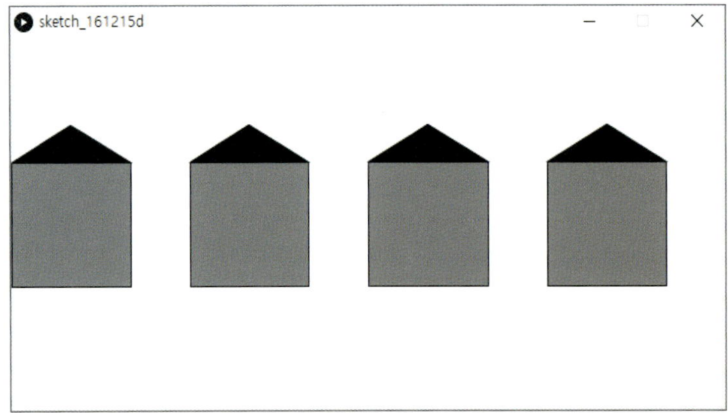

아래의 좌우 코드는 좌표축 변환 기능을 사용하지 않는 코드와의 비교다. 좌측에 코드와 비교해서 오른쪽의 코드는 house( ) 함수 내부가 원점 (0,0)을 중심으로 구현되어 있기 때문에 훨씬 읽기 쉬운 코드가 된다. 또한 도형을 하나 하나 일일이 변환하는 것보다, pushMarix( )와 popMarix( )를 이용해서 좌표축을 한번만 변환하는 것이 더 효율적일 수 있다.

```
void setup(){
  size(600, 300);
  background(255);

  for (int i=0; i<4; i++) {
     house(i*150, 100);
  }
}

void house(int x, int y){
  fill(0);
  triangle(x, y, x+100, y, x+50, y-30);
  fill(128);
  rect(x, y, 100, 100);
}
```

```
void setup(){
  size(600, 300);
  background(255);

  for (int i=0; i<4; i++) {
     house(i*150, 100);
  }
}

void house(int x, int y){
  pushMatrix();
  translate(x, y);
  fill(0);
  triangle(0, 0, 100, 0, 50, -30);
  fill(128);
  rect(0, 0, 100, 100);
  popMatrix();
}
```

도형 이동

일반적으로 이제까지 배운 내용으로는 사각형을 움직이기 위해서는 아래와 같이 구현해야한다.

```
int move = 0;

void setup(){
  size(300,300);
  fill(0);
}

void draw(){
  background(255);
  rect(move, 0, 100, 100);
  move++;
}
```

그러나, 좌표축 변환을 이용해서 아래와 같이 구현할 수도 있다.

```
int move = 0;

void setup(){
  size(400, 400);
  fill(0);
}

void draw(){
  background(255);
  translate(move, 0);
  rect(0, 0, 100, 100);
  move++;
}
```

도형 크기 변화

아래는 scale( ) 함수에 의해서 좌표축의 크기를 변경시킨다.

```
void setup()
{
  size(400,400);
  background(255);

  stroke(128);
  rect(10, 10, 50, 50);

  stroke(0);
  pushMatrix();
  scale(5.0);
  rect(10, 10, 50, 50);
  popMatrix();

  stroke(128);
  rect(100, 100, 50, 50);

}
```

scale(5.0)에 의해서 화면을 5배 키운 효과가 난다. 따라서 선도 굵어졌다.

도형 회전

화면의 중앙에서 사각형을 회전해보자. 좌표축의 회전 변환은 원점을 중심으로 이루어진다. 그래서 많은 경우에 오른쪽과 같이 translate( ) 함수에 의해서 원점을 먼저 옮겨두고 회전 변환(rotate)를 해야 한다.

```
void setup(){
  size(400, 400);
  fill(0);
  background(255);
  rotate(radians(45));
  translate(200, 0);
  rect(0, 0, 100, 100);
}
```

```
void setup(){
  size(400, 400);
  fill(0);
  background(255);
  translate(200, 0);
  rotate(radians(45));
  rect(0, 0, 100, 100);
}
```

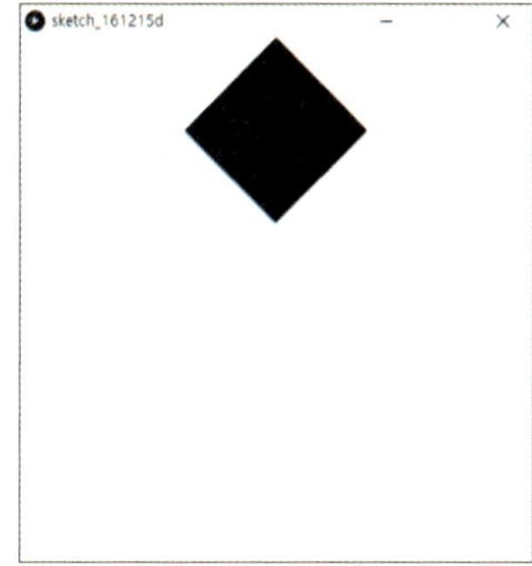

CHAPTER

05

랜덤한 변화

CHAPTER

05 랜덤한 변화

이제까지는 선, 원, 사각형 등을 이용한 그림 그리기에 집중하였다. 물론 각 도형들의 위치를 random( ) 함수를 이용하여 변화 시킨 적은 있지만, 도형의 모양 그 자체를 랜덤하게 바꾸지는 않았다.

이제부터는 도형들의 모양을 랜덤하게 조금씩 바꿔보자. 선도 완전한 직선이 아니게 그리고, 원도 깔끔한 원이 아닌 조금 울퉁 불퉁한 원으로 그려보자.

내 프로그램에 변화를 주자: 랜덤 함수

공을 미리 지정된 방향으로만 움직이는 것보다, 조금 더 자유롭게(랜덤하게) 움직이고 싶을 경우가 있다. 아래의 예제는 원이 화면의 중심에서 랜덤하게 조금씩 움직이는 예제이다.


```
float x, y;

void setup() {
  size(300,300);
  x = width/2;
  y = height/2;
}

void draw() {
  x += random(-3, 3);
  y += random(-3, 3);


  x = constrain(x, 0, width);
  y = constrain(y, 0, height);

  ellipse(x, y, 30, 30);
}
```

random(x, y) 함수는 x**이상** y **미만** 사이의 float 값을 돌려준다. 즉, 위의 예제에서는 −3이상 3 미만 값을 실수값을 돌려준다.
자신의 프로그램에 작은 어떤 변화를 주고 싶다면 그때 이 random() 함수가 유용하게 사용될 수 있다.

constrain() 함수는 어떤 변수의 값을 제한된 범위 내에 머물도록 제어하는 함수이다. 여기서는 원의 중심 좌표가 윈도우를 벗어나지 않게 한다. 이 예제는 y 변수를 0에서 height 값 사이에 존재하도록 해준다.

위의 random( ) 함수와는 조금 다른 펄린 노이즈(Perlin noise)라는 것이 있다. 프로세싱에서는 noise( )라는 이름의 함수인데, 랜덤값을 반환하지만 그 값들이 완전히 독립적이지 않고 비슷한 파라미터에 대한 랜덤값은 비슷한 랜덤값을 반환한다. 따라서 자연스러운 형태를 나타낼 때 자주 사용한다. noise( ) 함수는 잠시 후 살펴보자.

선에 랜덤 노이즈를 첨가해보자

쭉~ 뻗은 직선보다, 꾸불 꾸불한 선을 그려야 할 경우도 있다. 짧게 짧게 끊어진 선들을 연결하는 방식으로 꾸불 꾸불한 선을 그려볼 것이다. 즉, 짧은 선들의 방향을 조금씩 변경하면서 그리면 된다.

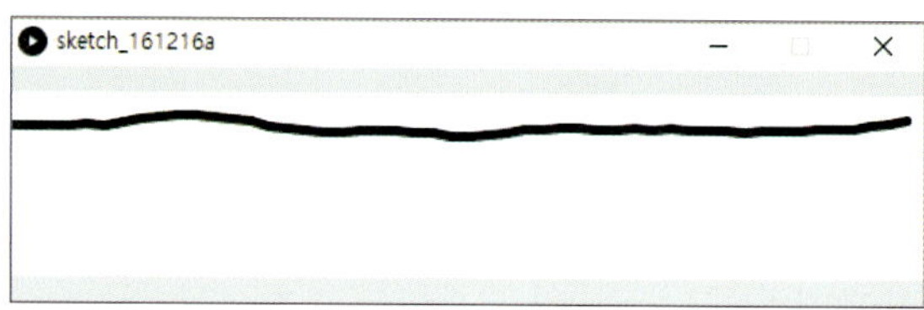

변수 x, y는 현재 좌표, lastx, lasty는 이전 좌표

펄린 노이즈 함수인 noise( ) 함수를 사용하였다. 이 전체 문장이 노이즈의 양을 결정한다. 따라서 선이 조금 울퉁 불퉁한 선이 된다.
noise( ) 함수는 0에서 1사이의 값을 반환한다. 여기서는 숫자 20을 곱해서 노이즈의 크기를 조절하였다.

변수 x, y는 현재 좌표, lastx, lasty는 이전 좌표

```
size(500,100);
background(255);
strokeWeight(5);
stroke(0);

int step = 10;
float ynoise = 100;

float x, y;
float lastx = 0;
float lasty = 10 + noise(ynoise) * 20;;

for (x=0; x<width; x+=step) {
  y = 10 + noise(ynoise) * 20;
  line(x, y, lastx, lasty);
  lastx = x;
  lasty = y;
  ynoise += 0.1;
}
```

위의 아래 문장을 우측처럼 random( ) 함수로 변경하면,

```
y = 10 + noise(ynoise) * 20;     →     y = 10 + random(10);
```

옆의 그림과 같은 결과가 나온다. 이것이 noise( ) 함수와 random( ) 함수의 차이이다.

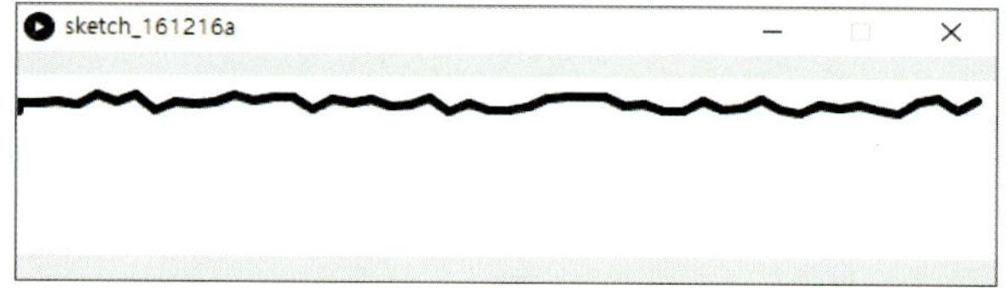

삼각 함수: 선에 삼각함수를 이용해서 변형을 해보자

아래는 삼각함수 중에 sin( ) 함수를 이용하여 곡선을 그려보았다.

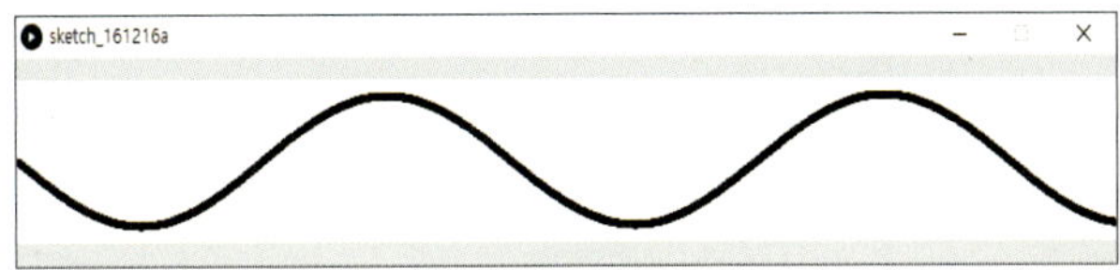

```
size(800,100);
background(255);
strokeWeight(5);
stroke(0);

int step = 1;
float angle = 0;
float x, y;
float lastx = 0;
float lasty = 50 + sin(angle) * 40;

for (x=0; x<width; x+=step) {
  float rad = radians(angle);
  y = 50 + sin(rad) * 40;
  line(x, y, lastx, lasty);
  lastx = x;
  lasty = y;
  angle++;
}
```

radian(라디안): 각도를 표현하는 방법 중에 하나다. 우리는 일반적으로는 '도(degree')' 단위를 사용해서 0° ~ 360°로 표현하는데, 라디안 방식은 0~2π로 표현하는 방식이다. 즉 2π가 360°다. 여기서π는 대략 3.14에 해당하는 값이다.

일반적으로 우리가 보는 sin 함수의 그래프는 아래와 같다. 수학에서 사용하는 좌표계와 다르게 프로세싱에서는 Y좌표가 아래로 갈수록 커지기 때문에 그림이 조금 다르다.

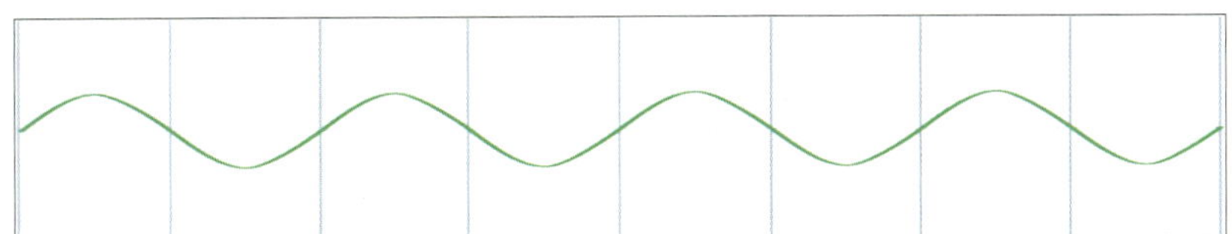

삼각 함수: 물결처럼 요동치는 선

위의 프로그램을 수정해서 물결 처럼 움직이는 선을 그려보자. 위의 프로그램은 정적 모드로 프로그래밍하였고, 아래는 계속적으로 움직이는 효과를 연출해야하기 때문에 동적 모드로 프로그래밍 하였다.

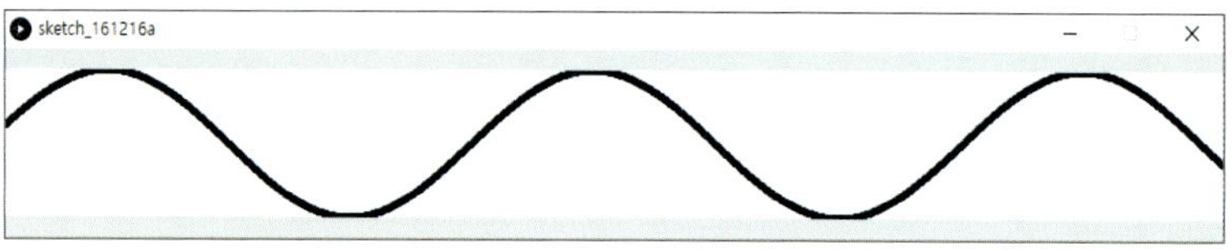


```
float startAngle;

void setup(){
  //fullScreen();
  size(900,100);
  strokeWeight(5);
  stroke(0);
  startAngle = 0;
}

void draw(){
  background(255);

  float angle = 0;
  float mag = 1;
  float lastx = 0;
  float lasty = mag * (sin(radians(startAngle))*height/2) + height/2;;
  float x, y;
  float rad;

  for (x=0; x<width; x++) {
    rad = radians(angle+startAngle);
    y = mag * (sin(rad)*height/2) + height/2 - 5;
    // mag -= 0.001;
    line(x, y, lastx, lasty);
    lastx = x;
    lasty = y;
    angle++;
  }
  startAngle+=5;
}
```

size( ) 함수 대신 fullScreen( ) 함수를 사용하면 모니터 화면에 꽉 차는 화면을 연출할 수 있다. 디스플레이 화면 전체를 채워서 전시할 때 유용한 기능이다.
지금은 주석으로 표시하였다. 이 주석을 해제하고, 대신에 아래의 size( ) 함수를 주석으로 막아보자. 큰 화면을 볼 수 있을 것이다.

사인 곡선 처럼 보이지만 실제로는 x축에서 오른쪽으로 가면서 사인 값에 해당하는 위치에 점을 찍는 것이다.

이 부분의 주석을 해제하면 두 번째 그림과 같이 점점 파고가 잦아드는 파도 효과를 연출할 수 있다.

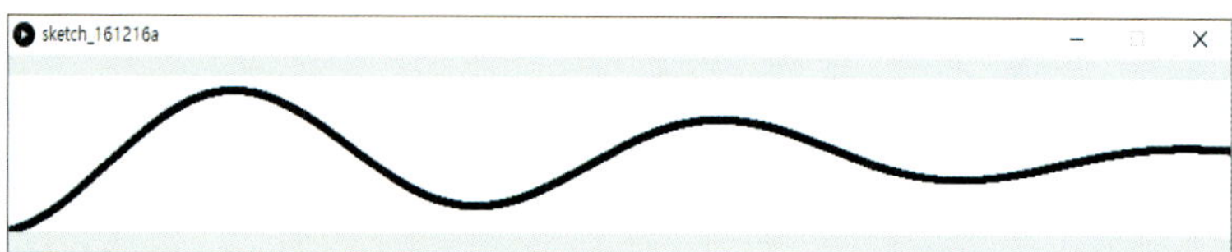

랜덤 선을 이용한 그림 그리기 #1

선의 위치와 기울기, 그리고 색상을 랜덤하게 바꾸면서 계속적으로 선을 그려보자. 아래는 noise( ) 함수를 이용해서 선의 기울기를 랜덤하게 바꾸면서 선을 그리고 있다. 극 좌표계에서 배운 내용을 기억하자.

여기의 프로그램은 아래의 교재를 참고하였다.
"generative art a practical guide using processing", Matt Pearson, Manning

```
float angleNoise, xNoise, yNoise;
float angle, radius, lineColor;

void setup() {
  size(500, 300);
  background(255);
  strokeWeight(1);
  angle = -PI/2;
  radius = 150;
  lineColor = 254;
  angleNoise = random(10);
  xNoise = random(10);
  yNoise = random(10);
}

void draw() {
  angleNoise += 0.005;
  angle += noise(angleNoise)-0.5;
  xNoise += 0.01;
  yNoise += 0.01;

  float centreX = width/2 + (noise(xNoise)-0.5) * 100;
  float centreY = height/2 + (noise(yNoise)-0.5) * 100;


  float rad = radians(angle);
  float x1 = centreX + (radius * cos(rad));
  float y1 = centreY + (radius * sin(rad));

  float opprad = rad + PI;
  float x2 = centreX + (radius * cos(opprad));
  float y2 = centreY + (radius * sin(opprad));

  lineColor -= random(40);
  lineColor = lineColor % 255;
  stroke(lineColor, 10);
  line(x1, y1, x2, y2);
}
```

sketch_161216a

PI는 Degree 로 180도를 의미한다. 프로세싱에서 제공하는 내부 변수다.

선의 회전 각도를 랜덤하게 바꾼다.

noise( ) 함수가 0~1사이의 값이기 때문에 0.5를 뺄셈해서 -0.5 ~ +0.5사이의 값으로 만들어준다.

곱해지는 이 값이 원의 중심 좌표를 이동하는 정도를 의미한다. 이 값을 1에 가깝게 바꾸면 원이 거의 이동하지 않는다.

선분의 한쪽 끝 좌표를 계산하는 부분

선분은 다른 끝 좌표를 계산하는 부분. 각도에 PI(180 도)를 더함으로써 반대 편 끝 좌표가 된다.

랜덤 원을 이용한 그림 그리기 #2

극 좌표계를 이용하여 원을 그리면서 노이즈를 첨가해보자. 말끔한 원이 아니라 랜덤하게 조금 울퉁 불퉁한 원을 그린다.

여기의 프로그램은 아래의 교재를 참고하였다.
"generative art a practical guide using processing", Matt Pearson, Manning

```
size(500,300);
background(255);
strokeWeight(0.5);
smooth();

int centX = width/2;
int centY = height/2;

float x, y;
float lastx = -999;
float lasty = -999;

float xnoise = 10;
float ynoise = 10;
float radius = 100;

stroke(random(20), random(50), random(70), 80);

for (float ang = 0; ang <= 360; ang += 5) {
    float rad = radians(ang);
    x = centX + (radius * cos(rad));
    y = centY + (radius * sin(rad));
    //  radius+=0.01;
    x += random(xnoise);
    y += random(ynoise);


    if (lastx > -999) {
      line(x,y,lastx,lasty);
    }
    lastx = x;
    lasty = y;
}
```

이 코드는 0도에서 360도 까지 그리는 것이다. 원을 100바퀴 그리려고 하면 360*100도 까지 반복문을 돌려보자.

이 문장을 넣어서 반지름을 조금씩 키워주면 아래와 같은 효과가 난다.

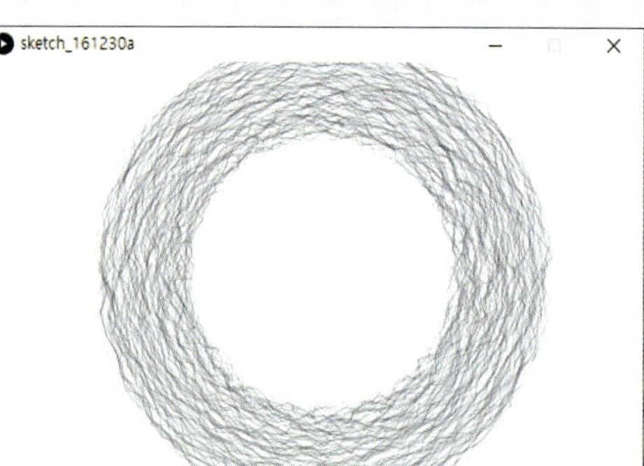

CHAPTER

06

인터랙션

CHAPTER

06 인터랙션

일반적으로 사용자와의 인터랙션은 키보드와 마우스로 이루어진다. 최근에는 키넥트, 립모션 등의 사람의 동작을 이용하는 조금 더 직관적인 장치를 많이 이용하지만, 이러한 새로운 장치들도 장치가 달라진 것일 뿐 기본적인 사용 원리는 동일하다.

이제 키보드와 마우스를 이용한 방법을 배워보자. 이 챕터의 마지막에는 시간에 따라 주기적으로 변화하는 작품을 위한 시간 관련 기법도 소개된다.

마우스: 마우스 위치 따라 다니기

아래는 마우스를 이용하여 좌우로 선분을 움직이는 코드이다. 마우스의 움직임으로 물체를 조작하는 방법은 여러 곳에 응용될 수 있다.

```
void setup() {
  size(300, 200);
  stroke(255);
}

void draw() {
  background(128);
  line(mouseX-20, height-50, mouseX+20, height-50);
}
```

mouseX 변수는 현재 프레임에서의 마우스 포인터의 x 위치, mouseY는 y 위치를 나타내는 내부 변수. 즉, 현재의 마우스 위치에 선을 그린다.

line( ) 함수는 두 점 사이에 선분을 그려주는 함수다. 파라미터의 순서대로 x1, y1, x2, y2의 위치이다. 현재 y위치는 화면의 하단에서 50 픽셀 위 부분에 그리도록 하였다.

아래는 마우스를 따라다니는 원이다. 배경을 지우지 않고, 투명하게 원을 그렸기 때문에 잔상 효과를 얻을 수 있다.

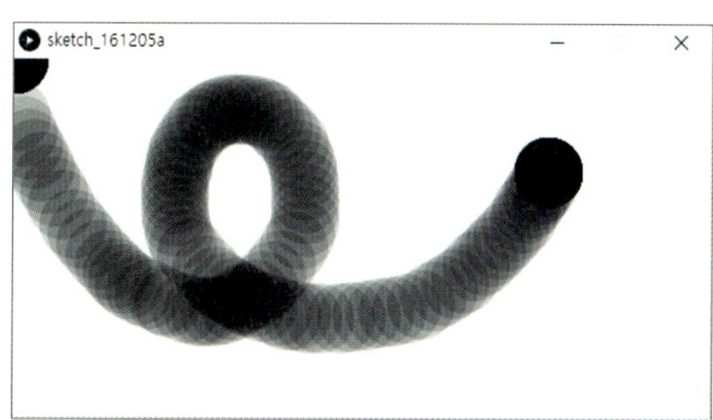

```
void setup(){
  size(512, 256);
  background(255);
  noStroke();
}

void draw(){
  fill(0, 50);
  ellipse(mouseX, mouseY, 50, 50);
}
```

fill( ) 함수의 2번째 파라미터는 투명도

마우스의 위치를 따라다니는 물체를 만들어 보자. 그런데 앞에서 배웠던 선형 보간 함수인 lerp( ) 함수를 사용하였다. lerp( ) 함수에 의해서 목적지에 거의 도착하면 움직임 속도가 줄어든다.

```
PVector begin;

void setup() {
  size(400, 400);
  begin = new PVector(width/2, height/2);
  fill(50);
}

void draw() {
  background(255);

  begin.x = lerp(begin.x, mouseX, 0.05);
  begin.y = lerp(begin.y, mouseY, 0.05);

  ellipse(begin.x, begin.y, 50, 50);
}
```

lerp(a, b, c) 함수는 a위치부터 b위치까지 c만큼 값을 변경하는 함수다. 여기서 c 값을 크게 하면 따라오는 속도가 빨라진다.

마우스: 화면의 중심에서 마우스 위치까지 선분 그리기

화면 상에서 마우스를 움직이면서, 화면의 중심에서 마우스 위치까지의 선을 그리는 프로그램을 작성해보자.

```
void setup() {
  size(400, 400);
  mouseX = width/2;
  mouseY = height/2;
  stroke(0, 20);
}

void draw() {
  line(width/2, height/2, mouseX, mouseY);
}
```

프로세싱은 프로그램이 시작하면 자동으로 mouseX와 mouseY 변수가 0으로 초기화된다. 따라서 이 2 문장을 사용하지 않으면 가장 처음에 그려지는 선분이 화면의 왼쪽 위에서 중심으로 이르는 선이 그려진다.

이렇게 선을 투명하게 그리면 아래의 2번째와 같은 효과를 연출할 수 있다.

마우스: 마우스 주위가 어두워지는 화면

아래는 마우스 주변이 어두워지는 코드이다. 즉, 마우스 위치에서 멀어질수록 화면이 밝아진다. 아래의 첫 번째 코드는 line( ) 함수를 이용하여 1차원적으로 좌 · 우로만 음영 변화를 주었다.

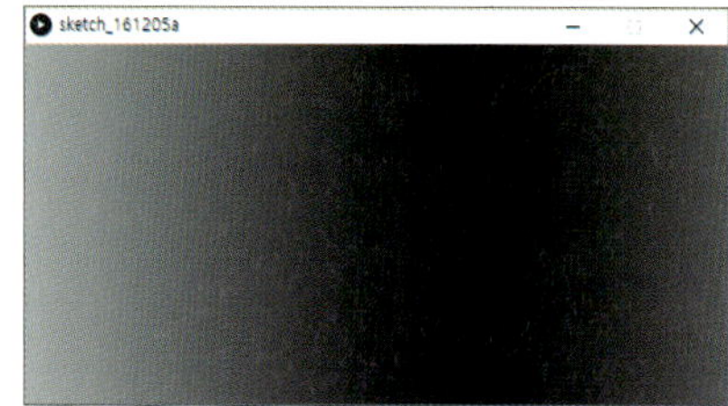


```
void setup(){
  size(512, 256);
  background(255);
  stroke(128);
}

void draw(){
  for(int i=0; i<width; i++ ){
     stroke( abs(mouseX-i)/2) ;
     line(i,0, i,height);
  }
}
```

stroke( ) 함수의 파라미터가 x 좌표와 mouseX와의 차이를 의미한다. abs( ) 함수는 'absolute(절대값)'을 의미한다. 따라서 마우스에서 멀어질수록 밝아지는 것이다.

위의 코드를 수정하여 화면의 밝기를 2차원적인 효과를 연출하여 보았다. 마우스 위치에서 사방으로 멀어질수록 밝아진다. point( ) 함수를 이용하여 점을 찍어서 화면을 그렸다.

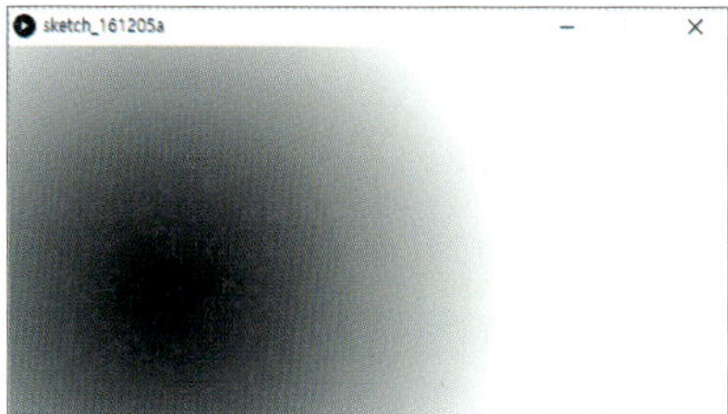

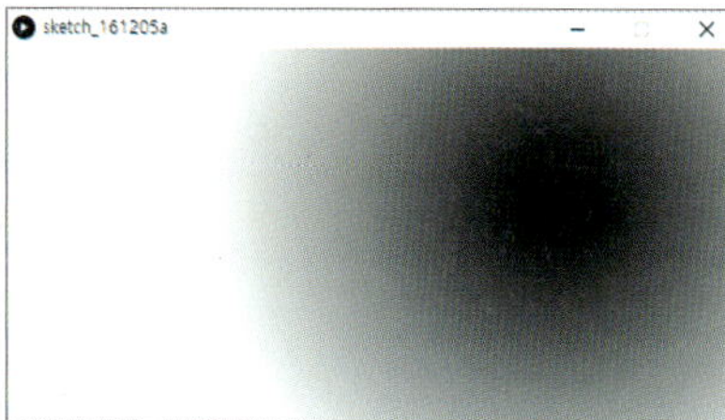

```
void setup(){
  size(512, 256);
  background(255);
  stroke(128);
}

void draw(){
  for(int i=0; i<width; i++ ){
     for(int j=0; j<height; j++){
        stroke( dist(mouseX, mouseY, i, j) );
        point(i,j);
     }
  }
}
```

위의 프로그램은 아주 느리다. 화면 상의 모든 점을 매번 다시 그리기 때문이다. 그래서 아래와 같이 바꿨다. 모든 픽셀의 색상을 변경하려면 많은 시간이 걸리기 때문에 화면의 모든 점을 그리는 대신 지름 5인 원을 그렸다.

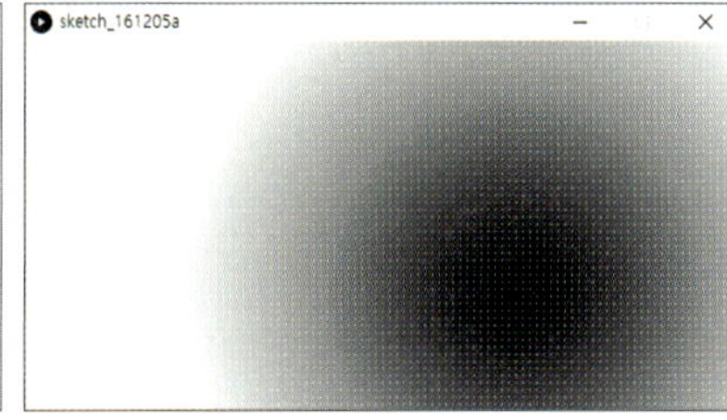


```
void setup(){
  size(512, 256);
  background(255);
  noStroke();
}

void draw(){
  for(int i=0; i<width; i+=5 ){
     for(int j=0; j<height; j+=5){
        fill( dist(mouseX, mouseY, i, j) );
        ellipse(i,j,5,5);
     }
  }
}
```

마우스: 여러 원들 중에 마우스 위치의 원 커지기

작품이 관객과 상호 작용하려면 사용자가 선택한 부분의 아이템이 커지거나 움직이는 등의 변화를 줄 필요가 있다. 앞의 코드를 수정해서, 화면의 많은 원 중에서 마우스가 위치한 곳의 원을 크기를 키운다.

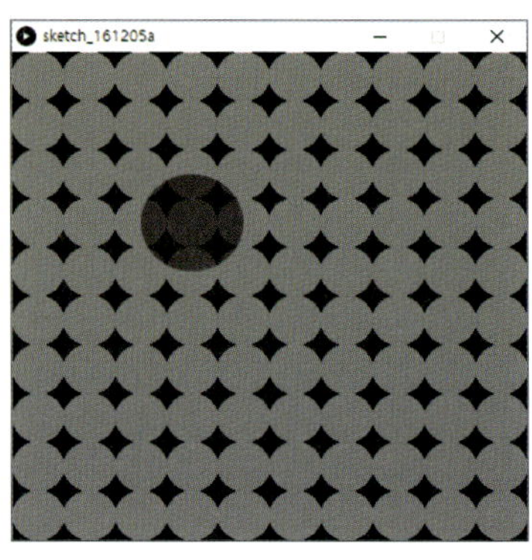

화면의 가로*세로 10개씩 총 100개의 원의 중심 좌표를 저장하는 배열 변수 선언. [ ][ ]의해서 2차원 배열을 의미한다. 각각 행과 열 번호를 적어주면 된다.

noStroke( ) 함수는 도형을 그릴 때 외곽선을 그리지 말라는 함수

100개의 원 중에서 마우스에 가장 가까운 원 하나를 선정해서 그 원을 크게 그린다.

dist( ): 2점의 좌표를 받아서 거리를 계산해주는 함수

```
int [][] circlesX;
int [][] circlesY;

void setup() {
  size(400, 400);
  background(0);
  circlesX = new int[10][10]; // 배열 변수의 생성
  circlesY = new int[10][10];

  for (int i=0; i<10; i++) { // 각 배열 변수의 초기 위치 설정
     for (int j=0; j<10; j++) {
        circlesX[i][j] = i*40+20;
        circlesY[i][j] = j*40+20;
     }
  }
  noStroke();
}

void draw() {
  fill(128);
  for (int i=0; i<10; i++) { // 100개의 원을 그려준다.
     for (int j=0; j<10; j++) {
        ellipse( circlesX[i][j], circlesY[i][j], 40, 40);
     }
  }

  fill(20, 150);
  for (int i=0; i<10; i++) {
     for (int j=0; j<10; j++) {
        if ( dist( mouseX, mouseY, circlesX[i][j], circlesY[i][j])<20 ) {
              ellipse( circlesX[i][j], circlesY[i][j], 80, 80);
        }
     }
  }
}
```

마우스: 마우스의 움직임 속도

아래의 코드는 좌우로 움직이는 원의 속도를 마우스의 움직임 속도로 제어하는 코드다. 원은 주기적으로 좌우로 움직이다가, 마우스를 빨리 움직이면 원이 빨리 움직이는 효과를 연출한다.

아래의 코드는 3장에서 소개된 코드를 조금 수정하였다.

```
float xPos, xDir;

void setup() {
  size(400, 200);
  xPos = 0.0;
  xDir = 1.0;
}

void draw() {
  background(128);
  float speed = dist(mouseX, mouseY, pmouseX, pmouseY) + 1;

  ellipse(xPos, height/2, 50, 50);
  xPos += xDir*speed;

  if ( xPos > width ) xDir = -1.0;
  else if ( xPos < 0 ) xDir = 1.0;
}
```

이 부분이 마우스의 속도를 감지하는 부분이다. pmouseX와 pmouseY는 이전 프레임에서의 마우스 포인터의 x, y 위치를 나타내는 내부 변수다(여기서 p는 previous 의미). 따라서 지금 프레임에서의 마우스 위치와 이전 프레임에서의 마우스의 위치 사이의 거리가 멀면 멀수록 마우스 움직임 속도가 빠르다고 생각할 수 있다.

마우스의 움직임 속도를 원의 움직임 속도에 반영한다.

참고

mouseX: 마우스의 현재 x 위치
mouseY: 마우스의 현재 y 위치
pmouseX: 마우스의 이전 프레임의 x 위치
pmouseY: 마우스의 이전 프레임의 y 위치

마우스: 마우스 클릭으로 제어하기

이제까지는 마우스 포인터의 움직임을 이용하는 방법을 다루었었다. 마우스의 버튼이나 휠을 이용해보자.

아래의 코드는 mousePressed( ) 함수에 대한 예제다. mousePressed( ) 함수는 마우스가 클릭되면 자동으로 호출되는 함수다. 아래는 마우스의 클릭으로 도형의 색상을 바꾼다.

mousePressed 라는 boolean 자료형의 변수도 있는데, 이 변수는 mousePressed( ) 함수와 유사하지만 사용하지 않는 것이 좋다. mousePressed 변수를 사용하면 draw( ) 함수가 계속 반복되면서 체크되는데, 한번 마우스 버튼을 누르더라도 여러 번 실행될 수 있는 부작용이 있기 때문이다. 이 교재에서는 mousePressed( ) 함수만 사용한다.

```
int value = 128;

void setup() {
  size(400, 200);
  noStroke();
}

void draw() {
  fill(value);
  rect(0, 0, width, height);
}

void mousePressed() {
  if (value == 255) {
     value = 128;
  } else {
     value = 255;
  }
}
```

mousePressed( ) 함수와 유사한 기능으로 아래의 다양한 함수들이 있다. 용도에 맞게 사용하면 된다.

- mouseClicked() : 마우스 버튼이 '눌린 후 떨어질 때' 실행된다.
- mouseDragged(): 마우스 버튼이 눌린 채 드래그될 때 실행된다.
- mouseMoved(): 마우스가 움직일 때 실행된다.
- mouseReleased(): 마우스 버튼이 '떨어질 때' 실행된다.
- mouseWheel( ): 마우스 휠의 회전 숫자를 반환한다. 아래와 같이 사용할 수 있다.

```
void mouseWheel(MouseEvent event) {
  float e = event.getCount();
  println(e);
}
```

mouseButton 이라는 '변수'는 눌려진 마우스의 버튼 번호를 반환한다. 아래는 왼쪽 버튼을 누르면 검은색, 오른쪽 버튼을 누르면 흰색으로, 그 외의 버튼은 회색으로 그려준다.

```
void setup(){
  size(200, 200);
  noStroke();
}

void draw() {
  rect(0, 0, width, height);
}

void mousePressed() {
  if (mouseButton == LEFT) {
     fill(0);
  } else if (mouseButton == RIGHT) {
     fill(255);
  } else {
     fill(126);
  }
}
```

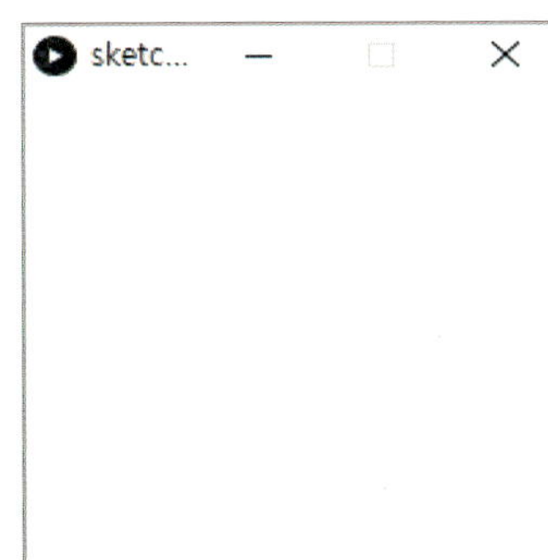

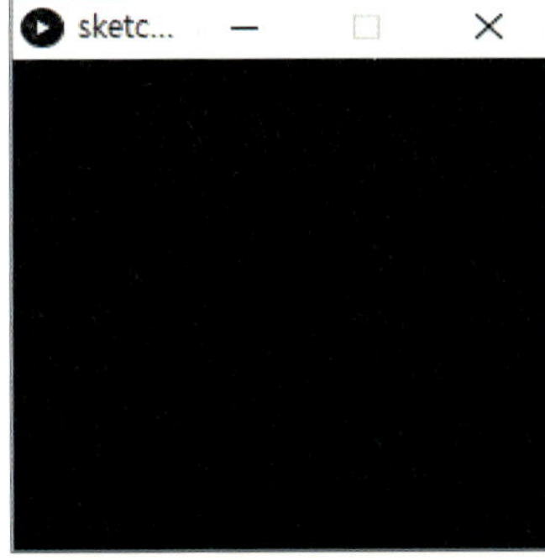

마우스: 1차원 배열을 이용한 버튼 클릭

아래의 프로그램은 '마우스를 클릭한 X 좌표에 위치'한 영역의 색상을 바꾸는 코드다. 이 코드는 draw( ) 함수가 계속 반복적으로 수행되면서 사각형들을 그려준다. 그리고 mousePressed( ) 함수에 의해서 클릭된 사각형의 색상을 반전시킨다.

배열을 사용한 변수 선언이다. 사각형을 10개 사용하기 위한 배열 변수이다.
i번째 사각형 bricks[i]가 1이면 사각형이 흰색, 0이면 사각형이 검은색으로 사용할것이다.

setup( ) 함수는 사각형을 위한 배열 변수를 초기화 한다.
즉, 초기에는 모든 사각형을 '1'로 만든다.

사각형을 화면에 그리는 부분이다. 10개의 사각형을 순서대로 사각형 값이 1이면 흰색으로 보이도록 색을 설정한다. 왜냐하면 배경이 검은색이기 때문이다.

사각형의 좌표를 왜 이렇게 계산할까? 생각해보자.

mouseX, mouseY는 현재 마우스의 x위치(가로), y위치(세로위치)을 저장하고 있는 시스템 변수.
mouseX/50 을 사용하는 것은 사각형의 폭이 50픽셀이기 때문이다. 이렇게 하면 쉽게 마우스의 위치에 해당하는 배열의 인덱스를 구할 수 있다. 정수형 나눗셈 연산자의 특성을 활용한 것이다.

```
int [ ] bricks = new int [10];

void setup() {
  int i;
  size(500, 200);
  for(i=0; i<10; i++) {
      bricks[i] = 1;
  }
}

void draw() {
  int i;
  background(0);

  for(i=0; i<10; i++) {
     if ( bricks[i] == 1) fill(255);
     else fill(0);

     rect(i*50, 0, 50, 200);
  }
}

void mousePressed() {
  if ( bricks[mouseX/50] == 1) {
     bricks[mouseX/50] = 0;
  } else if ( bricks[mouseX/50] == 0) {
     bricks[mouseX/50] = 1;
  }
}
```

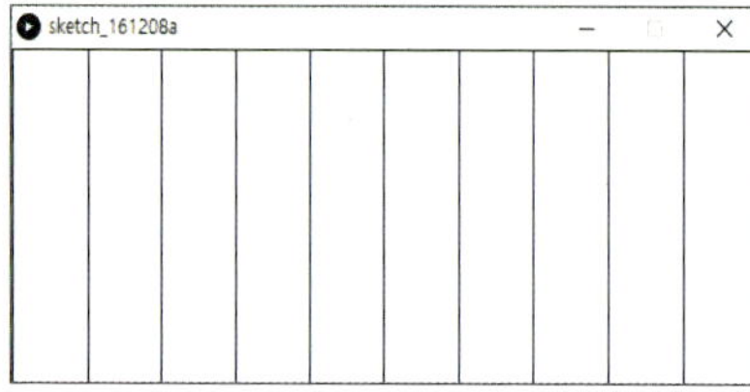

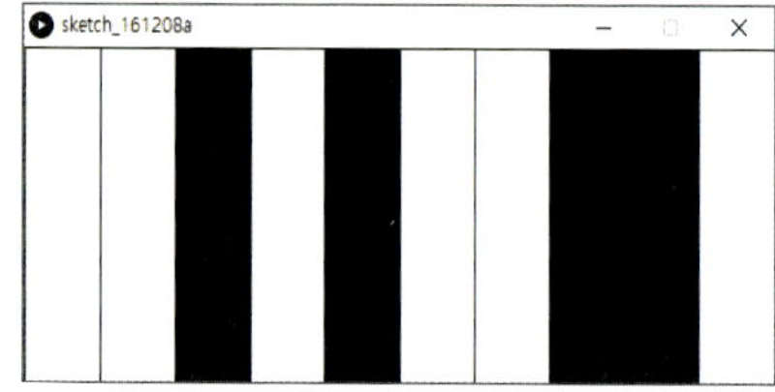

마우스: 2차원 배열을 이용한 버튼 클릭

앞의 프로그램은 벽돌을 1줄만 배치한 프로그램이다. 그래서 1차원 배열로도 구현이 가능했었다. 이제 벽돌을 2차원으로 배치해보자. 전체적인 모양은 1차원이나 2차원이나 다른 점이 없다. 배열의 차원만 2차원으로 달라진 것이다.

```
int [][] bricks = new int [5][10];

void setup() {
  int i, j;
  size(500, 250);
  for (i=0; i<5; i++) {
     for (j=0; j<10; j++) {
         bricks[i][j] = 1;
     }
  }
}

void draw() {
  int i, j;
  background(0);

  for (i=0; i<5; i++) {
     for (j=0; j<10; j++) {
         if ( bricks[i][j] == 1) fill(255);
         else fill(0);
         rect(j*50, i*50, 50, 50);
     }
  }
}

void mousePressed() {
  if ( bricks[mouseY/50][mouseX/50] == 1) {
     bricks[mouseY/50][mouseX/50] = 0;
  } else if ( bricks[mouseY/50][mouseX/50] == 0) {
     bricks[mouseY/50][mouseX/50] = 1;
  }
}
```

배열을 사용할 때, [5][10]라고 선언하면, 5줄 10칸(5 rows, 10 columns) 의 배열이 만들어진다.

2차원 배열 초기화

for(; ;) 반복문을 2중으로 사용함으로써 2차원 배열을 사용한다.

이 문장은 이렇게 해석한다. i를 0에서 4까지 1씩 증가하면서, 내부적으로 j를 0에서 9까지 1씩 증가시키면서, bricks[i][j]에 1을 대입한다. 즉 총5×10=50번 대입하게 된다.

mouseY와 mouseX를 각각 50으로 나눈 것은 벽돌의 크기가 가로 세로 각각 50, 50 픽셀 크기이기 때문이다. 이 예제는 마우스로 해당하는 벽돌을 클릭하는 경우에 해당 좌표의 벽돌이 사라진다.

아래는 2차원 배열을 이용해서 5×10 개의 박스를 클릭해서 화면에 글씨를 적은 그림이다.

직접 해보자

1. 위의 프로그램의 사각형을 줄 수 또는 칼럼의 수를 바꿔보자.
2. 1차원 배열을 이용해서 10개의 원의 중심 좌표를 저장하고, 각각을 원을 랜덤하게 움직이는 코드를 작성해보자.
3. 위의 프로그램에서 사각형의 종류를 여러 종류로 나누어 보자. 사각형 마다 색상을 바꾼다거나, 클릭할 때 다른 효과를 연출해보자.

배열의 줄 수 또는 칼럼 수를 조절하고 이에 따라 반복문에서 사용하는 첨자 변수를 변경하면 된다.

[Hint] 지금의 프로그램은 bricks[ ][ ] 배열의 값이 1이면 흰색, 0이면 사각형이 검은색으로 사용하고 있다.
bricks[ ][ ]의 값이 2이면 빨간색으로 설정하면 어떨까?

키보드: 1인용

지금까지의 프로그램은 컴퓨터와 사용자 간의 인터랙션을 마우스로만 하였다. 이제는 키보드를 사용해서 원의 위치를 움직여 보자.

키보드와 마우스는 프로그래밍에서 가장 기본적인 인터랙션 수단이다.
최근에는, 다양한 센서를 입출력 장비로 사용하기 이해서
- Arduino(프로세싱과 사촌 관계)를 이용한 기법,
- Microsoft의 Kinect 카메라를 이용한 방법 등,
다양한 방법들이 제시되고 있다.

키보드에서 눌러진 키는 일반적인 '글자 키'와 '특수 키'로 나눈다. 화살표 키 등은 특수 키다. 따라서 키가 눌리면 글자 키인지 특수 키인지 구분해야 한다. 특수 키가 눌리면 key라는 시스템 변수에 CODED라는 값이 저장되는데 이를 이용해서 구분한다. 그렇지 않고 일반 글자 키이면 key 변수에 해당 글자가 저장된다.

```
int circleX, circleY;
int speed = 5;

void setup( ) {
  size(300, 200);
  stroke(0);
  fill(30);
}

void draw( ) {
  background(255);
  ellipse(circleX, circleY, 50, 50);
}

void keyPressed( ) {
  if ( key == CODED ) {
     if ( keyCode == LEFT ) circleX -= speed;
     else if ( keyCode == RIGHT ) circleX += speed;
     else if ( keyCode == UP ) circleY -= speed;
     else if ( keyCode == DOWN ) circleY += speed;
  }
}
```

원이 움직이는 속도를 의미한다.

keyPressed( ) 함수는 키보드의 키가 눌리면 자동으로 호출되는 함수

키보드에서 눌러진 키는 일반적인 글자키와 특수키로 나눈다. 화살표 키 등은 특수 문자로 다룬다.

keyCode 변수는 일반 보통 문자가 아닌 화살표 등의 키를 저장한다. 이런 경우에는 key 변수가 CODED 값을 저장한다.

키보드: 2인용

게임을 만들다 보면, 종종 2인용 게임을 만들 경우가 있다. 이때 1인은 화살표 키를 이용하고, 다른 상대는 키보드의 문자 키(a,s,d,f)를 사용하여 조종해보자.

```
int circleX, circleY;
int speed = 5;

void setup() {
  size(300, 200);
  stroke(0);
  fill(30);
}

void draw( ) {
  background(255);
  ellipse(circleX, circleY, 50, 50);
}

void keyPressed() {
  if ( key == CODED ) {
     if ( keyCode == LEFT ) circleX -= speed;
     else if ( keyCode == RIGHT ) circleX += speed;
     else if ( keyCode == UP ) circleY -= speed;
     else if ( keyCode == DOWN ) circleY += speed;
  }
  else {
     if ( key == 'a' ) circleX -= speed;
     else if ( key == 'd' ) circleX += speed;
     else if ( key == 'f' ) circleY -= speed;
     else if ( key == 's' ) circleY += speed;
  }
}
```

이 부분이 달라진 부분이다.

보통 문자인 경우는 key가 문자값을 저장한다.

참고

키보드 입력과 관련된 사항은 www.processing.org에서 Reference 링크에서 아래의 단어로 검색해보자.

key
keyPressed
keyPressed()
keyReleased()

시간에 따라 주기적(반복적)인 행동

아래는 프로세싱에서 컴퓨터 시스템의 날짜와 시간을 출력하는 코드다.

```
int year = year();
int month = month();
int day = day();

println("Year:", year);
println("month:", month);
println("Day:", day);
```

```
Year: 2016
month: 12
Day: 10
```

함수 year( ), month( ), day( ) 함수를 사용하자.

```
int hour = hour();
int min = minute();
int sec = second();

println("Hour:", hour);
println("Minute:", min);
println("Second:", sec);
```

```
Hour: 19
Minute: 50
Second: 32
```

함수 hour( ), minute( ), second( )를 사용하자.

프레임과 관련된 변수나 함수는 아래와 같다.

- frameRate: 초당 프레임 업데이트 하는 속도를 나타내는 내부 변수. 초당 60프레임이 기본(default).
- frameRate( ): frameRate 변수값을 변경하는 내부 함수. 컴퓨터의 성능이 허용하는 한 최대한 이 속도를 맞춰준다.
- frameCount: 프로그램 실행 시부터 증가한 현재 프레임 번호.

frameRate와 frameRate( )는 이름은 동일하지만, 하나는 변수이고 다른 하나는 함수다.

```
void setup() {
  frameRate(60);
  println(frameRate);
}

void draw() {
  line(0, 0, mouseX, mouseY);
  println(frameCount+" : "+frameRate);
}
```

```
10.0
1 : 15.771012
2 : 20.089527
3 : 24.32957
4 : 27.426662
5 : 30.954441
6 : 33.717537
7 : 36.201244
8 : 38.50136

...
```

setup( ) 함수 내부의 frame Rate(60) 함수에 의해서 설정된 초당 프레임 수가 출력된 것이다. frameRate는 draw( ) 함수가 평균적으로 실행되는 프레임 갱신 속도를 의미하는 것이기 때문에, setup( ) 함수에서 출력하는 것은 의미가 없다.

아래는 1초 마다 배경색을 바꾸는 코드이다.

```
int backColor;

void setup() {
  frameRate(60);
  backColor = 0;
  background( backColor );
}

void draw() {
  if ( frameCount==60 ) {
    background( backColor );
    if ( backColor == 0) backColor = 255;
    else if ( backColor == 255) backColor = 0;
    frameCount = 0;
  }
}
```

1초에 프레임이 60개 바뀌도록 설정한다.

1부터 시작하는 frameCount 변수가 60이되면 1초가 지났다는 의미다. 지금 현재 frameRate가 60으로 설정되어 있기 때문이다.
2초로 주기를 변경하려면 이 문장의 60을 120으로 바꾸면 된다.

frameCount 변수를 1으로 다시 변경한다.

또는 시계의 시각을 이용하여 매 정해진 1분마다 변경하게 하려면 아래와 같이 하면 된다. 그렇지만 아래의 코드는 시간이 59초인 동안에 색상이 여러 번 바뀐. 초당 60프레임이 반복되기 때문에, 59초인 동안 여러 번 색상이 바뀌는 것이다. 따라서 59초가 되면 1초 동안은 색상이 변하지 않도록 바꿔야 한다.

```
int backColor;
int sec;

void setup() {
  frameRate(60);
  backColor = 0;
  background( backColor );
}

void draw() {
  sec = second();
  if ( sec==59 )  {
    if ( backColor == 0) backColor = 255;
    else if ( backColor == 255) backColor = 0;
    background( backColor );
  }
}
```

초(second)를 불러오는 함수

그래서, 아래와 같이 수정하였다. 수정된 부분을 음영으로 표시하였다. 59초가 되면 한번만 색상이 바뀌도록 changed라는 변수를 통해서 체크하도록 하였다.

```
int backColor;
int sec;
boolean changed;

void setup() {
  frameRate(60);
  backColor = 0;
  background( backColor );
  changed = false;
}

void draw() {
  sec = second();
  if ( changed==false && sec==59 )  {
     changed = true;
     if ( backColor == 0) backColor = 255;
     else if ( backColor == 255) backColor = 0;
     background( backColor );
  }
  else if (changed==true && sec!=59 )  {
     changed = false;
  }
}
```

CHAPTER

07

필터 적용하기

CHAPTER 07

필터 적용하기

요즘 스마트폰 카메라를 이용한 앱(app) 중에 많이 사용하는 앱이 셀카 사진의 뽀샵 앱일 것이다.

이러한 앱들은 사진을 전체적으로 밝게 하거나, 특정 부분을 강조 또는 삭제하거나, 특정 위치에 예쁜 그림을 추가하기도 한다. 이런 효과를 구현하려면 어떻게 하면 될지 알아보자.

이 부분은 12장 '멀티미디어' 부분에서 소개한다.

이 장에서는 이미지를 수정하는 방법을 배울 것이다. 아래의 내용을 순차적으로 다룬다.

☑ 이미지의 픽셀을 하나씩 수정하는 법

☑ 이미지의 특정 영역을 수정하는 법

이미지 픽셀 하나씩 조절하기

포토샵(Photoshop) 프로그램을 이용하여 반 고흐(Van Goch)의 그림을 흉내 내자. 아래 그림은 왼쪽의 사진을 포토샵 프로그램의 필터 기능을 이용해서 변경한 그림이고, 가장 오른쪽의 그림은 실제의 반 고흐의 그림이다.

> 아래의 원본 사진은 아래 사이트에서 가져왔다. http://www.photoshopsupport.com/tutorials/or/van-gogh-effect.html

지금 부터는 이러한 포토샵의 기능을 프로세싱으로 실제로 구현/응용하는 방법을 알아보자.

▲ 원 사진 ▲ Photoshop의 필터를 적용한 이미지 ▲ 실제 반 고흐의 그림

이미지의 픽셀 접근하기

화면 전체를 검게 만들어보자. background( ) 함수나 rect( ) 함수 등을 이용해서 화면을 검게 만들 수 있겠지만, 화면을 구성하는 가장 기본 요소인 픽셀(pixel)을 하나씩 색상을 검게 해서 화면 전체를 검게 만들어보자.

아래와 같이 프로그래밍하면 화면이 전체가 검게 되는 것을 확인할 수 있다.

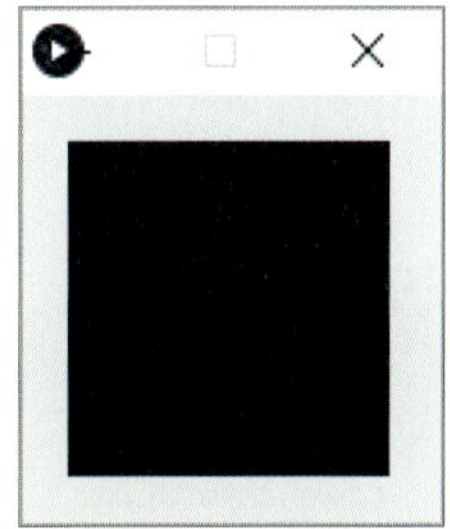

```
loadPixels();

for (int i = 0; i < width * height; i++){
     pixels[i] = color(0, 0, 0);
}

updatePixels();
```

> loadPixels( ): 이 함수는 화면에 보이는 내용을 내가 조작 가능한 배열의 형태로 저장한다. 이때 저장되는 배열은 pixels[ ]라는 이름의 배열이다.
> 즉, loadPixels( ) 함수에 의해서 화면의 픽셀 값들이 pixels[ ]라는 배열로 복사된다. 이 pixels[ ]라는 1차원 배열을 수정하면 화면의 그림이 바뀐다.

> width * height는 화면의 전체 픽셀의 개수. 즉, 화면의 전체 픽셀을 처리한다. 즉, pixels[ ] 배열의 크기는 화면의 크기와 동일하다. 그래서 화면의 모든 픽셀에 대해서 반복문으로 픽셀 값을 정하는 코드다.

> color( )는 프로세싱에서 사용할 수 있는 자료형으로써, 색상을 순서대로 red, green, blue 3가지 색의 조합으로 나타낸다. color(0, 0, 0)은 검은색, color(255, 255, 255)는 흰색, color(255, 0, 0)은 빨간색이다.

> updatePixels( ): 이 함수는 pixels[ ] 배열의 값을 화면에 반영하는 함수이다. pixels[ ] 배열 값을 바꾸더라도 이 함수를 호출하지 않으면 화면에 반영되지 않는다.

여기서 중요한 사실 하나! 이미지는 2차원인데 위의 pixels[ ] 배열은 1차원 배열이다. 왜 그럴까? 그림은 2차원이지만 실제로는 2차원 그림(배열)도 컴퓨터의 메인 메모리(main memory)에서는 1차원 그림(배열) 형식으로 저장된다. 당연히 컴퓨터의 메인 메모리는 하드웨어적으로는 1차원으로 배열되어 있기 때문이다.

아래와 같이 2차원 배열의 각 원소들이 1차원 배열로 바뀌는 방식을 행-우선(row-major) 방식이라고 한다. 즉, 행(줄) 단위로 바뀐다는 것이다. Java와 Processing, C 언어 등은 모두 행-우선 방식이다.

0	1	2
3	4	5
6	7	8

→

0	1	2	3	4	5	6	7	8

그림 파일 사용하기

이제까지는 그림을 그리기 위해서 도형을 그리고, 도형의 색깔을 바꾸는 것이 전부였다. 이제부터는 그림 파일을 사용할 예정이다. 그림 파일도 다른 데이터와 다르지 않다. 그림 파일을 열고, 이 그림을 저장할 변수를 이용하면 된다. 정수를 사용하기 위해서 int, 실수를 사용하기 위해서 float 타입의 변수를 사용한 것처럼, 그림을 사용하기 위해서는 PImage 타입의 변수를 선언해서 사용해야 한다.

```
PImage img;

void setup() {
  size(300, 300);
  img = loadImage("SunFlower.png");
  image(img, 0, 0);
}

void draw() {

}
```

img라는 이름의 변수로 그림 파일을 사용하겠다는 변수 선언이다. PImage 데이터 타입은 아래를 참고하자.
http://www.processing.org/reference/PImage.html

프로세싱에서 파일을 사용할 때는 파일 이름의 대소문자를 구별한다. 내가 사용할 파일 이름과 대소문자까지 모두 동일한지 정확하게 확인하자. 확장자의 대소문자도 동일해야 한다.

loadImage( ) 함수는 파라미터로 사용되는 " " 안의 파일을 불러준다. 이 코드에서는 로드된 파일을 변수 img에 할당하고 있다.
사용할 수 있는 그림 파일은 JPEG, PNG, GIF 파일들이다. 그림 파일은 현재의 *.PDE 파일이 있는 디렉토리 밑에 [data]라는 이름의 서브 폴더를 생성하고 그 폴더 안에 두어야 한다. 중요하다!

image( ) 함수는 이미지를 화면에 그려준다. 괄호 속의 파라미터들로는 이미지 변수, 그림을 출력할 화면의 왼쪽 상단 좌표의 x, y값을 사용한다. 현재는 (0 ,0) 즉 화면의 좌측 상단을 기준으로 출력한다.

위에서 사용한 image( ) 함수의 파라미터는 이미지 변수, 그림이 그려질 화면의 x좌표, y좌표 순서로 파라미터가 3개인 경우이다. 그런데, 아래의 image( ) 함수는 파라미터의 개수가 5개다. 이 프로그램은 마우스의 위치가 그림의 오른쪽 끝이 되게 한다. 즉, 마우스를 움직여서 그림의 크기를 변경할 수 있다.

```
PImage img;

void setup() {
  size(300, 300);
  img = loadImage("SunFlower.png");
}

void draw() {
  background(255);
  image(img, 0, 0, mouseX, mouseY);
}
```

image( ) 함수의 파라미터가 5개인 경우이다. 마지막 2개의 파라미터는 그려질 그림의 폭과 높이이다.
이렇듯, image( ) 함수의 파라미터의 개수에 따라서 기능이 조금 달라진다.

image( ) 함수에서 그림이 그려지는 위치는 기본적으로(default) 그림의 왼쪽 상단의 위치를 의미한다. 이를 조금 다르게 사용할 수 있는데, 그것이 imageMode( ) 함수이다.

```
PImage img;

void setup() {
  size(300, 300);
  img = loadImage("SunFlower.png");
  imageMode(CENTER);
  image(img, width/2, height/2);

  imageMode(CORNER);
  image(img, width/2, height/2);
}

void draw() {
}
```

imageMode(CENTER)는 그림을 위치 시킬 때 그림의 중심 위치를 맞춘다. 아래의 그림에서 왼쪽 상단에 있는 그림이다. 그림의 중앙(CENTER)가 화면의 중앙에 위치한 것을 확인할 수 있다.

imageMode(CORNER)는 그림을 위치 시킬 때 그림의 왼쪽 상단의 좌표를 맞춘다. 디폴트로 CORNER이다.

이미지 움직이기

화면 상에서 이미지를 움직여보자. 이 책의 앞부분에서 마우스의 위치에 따라서 원을 움직이는 코드와 거의 동일하다. 아래의 코드는 이미지의 좌측 상단을 마우스의 위치로 이동한다.

setup( ) 함수 내부에서 이렇게 mouseX와 mouseY 변수의 값을 중앙에 위치하게 하지 않으면 default로 0의 값을 가지게 되기 때문에 화면의 좌측 상단에 원하지 않는 그림이 그려지는 것을 막으려는 것이다.

마우스 위치에 그림을 그린다.

```
PImage  img;

void setup() {
  size(300, 300);
  img = loadImage("SunFlower.png");
  mouseX = width/2;
  mouseY = height/2;
}

void draw() {
  image(img, mouseX, mouseY);
}
```

이제 키보드로 이미지를 움직여보자. 게임에서 게임 캐릭터를 키보드로 조종하는 효과를 연출해보자.

```
PImage [] player = new PImage[2];
int dir, xPos;

void setup() {
  size(300, 300);
  player[0] = loadImage("left.png");
  player[1] = loadImage("right.png");
  dir = 0;
  xPos = 0;
}

void draw() {
  background(255);
  image(player[dir], xPos, 200);
}

void keyPressed() {
  if ( key == CODED ) {
     if ( keyCode == LEFT ) {
        dir = 0;
        xPos -= 10;
     }
     else if ( keyCode == RIGHT ) {
        dir = 1;
        xPos += 10;
     }
  }
}
```

게임 캐릭터의 스프라이트 이미지를 만들려면 아래 사이트를 가보자.
http://www.piskelapp.com/

스프라이트 이미지가 오른쪽으로 바라보는 이미지와 왼쪽으로 바라보는 이미지 2개를 배열로 사용한다.

좌우로 바라보는 스프라이트 이미지 2개가 필요하다. 당연히 이 이미지도 PDE 소스 코드가 있는 폴더의 하위 폴더로 [data] 폴더를 만들고 거기에 저장해두어야 한다.

dir 변수는 스프라이트가 움직이는 방향이다. 0의 값을 가지면 왼쪽으로 움직인다는 의미

좌우 화살표가 눌리면 dir 변수 값을 0 또는 1로 바꾸어주고, dir 변수를 이용해서 PImage 배열 변수인 player[ ]를 선택하게 된다.

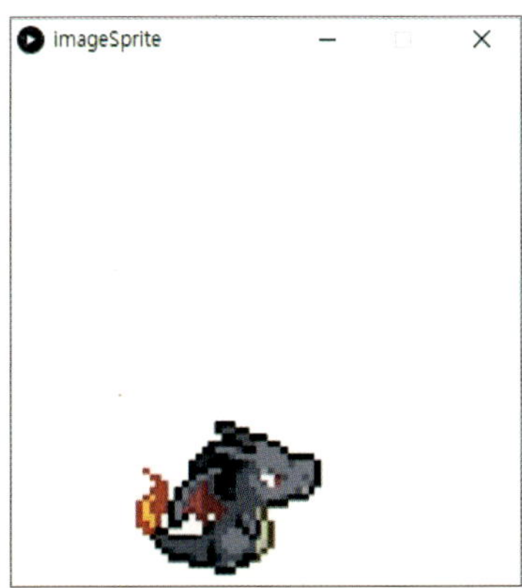

[참고] 객체 지향 프로그래밍에 대한 소개

객체 지향 프로그래밍(Object Oriented Programming: OOP)에 대한 자세한 이야기는 본 교재 10장에서 자세하게 소개된다. 그전에 미리 객체 지향 프로그래밍에 대한 간단한 소개를 하고 진행을 할 필요가 있다.

일단은, 객체(object)라는 것은 새로운 자료형(data type)이라고 생각하면 된다. 이러한 자료형은 프로세싱에서 제공하는 '기본 자료형'인 int나 float와는 사용법이 조금 다르다.

객체 변수의 선언은 아래와 같은 방법으로 한다.

[형식] 클래스이름 객체이름;

[예제] PImage myImage

프로세싱은 내부적으로 Java 언어로 변환되어 실행된다. Java에서는 PImage myImage라는 문장으로 생성한 myImage 변수는 PImage 형의 레퍼런스 변수이다. 즉, 차후에 새롭게 객체를 생성하고, 그 객체를 myImage라는 변수를 통해서 사용하는 것이다. 이 내용은 프로세싱도 Java와 동일하다.

위의 예는 PImage 클래스의 변수를 myImage라는 이름으로 하나 만드는 문장이다.

아래의 문장이 loadImage( ) 함수에 의해서 파일에서 읽혀진 그림 파일을 새로운 객체로 로드하고, myImage 변수가 참조(reference)할 수 있도록 해준다.

```
myImage = loadImage("SunFlower.png");
```

아래와 같은 형식으로 객체의 인스턴스를 사용할 수 있다. 객체와 관련된 기능을 멤버 함수(member functions)와 멤버 변수(member variables)로 나눌 수 있다. 자세한 내용은 10장을 참고하자.

객체의 인스턴스를 사용하기 위해서는 객체 이름과 그 객체의 멤버 함수 사이에 dot(.)을 표시하면 된다.

멤버 함수를 사용하는 경우이다. 함수 호출 시에는 괄호를 꼭 사용한다.
** 이 경우는 이제까지 사용했던 loadPixels( ) 함수와 조금 다르다. myImage.loadPixels( )라고 하면 해당하면 이미지의 픽셀들을 가져오는 것이다. 화면에 출력되어 있는 그림과는 별개다.

멤버 변수를 사용하는 경우다.

[형식]	[예제]
객체이름.멤버함수( );	myImage.loadPixels( );
객체이름.멤버변수;	myImage.pixels[숫자]

컬러 이미지를 흑백으로 변경하기

이제 컬러 그림을 흑백 그림으로 바꿔보자. 물론 아래의 프로그램 실행을 위해서는 그림 파일이 PDE 소스 파일이 있는 폴더에 있는 [data] 폴더에 있어야 한다. 그리고 이 예제에서는 이미지 파일의 크기가 256×512 이다. 아래의 코드는 이미지 픽셀 하나 하나를 흑백 색상으로 변경한다. 이 코드를 실행하고 data 폴더에 흑백 그림 파일이 생성되었는지 확인하자.

```
size(256, 512);

PImage myImage = loadImage("SunFlower.png");
image(myImage, 0, 0);

loadPixels();

for (int i = 0; i < 256*512; i++) {
  pixels[i] = color( red(pixels[i]) );
}

updatePixels();
save("SunFlower_gray.png");
```

image( ): 해당하는 이미지를 해당하는 위치에 그려주는 함수

화면에 그려진 그림을 pixels[ ] 배열에 담아온다. 이 명령어 바로 위에 image( ) 함수에 의해서 화면에 이미지가 미리 그려져 있어야한다.

그림의 크기가 가로*세로가 256*512이다. 그림의 모든 픽셀에 대해서 for( ) 반복문을 수행한다.

red() 함수와 color() 함수를 알아야 한다.
- red() 함수는 픽셀의 red값을 float로 리턴
- color() 함수는 파라미터로 받은 값을 바탕으로 색상(color) 타입을 리턴.

color() 함수의 파라미터가 1개이면 흑백, 3개이면 컬러.

pixels[ ] 배열값을 화면에 반영한다.

save( ) 함수는 현재의 화면을 지정한 이름의 파일로 저장한다.

아래의 코드는 위와 정확히 동일한 기능을 수행한다. 다른 점을 이해해보자.

```
size(256, 512);

PImage  myImage = loadImage("SunFlower.png");
image(myImage, 0, 0);
myImage.loadPixels();

for (int i = 0; i < 256*512; i++){
      myImage.pixels[i] = color( red(myImage.pixels[i]) );
}

myImage.updatePixels();
myImage.save("SunFlower_gray.png");
```

PImage 클래스의 변수인 myImage의 멤버 함수로써 loadPixels( ) 함수를 호출한다. 이렇게 하면 해당하는 이미지의 내용을 myImage.pixels[ ] 배열에 담아준다.

이미지 전체를 밝게 만들자: 얼굴을 하얗게 만드는 효과 연출

이미지를 전체적으로 밝게 또는 어둡게 변화를 주자. 아래의 프로그램은 원본과 수정본을 비교하기 위해서 화면을 가로로 2배 키웠다. 좌측의 그림이 원본, 우측의 그림이 수정본이다.

createImage(): 새로운 이미지를 만드는 함수. 메모리 상에 그림 버퍼를 하나 만든다고 생각하면 된다. 원본 이미지와 동일한 크기로 만든다. http://processing.org/reference/createImage_.html

이 부분이 2차원 이미지의 (x, y) 픽셀의 1차원 배열에서의 위치를 계산하는 부분이다. 2차원 이미지를 1차원 배열로 저장하고 있기 때문에, y행, x열에 위치한 픽셀의 위치를 이 식을 이용해서 1차원 배열의 위치를 계산하게 된다.

각 픽셀의 값을 1.6배해서 밝게 만드는 부분. 색상 값은 클수록 밝아진다.

constrain( ) 함수는 해당 값을 정해진 값 사이의 값이 되게 영역을 지정하는 함수. 여기서는 각 픽셀의 r, g, b 값을 0~255 사이의 값으로 제한하고 있다.

newImage라는 새로운 이미지에 픽셀의 색상값을 복사한다.

```
size(512, 512); // 실행창의 폭을 2배로 늘렸다

PImage img = loadImage("SunFlower.png");
image(img, 0, 0); // 원본 이미지를 화면의 좌측에 그린다.

PImage newImg = createImage(img.width, img.height, RGB);

for (int y = 0; y < img.height; y++){ // img.height는 이미지의 높이
  for (int x = 0; x < img.width; x++){
    int loc =  y*img.width + x;

     //원본 이미지의 픽셀을 하나씩 복사
     float r = red( img.pixels[loc] );
     float g = green( img.pixels[loc] );
     float b = blue( img.pixels[loc] );

     r *= 1.6;
     g *= 1.6;
     b *= 1.6;

     r = constrain(r, 0, 255);
     g = constrain(g, 0, 255);
     b = constrain(b, 0, 255);

     // 해당하는 color 값으로 새로운 색상값을 만든다.
     color c = color(r, g, b);

     newImg.pixels[loc] = c;
  }
}

image(newImg, width/2, 0); // 새로운 이미지를 화면의 우측에 그린다.
```

이미지 픽셀 변경하기

이제 이미지의 픽셀을 하나씩 사용하고 수정할 수 있게 되었다. 그럼 조금 더 진도를 나가보자. 아래는 이미지의 노란색이 진한 부분만 빨간색으로 표시한 프로그램이다. 아래의 프로그램에서 바뀐 부분을 잘 살펴보자. 특정 픽셀이 노란색임을 판정하기 위해서 red 색과 green 색의 값을 비교한다.

```
size(256, 512);

PImage myImage = loadImage("SunFlower.png");
image(myImage, 0, 0);

loadPixels();

for (int i = 0; i < 256*512; i++) {
  if ( red(pixels[i]) > 160 && green(pixels[i]) >160 ) {
     pixels[i] = color(255, 0, 0);
  }
}
updatePixels();
```

이 부분이 변경된 부분이다. 특정 픽셀값을 red 값과 green 값이 일정한 값 이상이면 그 픽셀을 빨간색으로 변경하는 부분이다. 노란색은 red와 green을 섞어서 만들 수 있기 때문이다.

아래의 페이지를 보시면 알겠지만 pixels 배열은 color 타입이다. 즉, 컬러 색상 값을 가지는 타입이다.
http://www.processing.org/reference/pixels.html

pixels[ ] 값이 화면에 반영된다. 즉, 화면의 출력이 바뀌게 된다.

이미지 영역 조절하기

이제까지는 픽셀을 하나 하나씩 수정하였다. 이제는 특정 영역을 정해서 이미지를 수정해보자. 아래는 블러링(blurring)시킨 그림이다. 포토샵의 필터 사용과 같은 효과이다.

이와 관련된 아주 재미있는 사이트들이 많다. 아래의 사이트를 한번 구경해보자.
https://www.theguardian.com/technology/2015/sep/02/computer-algorithm-recreates-van-gogh-painting-picasso

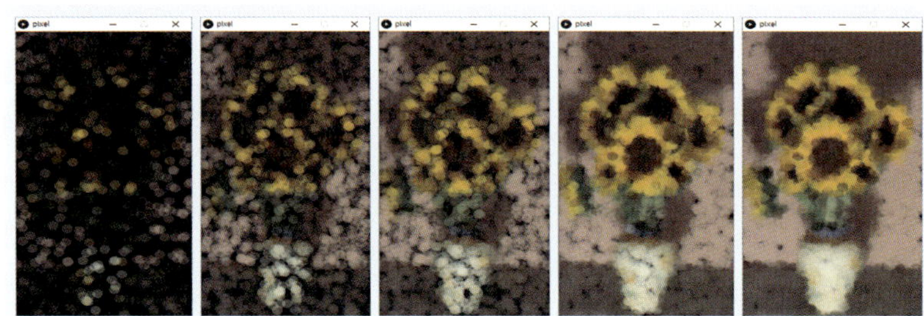

▲ 영역의 크기를 16 픽셀로 했을 때의 효과: 아래의 그림과 비교해서 더 많이 블러링된 것을 알 수 있다.

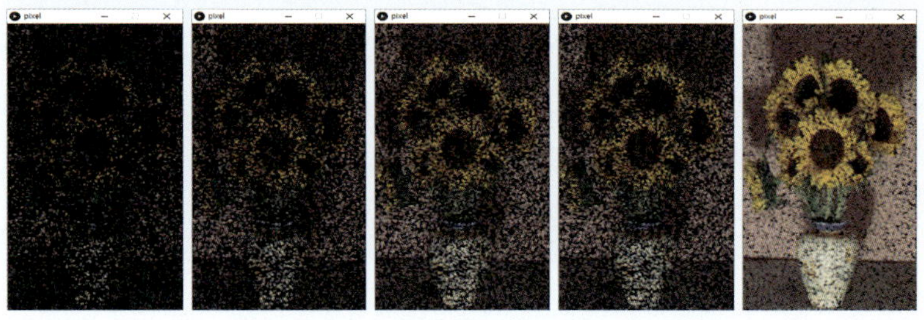

▲ 영역의 크기를 4 픽셀로 했을 때의 효과

블러링

아래의 프로그램은 프로세싱을 이용한 블러링 효과를 구현한다. 이 코드는 동적 모드로 원본 이미지의 픽셀들을 랜덤하게 선택해서 조금씩 계속적으로 블러링 시키고 있다.

이 프로그램의 결과는 시간에 따라 앞의 페이지 결과를 출력한다. 이렇듯 간단한 프로그래밍 효과 만으로 다양한 시각적 연출을 할 수 있다.

```
PImage img;
int area = 16;

void setup(){
  size(256, 512);
  background(0);
  noStroke();
  img = loadImage("SunFlower.png");  //  이미지 파일 로드

}
void draw() {
  int x = int(random(img.width));
  int y = int(random(img.height));

  int loc = x + y*img.width;

  fill(img.pixels[loc], 100);

  ellipse(x,y, area, area);
}
```

area: 타원의 지름. 블러링 효과를 설정한다. 이 값이 클수록 블러링 효과가 커진다.

이 프로그램은 랜덤한 위치의 픽셀을 블러링하는 작업을 반복적으로 수행한다.

row-major(행-우선) 방식으로 2차원 이미지의 위치를 1차원 숫자로 계산한다. 즉, 여기서 loc 변수는 (x, y) 위치의 픽셀의 위치다.

img.pixels[ ] 배열을 color 형 자료형이고, 여기서의 fill( ) 함수의 1번째 파라미터는 color 자료형, 2번째 파라미터는 투명도이다.

특정 픽셀의 색상 값을 투명도를 조절하여서 ellipse( )를 이용하여 블러링 효과를 주는 부분

ellipse( ) 함수를 이용해서 원을 그림으로써, 원의 중심 근처를 중심 픽셀의 값으로 그려주는 셈이다.
ellipse( ) 함수 대신에 rect( ) 함수들을 사용해보자. 조금 느낌이 다른 그림을 구할 수 있다.

필터 모양을 마음대로 사용하자

아래의 예제 그림은 입력 이미지의 에지를 찾아서 그려준다. 에지 찾기(edge detection)는 영상 처리 등의 분야에서 가장 기본적으로 배우는 기능 중의 하나이다.

아래 프로그램 구조의 기본은 이미지의 모든 픽셀에 대해서 아래와 같이 필터와 이미지의 겹쳐진 값들 사이의 곱셈의 합을 구하는 연산을 수행한다. 보통 이런 연산을 영상 처리 분야에서는 컨볼루션(convolution) 연산이라고 한다.

컨볼루션 연산은 아래와 같은 방식으로 동작한다. 입력 이미지의 한 픽셀을 중심으로 필터를 적용한 후 값을 변경하게 된다. 아래의 예에서는 필터의 크기가 3×3이라서 중심 픽셀을 맞춰서, 원 이미지의 3×3 영역과 필터 3×3의 겹쳐지는 픽셀끼리의 곱셈의 합을 구하는 연산이 컨볼루션 연산이다.

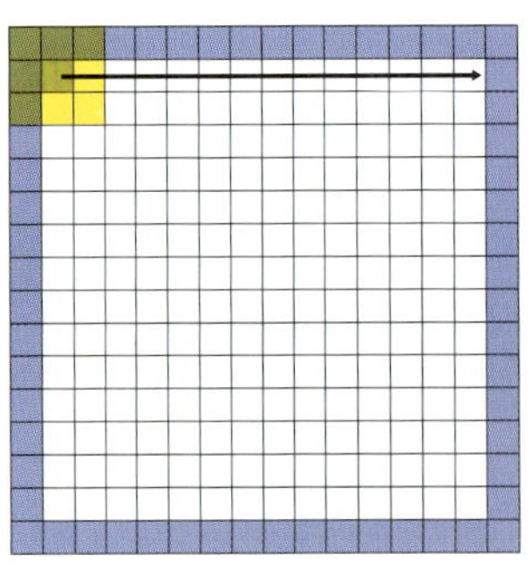

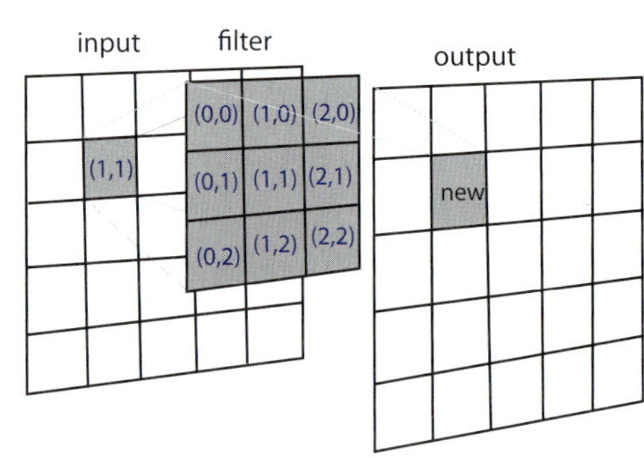

아래의 코드는 '4중 for 문'이다. 즉, for 문이 4개가 겹쳐져 있는 구조라서 아주 복잡할 것 같지만, 코드의 기본 구조만 알면 이해할 수 있다.

```
size(512, 512);
float[][] filter = { { -1, 0, 1 },
                     { -1, 0, 1 },
                     { -1, 0, 1 } };

PImage img = loadImage("SunFlower.png");
image(img, 0, 0);

PImage newImg = createImage(img.width, img.height, RGB);

for (int y = 1; y < img.height-1; y++){
    for (int x = 1; x < img.width-1; x++){
        float sumRed, sumGreen, sumBlue;
        sumRed=sumGreen=sumBlue = 0;

        for (int ky = -1; ky <= 1; ky++){
            for (int kx = -1; kx <= 1; kx++){
                int pos = (y + ky)*img.width + (x + kx);

                float valRed = red(img.pixels[pos]);
                float valGreen = green(img.pixels[pos]);
                float valBlue = blue(img.pixels[pos]);

                sumRed += filter[ky+1][kx+1] * valRed;
                sumGreen += filter[ky+1][kx+1] * valGreen;
                sumBlue += filter[ky+1][kx+1] * valBlue;
            }
        }

        newImg.pixels[y*img.width + x] = color(sumRed, sumGreen, sumBlue);
    }
}

image(newImg, 256, 0);
```

필터의 모양. 3×3 크기의 2차원 배열을 사용하였다. 이 필터의 값을 보면, 중심 픽셀의 오른쪽 값은 긍정적으로 반영하고, 왼쪽 값은 부정적(음수이기 때문에) 반영하는 구조이다. 그래서 픽셀의 좌우가 대비되어서 에지가 도드라져 보인다.

원본 이미지는 화면의 좌측에…

이 2개의 for 문은 2차원 이미지의 모든 픽셀에 대해서 처리한다는 의미.

이 2개의 for 문은 특정 픽셀을 중심으로 하는 3×3 크기의 영역에 대하여 3×3 픽셀 크기의 필터를 겹쳐지는 값끼리의 곱셈을 해서 더하는 코드

새로운 이미지에 필터 처리된 값을 저장

에지 이미지는 화면의 우측에…

필터에 의한 다양한 효과

위에서 사용한 필터의 값을 변경해서 다양한 효과를 연출해보자. 전체적인 코드는 동일하고, 필터만 바꾸면 다양한 효과를 연출할 수 있다. 필터의 특성을 뚜렷하게 파악하기 위해서 흑백 상황에서 적용할 것이다.

kernel 이라는 단어는 영상처리에서 filter라는 의미로 많이 사용되는 단어다.

이 필터는 좌측 상단과 우측 하단이 대비되는 구조다. 그래서 엠보싱 효과를 연출할 수 있다.

흑백 이미지를 만드는 부분

엠보싱 이미지를 만드는 부분

```
size(768, 512);
float[][] kernel = { { -1, -1, 0 },
                     { -1,  0, 1 },
                     {  0,  1, 1 } };

PImage img = loadImage("SunFlower.png");
image(img, 0, 0);

PImage grayImg = createImage(img.width, img.height, RGB);
PImage embossionImg = createImage(img.width, img.height, RGB);
float sum;

for (int y = 1; y < img.height-1; y++){
for (int x = 1; x < img.width-1; x++){
     int pos = y*img.width + x;
     float red = red(img.pixels[pos]);
     float green = green(img.pixels[pos]);
     float blue = blue(img.pixels[pos]);
     grayImg.pixels[y*img.width + x] = color( (red+green+blue)/3);
  }
}
image(grayImg, 256, 0);

for (int y = 1; y < img.height-1; y++){
for (int x = 1; x < img.width-1; x++){
  sum = 0;
  for (int ky = -1; ky <= 1; ky++){
        for (int kx = -1; kx <= 1; kx++){
            int pos = (y + ky)*img.width + (x + kx);
            sum += kernel[ky+1][kx+1] * red(grayImg.pixels[pos]);
        }
  }
  embossionImg.pixels[y*img.width + x] = color(sum);
  }
}
image(embossionImg, 512, 0);
```

커널의 값을 아래와 같이 사용하면 경계(edge) 부분이 강조된다.

```
float[][] kernel = { { -1, -1, -1 },
                     { -1, 9, -1 },
                     { -1, -1, -1 } };
```

아래의 필터는 이미지를 부드럽게 블러링 시킨다. 영역의 평균을 구하는 의미가 있다.

```
float[][] kernel = { { 0, 0.2, 0 },
                     { 0.2, 0.2, 0.2 },
                     { 0, 0.2, 0 } };
```

프로세싱의 내장 필터들

프로세싱 언어의 PImage 자료형은 아래 페이지에서 자세히 볼 필요가 있다. 위에서 언급한 필터들이 대부분 기본 기능으로 제공되기 때문에, 일반적인 형식의 필터는 제공되는 기능을 그냥 사용하기만 해도 된다. 아래는 이미지를 흑백으로 바꾸는 코드이다.

```
size(256, 512);
PImage myImage = loadImage("SunFlower.png");

myImage.filter(GRAY);
image(myImage, 0, 0);

save("SunFlower_gray.png");
```

프로세싱의 이미지 필터를 사용하는 부분이다. 이미지를 gray 이미지로 바꾸고 있다.

PImage 클래스의 filter( ) 함수에 대한 자세한 설명은 아래의 페이지를 보자. 아주 다양한 효과를 연출할 수 있다.

https://www.processing.org/reference/PImage_filter_.html

CHAPTER

08

글자의 아름다움: 폰트(FONT)

CHAPTER

08 글자의 아름다움: 폰트(FONT)

글꼴(font, 폰트)이란 정해진 모양과 크기를 가진 한 벌의 활자를 의미한다. 글자를 이용한 지식의 표현 관련 뿐만 아니라, 글자가 지닌 외형적인 아름다움을 표현하는 것이 글꼴이다.

Arial Unicode MS
DFKai-SB
FangSong
HyhwpEQ
HY강B
HY강M
HY견고딕
HY견명조
HY궁서
HY궁서B
HY그래픽
HY그래픽M
HY나무B
HY나무L
HY나무M
HY동녘B
HY동녘M
HY목각파임B
HY목판L
HY바다L

▲ 다양한 글꼴 형태

위의 예와 같이 획의 모양, 기울기, 굵기 등에 따라 다양한 폰트가 있다. 크게 비트맵(bitmap) 글꼴과 벡터(vector) 글꼴로 나눌 수 있는데, 아래의 그림의 왼쪽은 비트맵 글꼴, 오른쪽은 벡터 글꼴의 개념을 보이는 그림이다.

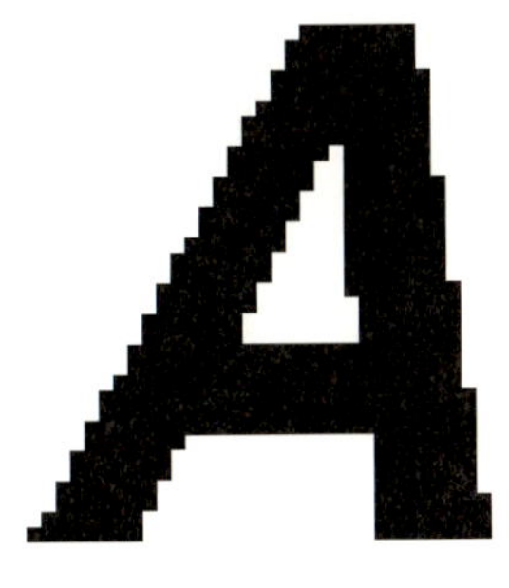

▲ 비트맵 글꼴

▲ 벡터 글꼴

비트맵 방식을 래스터 그래픽스 방식(raster-graphics format)이라고 한다. 이와 다르게 오른쪽은 좌표 개념을 도입하여 벡터 방식으로 표현하는 방식이다. 폰트나 이미지의 표현에 동일한 개념이 적용된다.

비트맵 글꼴은 특정한 형태의 문자 세트로 각 문자가 비트맵(bit map)으로 구성된 것을 말하는데, 글자의 크기가 커지면 기울어진 부분이나 곡선 부분은 그림처럼 들쭉 날쭉하게 변하게 된다. 이에 반하여 벡터 글꼴은 윤곽선을 벡터(선분)로 표현하기 때문에 확대, 축소, 회전하더라도 변형이 없다.

따라서 요즘은 대부분 벡터 글꼴을 사용한다. 또한 벡터 글꼴은 글자의 크기에 따라서 메모리 용량이 늘어나지 않고 글자체의 변형이 없다는 장점도 있다.

글자의 모양 분야에서 아쉬운 점은 한글의 아름다움에 대한 부분이다. 서구권의 사람들 중 한글, 중국의 한자, 일본 문자를 잘 구분하지 못하는 사람이 많다. 서양 사람들에게 한글의 아래와 같은 구조적인 결합 규칙을 이야기하면 아주 많이 놀라며 신기해한다. 한글은 그 자체로 과학적, 미학적인 배치를 지니고 있기 때문이다.

	ㄱ	ㄴ	ㄷ	ㄹ	ㅁ	ㅂ	ㅅ	ㅇ	ㅈ	ㅊ	ㅋ	ㅌ	ㅍ	ㅎ
ㅏ	가	나	다	라	마	바	사	아	자	차	카	타	파	하
ㅑ	갸	냐	댜	랴	먀	뱌	샤	야	쟈	챠	캬	탸	퍄	햐
ㅓ	거	너	더	러	머	버	서	어	저	처	커	터	퍼	허
ㅕ	겨	녀	뎌	려	며	벼	셔	여	져	쳐	켜	텨	펴	혀

▲ 한글의 과학적인 결합 규칙

다양한 폰트 출력

프로세싱에서는 print( ) 함수를 이용해서 콘솔(console) 화면에 글자를 출력할 수 있지만, 프로그램 실행 창에 그래픽으로 글자를 출력하기 위해서는 방법을 달리해야 한다.

이제부터는 콘솔 화면이 아니라 프로그램의 실행 화면인 그래픽 화면에 글자를 출력한다.

1. 먼저 아래와 같이 PDE의 [Tools]→[Create Font…] 메뉴를 선택해서 자신이 사용할 폰트 파일을 생성해야 한다. 아주 다양한 폰트가 있기 때문에 자신이 사용할 폰트를 지정하는 것이다. 이렇게 생성된 폰트는 지금 작성하고 있는 프로그램의 [data] 폴더에 자동 생성된다. 아래 단계에서 저장되는 폰트 파일의 이름을 기억하자.

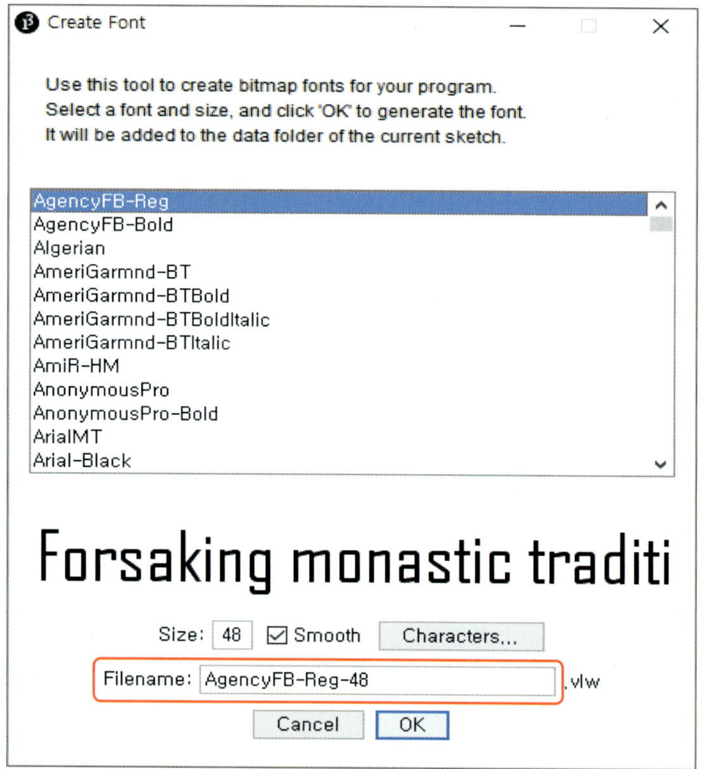

2. 이제 이 폰트를 사용해보자. 아래의 코드를 실행해 보자.

```
PFont f;

void setup() {
  size(500, 400);
  f = loadFont("AgencyFB-Reg-48.vlw");
  textFont(f, 16);
  fill(0);
}

void draw() {
  background(184);
  text("Hello, Processing !", 206, 184);
}
```

PFont는 폰트를 사용하기 위한 데이터 타입이다.

방금 위에서 생성한 폰트 파일을 로드하는 부분

해당 폰트를 16크기로 사용하겠다고 설정하는 부분

글자 색깔을 지정하는 부분. fill(0)이라고 하면 검은색을 사용한다.

text( ) 함수는 순서대로 문자열, 출력 위치의 왼쪽 상단의 x, y 좌표를 파라미터로 한다.

3. 위의 프로그램을 아래와 같이 조금 바꿔보자. 마우스의 x 위치에 따라 문자열의 크기가 달라진다.

```
PFont f;

void setup() {
  size(500, 300);
  f = loadFont("AgencyFB-Reg-48.vlw");
  fill(0);
}

void draw() {
  background(184);
  textFont(f, mouseX/6 + 1);
  text("Hello, Processing !", 20, 150);
}
```

이 부분이 바뀌었다. 폰트의 크기를 마우스의 x좌표 정보를 사용한다. 따라서 마우스의 위치에 따라서 출력되는 글자의 크기가 달라진다. mouseX/6 + 1에서 +1을 하는 이유는 경우에 따라서 mosueX/6이 0이 되는 경우가 발생하기 때문에 0보다 큰 폰트 크기를 유지하기 위해서다.

font

Hello, Processing !

font

Hello, Processing !

4. 위의 코드를 수정해서 화면의 중심에서 회전하는 문자열을 만들어보자.

```
PFont f;
float degree;

void setup() {
  size(500, 300);
  f = loadFont("Aharoni-Bold-48.vlw");
  fill(#ff0000);  // 빨간색으로 fill 색상 설정
  degree = 0.0;
}

void draw() {
  background(255);
  translate(width/2, height/2);  // 화면의 중심으로 이동한 후,
  rotate( radians(degree) );    // 정해진 각도로 회전하고
  degree += 2;
  textAlign(CENTER);  // 문자열의 중심을 기준으로 변경한다.
  textFont(f, mouseX/6+1);
  text("Hello, Processing !", 0, 0);
}
```

textAlign( ) 함수는 직사각형을 그릴때의 rectMode( ) 함수와 유사한 기능을 담당한다.

5. 한글 폰트를 출력해보자. 한글 폰트는 방법을 조금 다르게 해야한다. 아래의 코드를 보면, 먼저 시스템에서 제공하는 폰트 리스트를 출력해서, 한글 폰트의 이름을 선택한 후, 이를 프로그램 실행 중에 동적으로 폰트 파일을 생성해서 사용한다. 그래서 먼저 아래의 코드를 실행 시켜본다. 그러면 아래와 같이 폰트 이름들이 나온다. 그 중에서 한글 폰트 이름을 하나 선택하자.

```
void setup() {
  size(500, 300);
  String[] fontList = PFont.list( ); // 시스템에서 제공하는 폰트 리스트를 가져온다.
  printArray(fontList);  // 콘솔 화면에 폰트 이름을 출력한다.
}
```

```
...
[484] "Yu Gothic UI Semilight"
[485] "ZWAdobeF"
[486] "가는안상수체"
[487] "굴림"
[488] "굴림체"
[489] "굵은안상수체"
[490] "궁서"
[491] "궁서체"

...
```

그런 후에 아래의 코드에 해당하는 한글 폰트의 이름을 적어주자.

```
PFont f;
float degree;

void setup() {
  size(500, 300);
  f = createFont("한초롬바탕", 32);  // 실행 중에 폰트를 생성한다.
  textFont(f);
  fill(#ff0000);
  degree = 0.0;
}

void draw() {
  background(184);
  translate(width/2, height/2);
  rotate( radians(degree) );
  degree += 2;
  textAlign(CENTER);
  textFont(f, mouseX/6+1);
  text("안녕, 프로세싱 !", 10, 10);
}
```

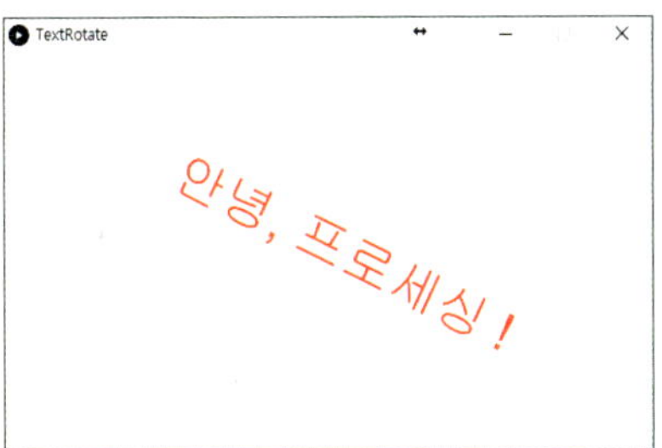

6. 폰트를 이용한 작품을 보통 타이포그라피(typography)라고 한다. 아래에 예제 코드를 살펴보자. 좀 복잡한 코드이기는 하지만 참고로 소개한다.

```
PImage originalImg;
PFont f;
String msg;

void setup() {
  size(1024, 512);
  background(255);

  f = loadFont("AgencyFB-Reg-48.vlw");
  textFont(f, 126);
  fill(0);
  msg = "Hello ... Processing!!!";
  text(msg, 10, 100);

  originalImg = createImage(width, height, RGB);

  // 아래의 get( ) 함수는 출력 화면 전체를 캡춰해서 PImage 형식의 자료형을 반환하는 함수다.
  originalImg = get(0, 0, width, height);

  frameRate(20);
}


/*
아래의 draw( ) 함수는 화면 상의 픽셀을 화면 아래로 조금씩 떨어뜨리는 기능을 구현하고 있다.
코드가 복잡해보이지만, 화면 상의 검은 픽셀을 아래로 아래로 조금씩 움직이는 기능이 전부다
*/
void draw() {
  originalImg.loadPixels();

  for (int y = height-1; y >=0; y--) {
     for (int x = width-1; x >=0; x--) {
         int pos = y*width + x;
         if ( originalImg.pixels[pos] != color(255, 255, 255) ) {
             float newY = lerp(y, height, 0.02)+random(3);
             if ( int(x+newY*width)<height*width )
             originalImg.pixels[x+int(newY)*width] = color(0, 0, 0);
             originalImg.pixels[pos] = color(255, 255, 255);
             }
     }
  }
  originalImg.updatePixels();
  image(originalImg, 0, 0);
}

/*
키보드로 문자열의 입력해서 출력할 문자열을 수정할 수 있다.
화살표와 백 스페이스로 글자를 지우거나 새로운 글자를 덧붙일 수 있다.
*/
```

```
void keyPressed() {
  if ( key == CODED  ) {
     if ( keyCode  == LEFT ) {
            if ( msg.length() < 1) return;
            String temp = msg.substring(0, msg.length()-1);
            msg = temp;
        }
  } else {
     if ( key ==  BACKSPACE ) {
            if ( msg.length() < 1) return;
            String temp = msg.substring(0, msg.length()-1);
            msg = temp;
     }
     else {
            char data[] = {key};
            msg +=  new String(data);
     }
  }
  text(msg, 10, 100);

  originalImg = createImage(width, height, RGB);

  // 아래의 get( ) 함수는 출력 화면 전체를 캡춰해서 PImage 형식의 자료형을 반환하는 함수다.
  originalImg = get(0, 0, width, height);
  frameRate(20);
}
```

ASCII ARTS

글자를 이용해서 그림을 그리기도 한다. 이를 ASCII Arts라고 한다. 아래의 그림과 같이 화면에 글자를 출력해서 전체적인 큰 그림을 완성하는 방식이다.

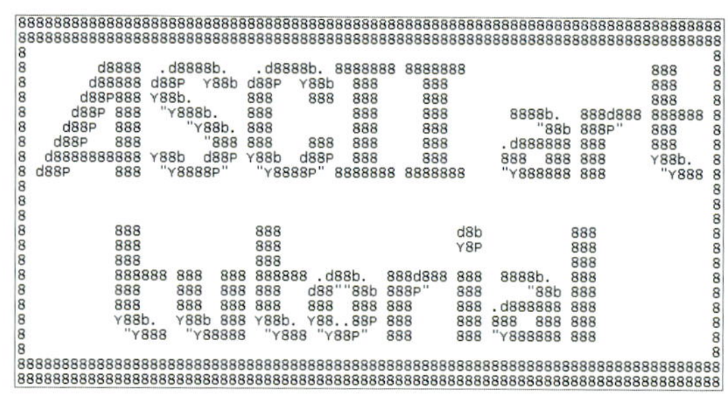

▲ ASCII Arts 예

이러한 ASCII Arts는 다음과 같은 이모티콘의 확장이라고 생각할 수도 있다.
(-: T.T :(

ASCII Arts는 ASCII 코드 상의 문자들을 이용하여 이미지를 만드는 것을 말한다. 메모장과 같은 편집기를 이용해서 수작업으로 만들 수도 있고, 컴퓨터 프로그래밍을 이용해서 직접 만들 수도 있고, 또는 이미지를 텍스트로 변환해주는 툴을 사용하여 만들 수도 있다. 아래의 그림은 좌측을 그림을 변환 툴을 이용해서 오른쪽과 같이 제작한 그림이다.

google 등의 검색 엔진에서 ASCII Arts Generator 등의 키워드로 검색해보자.

참고사이트:
http://mediamilitia.com/getting-started-with-generative-art/

▲ 그림을 ASCII Arts로 변환한 결과

이제 프로세싱으로 아스키 아트를 구현해보자. 앞에서 사용했던 해바라기 그림을 이용하였다.

아래의 코드는 화면의 픽셀 위치에 해당하는 색상으로 글자를 적어주는 방식을 사용하였다. 아래의 문자열의 문자들을 순서대로 사용한다.

```
PFont f;
String msg = "Hello,Processing!";
PImage img;

void setup() {
  size(256, 512);
  img = loadImage("SunFlower.png");
  image(img, 0, 0);
  f = loadFont("AgencyFB-Reg-48.vlw");
  textFont(f, 20);
  fill(0);
  loadPixels();
  noLoop();
}

void draw() {
  background(184);

  int loc=0;

  for (int y = 0; y < height; y+=10) {
     for (int x = 0; x < width; x+=5) {
        int pos =  y*width + x;
        fill( pixels[pos]);

        text(msg.charAt(loc), x, y);
        loc++;
        loc = loc % msg.length();
     }
  }
}
```

String은 문자열을 지정하는 자료형이다. 이 문자들을 이용해서 화면을 채울 것이다.

noLoop( ): draw( ) 함수를 한번만 실행하게 한다.

해당하는 위치의 픽셀의 색상으로 글자색을 설정.

msg.charAt(loc): msg라는 String 타입의 변수의 loc 위치의 문자.
프로세싱에서는 String 자료형도 클래스로 제공되는 참조형 자료형이다. charAt(no) 라는 멤버 함수는 문자열의 no번째의 문자를 의미한다. 문자열의 문자들을 번갈아 가면서 출력한다.

다음 문자를 사용한다.

length( ) 멤버함수는 문자열의 길이. 문자열을 반복적으로 사용한다.

CHAPTER

09

프로그래밍의 아름다움: 프랙탈

CHAPTER

09 프로그래밍의 아름다움: 프랙탈

프랙탈(fractal)은 자연계의 구조적 불규칙성을 기술하고 분석하는 분야로써, 세부 구조가 끊임없이 전체 구조를 되풀이하는 현상을 말한다. 아래 그림 처럼 자연 속의 다양한 부분에서 프랙탈의 원리를 발견할 수 있다.

프랙탈: '쪼개다'라는 뜻을 가진 그리스어 '프랙투스'에서 유래한 말

▲ 고사리

▲ 나뭇가지

▲ 창에 낀 서리

이제 가장 기본적인 프랙탈 도형을 만들어보자. 아래의 그림은 수학자 코흐(Koch)가 만든 일련의 연속적인 단계로 그려지는 '코흐 눈송이(Koch snowflake)'다. 즉, 매 번의 단계마다 직선의 가운데 부분이 삼각형 모양으로 변하는 과정을 거치면, 최종적으로 눈송이가 표현되는 것이다.

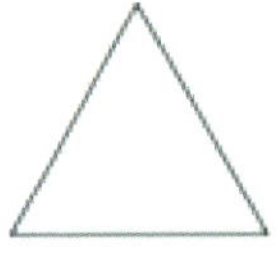

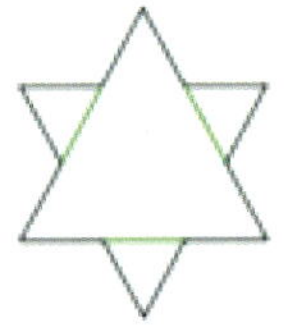

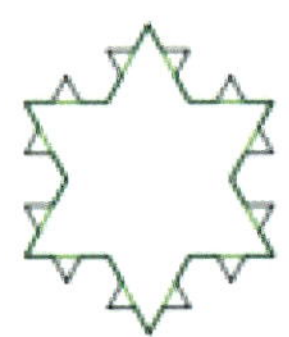

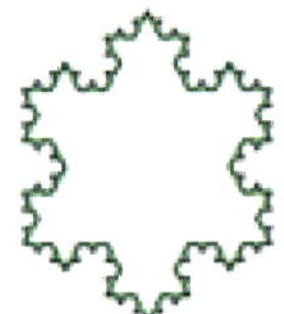

▲ 코흐 눈송이

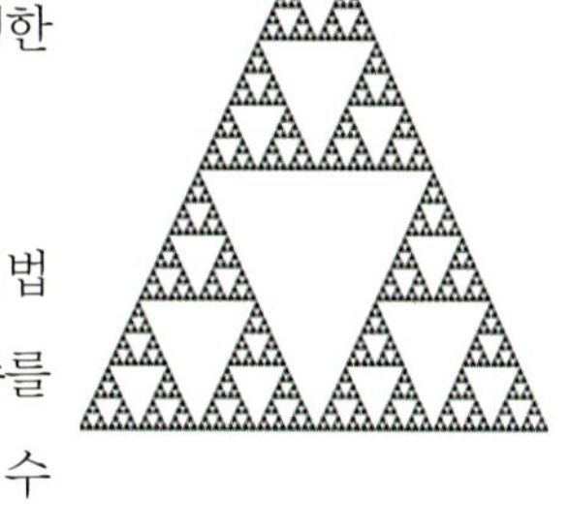

옆의 그림은 정삼각형 안에 1/4 크기의 '역 정삼각형'을 그리는 일을 연속적으로, 반복적으로 수행한 결과이다.

이런 그림을 그리기 위해 적합한 프로그래밍 기법이 재귀 함수(recursive functions)다. 재귀 함수를 이야기할 때, 가장 먼저 드는 예제가 팩토리얼 수(factorial number)다. 이를 통해서 재귀 함수를 배워보자.

팩토리얼은 !로 표현하는데, n!은 1부터 n까지의 곱을 의미한다. 즉, 4!은 4×3×2×1이다. 이를 일반화하면 아래와 같다.

```
n! = n × (n-1) × (n-2) × … × 2 × 1
```

아래는 팩토리얼을 반복적인 곱셈으로 계산하는 함수이다.

```
int factorial( int n ) {
    int i, fact=1;

    for(i=1; i<=n; i++) {
        fact = fact * i;
    }
    return fact;
}
```

팩토리얼을 구하는 방법을 재귀적인 방법(recursive way)으로 표현하면 아래와 같다.

```
n! = 1              if n <=1
n! = n × (n-1)!     if n > 1
```

basis condition 또는 termination condition 이라고 한다. 재귀 함수가 무한 반복하지 않도록 종료 조건을 판단하는 부분이다.

재귀 호출이 일어나는 부분이다.

이를 코드로 옮겨보자. 위의 팩토리얼의 재귀적인 정의를 그대로 코드로 옮기면 아래와 같다.

```
int factorial( int n ) {
   if (n <= 1) return 1;
   else return n * factorial( n-1 );
}
```

팩토리얼을 계산하는 반복적인 방법과 재귀 함수를 사용한 방법의 코드 모양을 서로 비교해보자. 재귀 함수의 깔끔함이 느껴지는가?

재귀 함수 예제: 몬드리안 작품

재귀 함수를 그림에 적용한 예제를 한번 살펴보자. 아래의 그림은 프로세싱 언어를 이용해서 몬드리안의 작품과 유사한 결과물을 생성하는 재귀 함수 기반의 프로그램이다.

본 프로그램은 아래의 사이트의 내용을 참고하였다. http://blog.makezine.com/2011/05/11/codebox-explore-recursion-with-processing

```
void piet(int x0, int y0, int x1, int y1, int N) {
    if (N == 0) { // 재귀 함수 종료 조건(basis condition)
        color c[] = { #ff0000, #00ff00, #0000ff, #ffff00, #ffffff};
        fill(c[int(random(c.length))]);
        strokeWeight(4);
        rect (x0,y0,x1-x0-3,y1-y0-3);
    }
    else {
        int i = int(random(x0,x1));
        int j = int(random(y0,y1));

        piet(x0, y0, i,  j,  N-1);
        piet(i,  y0, x1, j,  N-1);
        piet(x0, j,  i,  y1, N-1);
        piet(i,  j,  x1, y1, N-1);
    }
}

void setup() {
    size(400,400);
    piet(1,1,400,400, 2);
}
```

몬드리안 작품의 주된 색상을 팔레트로 보관하고 있다. RGB 각각 16비트씩으로 표현한다. 예를 들면, #ff0000은 빨간색, #00ff00은 녹색을 의미한다. 즉, color c[ ] 배열은 순서대로 빨간색, 녹색, 청색, 노란색, 흰색을 팔레트로 가진다.

팔레트에서 랜덤하게 색상을 선택한다.

사각형의 위치를 랜덤하게 정한다.

재귀 호출 부분. 1개의 사각형을 4개로 나눈다.

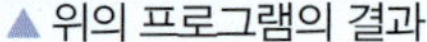

▲ 위의 프로그램의 결과

▲ 몬드리안의 원본 작품

재귀 함수 예제: 나무

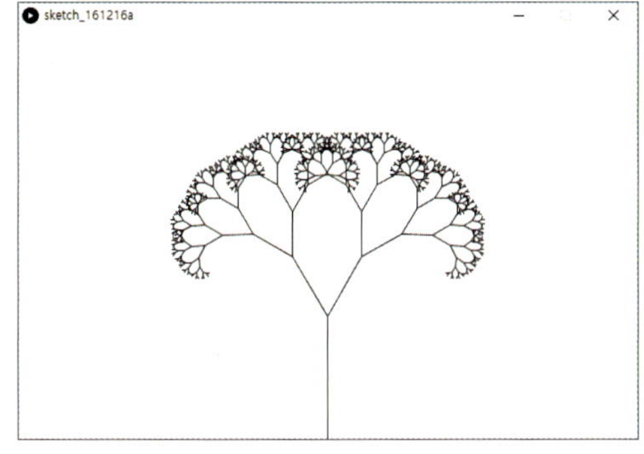

재귀함수에 대한 예제는 프로세싱 공식 사이트에 많이 있다. 아래의 페이지에 있는 프랙탈을 이용해서 나무를 그리는 코드를 간략하게 정리한 아래의 코드를 보자.

https://processing.org/examples/

```
float theta;
void setup() {
  size(600, 400);
}

void draw() {
  background(255);
  stroke(0);
  theta = 100;
  translate(width/2,height);
  line(0,0,0,-120);
  translate(0,-120);
  branch(100);
}

void branch(float h) {
  h *= 2.0/3.0;

  if (h > 2) {
     pushMatrix();
     rotate(theta);
     line(0, 0, 0, -h);
     translate(0, -h);
     branch(h);
     popMatrix();

     pushMatrix();
     rotate(-theta);
     line(0, 0, 0, -h);
     translate(0, -h);
     branch(h);
     popMatrix();
  }
}
```

가지가 벌어지는 각도

줄기의 길이를 2/3씩 줄여간다.

재귀함수 호출의 종료를 체크하는 부분이다. 줄기의 길이가 2보다 클 때만 그린다.

이 코드 부분이 나무의 왼쪽 줄기를 그리는 부분. pushMatrix( ), popMatrix( ) 함수를 사용함으로써 좌표축 변환을 요긴하게 사용하고 있다.

이 코드 부분이 나무의 오른쪽 줄기를 그리는 부분

재귀 함수 예제: 나무 응용

위의 나무를 그리는 재귀 함수를 조금 응용해보자. 앞에서 배웠던 변환(transform) 기법을 이용해서 3차원 느낌이 나는 작품을 만들어보자.

3차원으로 화면을 그리도록 한다.

```
void setup()
{
  size(600,600, P3D);
  smooth();
  noLoop();
}

void draw()
{
  background(255);
  strokeWeight(10);

  for(int i = -300; i<= 300; i+=80){
     pushMatrix();
     translate(width/2+i,height-20, i);
     branch(0);
     popMatrix();
  }

}

void branch(int depth){
  if (depth < 12) {
     line(0,0,0,-height/10);
     {
            translate(0,-height/10);
            rotate(random(-0.1,0.1));

            if (random(1.0) < 0.6){
                 rotate(0.3);
                 scale(0.7);
                 pushMatrix();
                 branch(depth + 1);
                 popMatrix();
                 rotate(-0.6);
                 pushMatrix();
                 branch(depth + 1);
                 popMatrix();
            }
            else {
                 branch(depth);
```

```
            }
        }
    }
    else
    {
        noStroke();
        fill(#FFBFF9,150);
        ellipse(0,0,random(100,300),random(100,300));
        stroke(0);
    }
}


void mouseReleased(){
    redraw();
}
```

CHAPTER

10

객체 지향 프로그래밍

CHAPTER

10 객체 지향 프로그래밍

지금부터는 새로운 프로그래밍 기법을 소개하는 부분이다. 이 부분을 잘 이해하면 조금 더 고급 프로그래밍을 할 수 있게 된다.

이 챕터는 객체 지향 프로그래밍(object-oriented programming: OOP)에 대한 개념을 소개한다. "7장. 필터 적용하기" 챕터에서 객체 지향 프로그래밍에 대한 간단한 설명이 있었지만, 여기서는 OOP를 조금 더 자세하게 배워보자.

다음 장에 '파티클'을 소개하고 있는데, 프로그램이 점점 길어지면서 객체 지향 방식으로 프로그래밍하면 더 체계적이기 때문에 여기서 OOP를 자세하게 설명하려는 것이다.

전체 챕터가 어렵더라도 [핵심] 부분은 최대한 이해하자.

객체 지향 프로그래밍은 쉽지 않은 개념이다. 그러나 그 중에서 가장 기본적인 내용만 이해하더라도 어느 정도 필요한 기능은 구현 가능하다. 그래서 이 책에서는 가장 중요한 부분은 [핵심] 으로 표시하였다. 그 부분은 꼭 이해하도록 하자.

절차적(PROCEDURAL) 프로그래밍과 객체 지향(OBJECT-ORIENTED) 프로그래밍 비교

이제까지의 프로그램들은 어떤 일을 수행하는 순서나 방법에 대해서만 고민했었다. 즉, 하려는 일과 관련된 명령어를 순서대로 나열하거나, 조금의 프로그래밍의 효율성을 위해서 조건문이나 반복문을 사용한 것이 전부였다. 이러한 일반적인 절차적 프로그래밍은 아래의 3가지의 제어 구조를 사용한다.

- 순차 수행(sequential)
- 조건 판단 수행(if…else…)
- 반복 수행(loop)

지금까지 소개했던 이러한 기법을 절차적(procedural) 또는 구조적 프로그래밍(structured programming) 기법이라고 하는데, 이는 프로그램을 기능별로 나눈 후, 각각을 부품처럼 나누어서(함수: functions) 프로그래밍한 후, 이들을 조합함으로써 최종적인 프로그램을 만드는 방법이다.

http://en.wikipedia.org/wiki/Structured_programming

프로그래밍에서는 일의 절차를 고민하는 '알고리즘'만큼이나 '자료 구조'도 아주 중요한 역할을 한다. 그렇지만 이러한 절차적 프로그래밍 기법에서는 자료 구조와 알고리즘이 분리되어 고려되기 때문에, 작은 규모의 프로그램을 작성할 때는 큰 문제가 없지만, 프로그램이 커질수록 문제가 생길 가능성이 많다.

자료 구조: 컴퓨터 프로그래밍에서 정말 중요한 부분이다. 우리가 요리를 할 때 신선한 재료가 음식 맛을 결정하는 중요한 요건이듯이, 프로그래밍에서는 사용하는 데이터들을 어떠한 형식으로 보관하고 사용하는지를 결정하는 '자료 구조'가 아주 중요하다.

객체 지향 프로그래밍(OOP: Object-Oriented Programming)은 점점 규모가 커지고 복잡해지는 프로그램을 효율적으로 개발하기 위한 프로그래밍 기법으로써, 데이터(자료 구조)와 그 사용법(알고리즘)을 뭉쳐서 생각한다. 즉, 데이터와 이를 다루는 알고리즘을 같이 묶어둔다.

http://en.wikipedia.org/wiki/Object-oriented_programming

이렇게 설명을 해도 자료 구조나 알고리즘에 대한 사전 지식이 없는 상황에서는 이 말의 뜻을 이해하기 쉽지 않을 수 있다. 이해되지 않는다면 일단 그냥 넘어가자.

객체 지향 프로그래밍 기본

[핵심] 클래스

일상 생활에서 객체(object)는 '특정한 의미를 가지는 어떤 대상'을 말하는데, 객체 지향 프로그래밍 기법에서의 '객체'는 데이터(자료 구조)와 절차(알고리즘)를 하나로 모은 것을 의미하고, 객체라는 개념을 프로그래밍 언어에서 지원해주는 기법이 클래스(class)다. 즉, 객체 지향 프로그래밍 기법에서는 클래스라는 개념을 이용해서 데이터와 절차를 통합해서 운영한다. 이때 클래스가 취급하는 데이터를 멤버 변수(member variables)라고 하고, 절차는 멤버 함수(member functions) 또는 메쏘드(methods)라고 한다.

즉, 데이터와 그 데이터를 사용하는 방법(절차)을 묶어서 관리하는 것이 클래스다.
- 데이터: 멤버 변수
- 절차: 멤버 함수

아래의 프로그램은 자동차를 위한 프로세싱 언어를 이용한 '절차적 프로그램'의 예제이다.

객체 지향 프로그래밍과 절차적 프로그래밍 소스의 차이를 전체적으로 한번 보자. 현재까지는 전체적으로 그 모양은 많이 다르지 않다. 그러나 차차 OOP의 장점을 느낄 수 있을 것이다. 천천히 공부해보자.

프로세싱은 기본적으로 자바로 변환되는 언어이다. 자바는 완전한 객체 지향 언어이지만, 프로세싱은 그러한 부분을 숨겨두고 있다. 즉, 프로세싱에서는 절차적 프로그래밍도 가능하다. 이런 의미에서 프로세싱은 C++ 언어를 더 많이 닮아있는 느낌이다.

자동차를 위한 절차적 프로그램 예제

```
int speed=0;
void speedUp(){
  speed++;
}

void speedDown(){
  speed--;
}

void setup(){
  speedUp();
  println( "Current Speed is "+ speed );
}
```

▲ 프로세싱을 이용한 절차적 프로그래밍 예제

다음은 위와 동일한 기능을 수행하는 프로세싱 언어를 이용한 객체 지향 프로그래밍의 예제다.

'Car'라는 클래스를 만들 때 자동차의 속성을 저장할 변수(멤버 변수)와 자동차의 조종법을 멤버 함수로 같이 명시한 후에, 자동차를 운전하고 싶으면 '자동차' 객체의 멤버 함수를 호출하는 방식으로 프로그래밍하는 방식이 객체 지향 프로그래밍 방식이다. 아직 이해가 어렵더라도 전체적인 모양을 눈에 익혀두자

객체 지향 프로그램 예제

```
class Car {
  int speed;
  Car() {
        speed = 0;
  }

  void speedUp(){
        speed++;
  }

  void speedDown(){
        speed--;
  }

  int getSpeed() {
        return speed;
  }
}

void setup(){
  Car myCar;
  myCar = new Car();

  myCar.speedUp();
  println( "Current Speed is "+ myCar.getSpeed() );
}
```

클래스(class) 정의의 시작

Car는 클래스의 이름이다. 객체의 특성을 저장하는 멤버 변수와 객체의 기능을 나타내는 멤버 함수로 구성된다.

멤버 변수다. 자동차의 속도를 저장한다.

생성자(constructor): 해당 클래스의 실제 인스턴스를 만들 때 수행되는 함수.

speed라는 멤버 변수를 다루는 알고리즘(절차)에 해당하는 멤버 함수(method)다.

여기서 myCar라는 변수는 Car 클래스의 인스턴스(instance)라고 한다. 이 문장은 객체 변수의 선언(declare)이다. 프로세싱에서는 자바 언어와 같이 클래스 형의 변수는 객체의 참조(reference) 변수다. 즉, myCar 변수를 통해서 사용하게 된다.

객체(클래스의 인스턴스)를 생성(create)한다. 선언(declare)과 생성(create)은 전혀 다른 개념이다. new Car( )에 의해서 생성된 객체를 myCar 변수로 사용하게 된다.

myCar라는 객체를 사용하기 위해서는 해당하는 객체의 멤버 함수를 호출한다.

▲ 프로세싱을 이용한 객체 지향 프로그래밍 예제

객체 지향 프로그래밍(OOP)가 절차적 프로그래밍보다 길이도 길고 더 복잡해 보인다. 이 예제는 간단한 예제이기 때문에 그런 것이데, 실제로 OOP는 규모가 큰 문제의 프로그래밍에서 더욱 장점이 발휘된다.

이제 OOP의 장점을 확인하기 위해서, OOP 프로그램에서 새로운 자동차 인스턴스를 하나 더 만들어보자. 객체 지향 프로그래밍에서는 클래스를 수정할 필요없이 간단하게 자동차 인스턴스를 하나 더 만들면 된다.

새로운 객체의 인스턴스를 만들려면 Car yourCar 라고 하면 된다. 수정된 부분은 음영으로 표시하였다.

아래의 예제는 Car 클래스는 그대로 두고, setup() 함수 부분만 수정하였다. .

yourCar 객체를 하나 더 추가할 때

```
…
…
void setup(){
  Car myCar, yourCar;

  myCar = new Car();
  yourCar = new Car();

  myCar.speedUp();
  println( "Current Speed is "+ myCar.getSpeed() );
  yourCar.speedUp();
  println( "Current Speed is "+ yourCar.getSpeed() );
}
```

▲ OOP 에서 변수 yourCar를 추가하려고 할 때

그러나 구조적 프로그래밍에서는 자동차 2대를 운용하려면, 기존의 프로그램 소스를 전체적으로 수정해야 한다. 경우에 따라서는 아주 프로그램 전체를 수정해야 하는 일이 발생할 수 도 있다.

이와 같이 절차적 프로그래밍에서는 프로그램을 수정할 때, 코드의 여러 부분을 수정해야 하는 불편함이 있다.

동일한 기능의 절차적 프로그램 예제

```
int myCarSpeed=0, yourCarSpeed=0;

void myCarSpeedUp(){
  myCarSpeed++;
}

void MyCarSpeedDown(){
  myCarSpeed--;
}

void yourCarSpeedUp(){
  yourCarSpeed++;
}

void yourCarSpeedDown(){
  yourCarSpeed--;
}

void setup(){
  myCarSpeedUp();
  println( "Current my Car Speed is "+ myCarSpeed );
  yourCarSpeedUp();
  println( "Current your Car Speed is "+ yourCarSpeed );
}
```

▲ 절차적 프로그래밍에서 객체의 인스턴스를 하나 더 추가하는 예제

[핵심] 클래스를 이용한 객체 지향 프로그래밍 절차 소개

클래스 개념을 사용한 OOP 프로그래밍은 일반적으로 다음과 같은 절차를 밟는다.

1. 클래스 정의: 클래스 정의하기(definition)
2. 인스턴스 선언: 클래스 형의 인스턴스 변수 선언(declaration)
3. 인스턴스 생성: 클래스의 객체 인스턴스 생성하기(instantiation)
4. 객체 사용: 객체 인스턴스 사용하기(use)

사실 위와 같은 과정은 절차적 프로그래밍에서 기본 변수들을 사용하는 과정과 유사하다. 예를 들어서 정수형 변수를 사용하려는 경우는 다음과 같이 한다.

1. 변수 선언 및 생성: int i; → 정수형 변수의 인스턴스를 생성한다.
2. 변수 사용: i = 10; → 해당 변수를 사용한다.

배열 변수를 사용하는 과정도 한번 살펴보자.

1. 배열 변수 선언: int [ ] bricks; → 배열 변수를 선언하는 문장이다.
2. 배열 변수 생성: bricks = new int [10]; → bricks 배열 변수에 10칸 자리 방을 생성하는 문장이다.
3. 변수 사용: bricks[0] = 100; → 첨자(index)를 이용하여 배열 변수를 사용하는 문장이다.

클래스 정의

이제 OOP에 대해서 차근 차근 하나씩 알아보자. 클래스는 아래와 같은 형식을 가진다. 일반적으로(꼭 지켜야 하는 것은 아니지만…) 프로세싱에서는 클래스의 이름은 대문자로 시작하게 작성한다. 클래스의 이름도 일반적인 식별자(identifiers)처럼 숫자로 시작하지 않는 등의 몇 가지 조건을 지켜야 한다.

> 위에서 OOP에 대해서 하나의 예제(Car 클래스)를 통해서 설명하였지만, 아직 OOP 개념을 이해하기는 쉽지 않았을 것이다. 지금부터 차근 차근 알아보자.

> 이는 프로그래밍 언어 자체에서 정수형 변수 형(type)을 이미 정의해 두었기 때문에 바로 사용 가능한 것이다
> 클래스를 만든다는 것은 새로운 타입(type)을 만드는 것이다. 정수형 타입은 이미 정의되어 있기 때문에 따로 정의할 필요없이 바로 사용할 수 있다.

> 배열 또한 자바나 프로세싱에서는 참조형 변수이다. 실제 변수 값을 가지는 것이 아니라 실제 값을 참조(refer)하는 변수라는 의미이다.

> 프로세싱에서 기본적으로 제공하는 데이터 타입은 아래와 같은 자료형은 모두 소문자로 시작된다.
> - boolean
> - byte
> - char
> - color
> - double
> - float
> - int
> - long
>
> 그러나 그림 파일을 조작하기 위해서 사용하는 클래스로 제공되는 자료형 PImage, 폰트를 사용하기 위한 PFont와 같은 타입은 클래스로 제공되기 때문에 타입명이 대문자로 시작한다. 우리도 이 규칙을 따르도록 하자.

클래스의 바디에는 클래스에서 사용할 대상들을 적어주면 된다. 클래스 내부의 함수를 클래스의 멤버 함수(member functions)라고 하고 내부 변수를 멤버 변수(member variables)라고 한다.

[형식]	[예제]

class Something {
 	
  member 변수 정의...
  ...
 	
  member 함수 정의....
  ...
}
	class Car {
	
	  int speed;
	
	  int speedUp() {
	    speed++;
	  }
	}

클래스의 객체 인스턴스 생성

위에서 클래스를 하나 정의하였다. 이제 아래와 같은 형식으로 해당하는 클래스의 객체를 만들 수 있다. 아래와 같이 new라는 명령어로 클래스의 객체 인스턴스를 만들 수 있다.

[형식] 클래스이름 객체이름 = new 클래스이름( );

[예제] Car myCar = new Car( );

기존에 C++나 Java 언어를 배운 사람은 C++에서의 객체 생성과 Java의 객체 생성의 차이점을 명확하게 할 필요가 있다. C++ 언어에서는 Car myCar; 라고 선언하면 myCar 변수 자체가 객체이다.

그러나 Java에서는 Car myCar의 myCar는 레퍼런스 변수이다. 즉 새롭게 객체를 new를 통해서 생성하고, 그 객체를 myCar라는 변수를 통해서 사용하는 것이다. 프로세싱도 Java와 동일하다.

객체 인스턴스 사용

아래와 같은 형식으로 객체의 인스턴스를 사용할 수 있다. 객체의 인스턴스를 사용하기 위해서는 객체 이름과 그 객체의 멤버 함수 또는 멤버 변수 사이에 dot(.)을 표시하면 된다.

[형식]	[예제]
객체이름.멤버함수( );	myCar.speedUp( );
객체이름.멤버변수;	myCar.speed;

멤버 함수를 사용하는 경우이다. 함수 호출 시에는 괄호를 꼭 사용한다.

멤버 변수를 사용하는 경우다.

[핵심] 멤버 함수를 가진 가장 간단한 예제

아래의 프로그램은 사각형을 화면에 그리는 절차적 프로그램이다. 간단하게 사각형을 하나 그리는 함수를 정의하고 이를 setup( ) 함수에서 호출하는 프로그램이다.

```
void setup() {
  drawRectangle();
}

void drawRectangle() {
  rect(20, 50, 10, 10);
}
```

이 프로그램을 OOP 개념을 기반으로 재구성 해보자. 아래의 프로그램은 OOP의 장점을 잘 살리지는 못한 예제이기는 하지만, OOP의 첫 도입부로는 딱 알맞은 예제이다. 아래의 예제는 클래스가 멤버 함수 하나만 가지는 경우이다.

```
class Rectangle {
  void drawRectangle(){
     rect(20, 50, 10, 10);
  }
}

void setup(){
  Rectangle myRectangle = new Rectangle();
  myRectangle.drawRectangle();
}
```

지금부터 10여쪽에 걸쳐서 조금씩 예제를 추가해가면서 본격적으로 OOP를 배워보자. 여기의 내용은 아래의 사이트를 참고하였다.
http://p5.chronotext.org/tutorials/motion_oop/

물론 아래와 같이 해도 된다.
void setup() {
  rect(20, 50, 10, 10);
}
그렇지만 여기서는 차근 차근 객체 지향 프로그래밍의 개념을 소개하기 위해서 별도의 함수 drawRectangle( )을 만들었다

클래스의 기본 형식은 다음과 같다.
class 클래스이름
{
  클래스에 속한 변수 또는 함수 정의
}

클래스의 인스턴스(instance)를 만드는 문장이다. 여기서는 변수의 선언과 생성을 같이 하고 있다.
클래스는 **"빵 틀"**이다. 빵을 만들려면 이 빵 틀에서 실제로 하나의 빵을 구워서 만들어 꺼내야 한다. 이렇게 만들어진 빵이 인스턴스이다. 인스턴스를 또 다른 말로 객체(object)라고 한다.

인스턴스에 어떤 동작을 명령하는 명령문이다. "인스턴스 이름 + dot(.) + 멤버 함수"와 같이 사용하면 된다.

[핵심] 멤버 변수를 추가하자

위의 프로그램을 조금 수정해 볼 텐데, 먼저 아래의 절차 지향 프로그램을 한 번 살펴보자. 화면에 그려지는 사각형의 위치를 변경하기 위해서 위치를 나타내는 전역 변수 x, y를 사용하고, 이 변수 x, y로 설정된 좌표에 직사각형을 그리는 프로그램이다. 그 다음의 동일한 기능의 OOP 프로그램과 비교해보자.

전역 변수(global variables): 어떠한 함수나 블록(block, 중괄호로 묶인 영역)에도 포함되지 않는 변수

절차 지향 프로그램

```
float x;
float y;

void drawRectangle() {
  rect(x, y, 10, 10);
}

void setup() {
  x = 50;
  y = 70;
  drawRectangle();
  println( "X Pos: "+ x +"Y Pos: " + y );
}
```

객체 지향 프로그램

```
class Rectangle {
  float x;
  float y;

  void drawRectangle() {
     rect(x, y, 10, 10);
  }
}

void setup(){
  Rectangle myRectangle = new Rectangle ();
  myRectangle.x = 50;
  myRectangle.y = 70;

  myRectangle.drawRectangle();
  println( "X Pos: " + myRectangle.x + "Y Pos: " + myRectangle.y );
}
```

멤버 변수를 정의하는 부분이다. 이 예제와 같이 클래스는 변수와 함수를 특정 이름으로 묶은 것을 의미한다.

멤버 변수의 사용시에도 dot(.)를 사용하면 된다. 이와 같은 문장은 myRectangle 객체의 x 좌표 멤버 변수를 사용하는 문장이다.

[핵심] 도형을 2개 그리는 경우

아래의 프로그램을 비교해보자. 아주 간단한 수정이지만 객체 지향 프로그래밍의 장점을 눈으로 확인할 수 있을 것이다. 이와 같이 OOP의 장점은 프로그램의 수정이 쉽다는 점이다.

이제 실질적인 OOP 개념을 이해하기 위해서, 위의 프로그램을 수정하여 Rectangle 도형을 1개 더 추가해서 총 2개를 그려보자. 아래와 같이 절차 지향 프로그램에서는 새로운 인스턴스를 만들기 위해서 필요한 변수들을 일일이 만들어야 한다. 그러나 객체 지향 프로그램에서는 해당하는 객체의 인스턴스만 새롭게 만들어주면 된다.

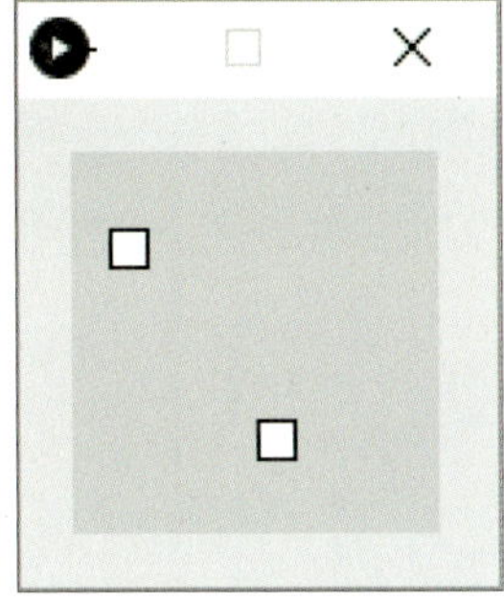

이러한 점이 객체 지향 프로그래밍의 장점 중에 하나다.

음영으로 표시한 부분들이 수정한 부분이다.

절차 지향 프로그램

```
float x;
float y;
float secondx;
float secondy;

void setup() {
  x = 50;
  y = 70;
  secondx = 10;
  secondy = 20;
  drawRectangle();
  drawSecondRectangle();
}

void drawRectangle() {
  rect(x, y, 10, 10);
}

void drawSecondRectangle() {
  rect(secondx, secondy, 10, 10);
}
```

객체 지향 프로그램

```
class Rectangle {
 float x;
  float y;

  void drawRectangle() {
     rect(x, y, 10, 10);
  }
}

void setup() {
  Rectangle myRectangle = new Rectangle();
  Rectangle secondRectangle = new Rectangle();

  myRectangle.x = 50;
  myRectangle.y = 70;
  myRectangle.drawRectangle();

  secondRectangle.x = 10;
  secondRectangle.y = 20;
  secondRectangle.drawRectangle();
}
```

[핵심] 생성자(CONSTRUCTOR)를 사용하자

생성자(constructor): 생성자도 멤버 함수이다. 생성자의 이름은 클래스의 이름과 동일하며 별도의 return 타입이 없다. 이 생성자는 새로 만든 인스턴스의 위치를 초기화하고 있다.

생성자(constructor)는 객체의 인스턴스를 생성할 때 자동으로 호출되는 함수이다. 즉, 생성자란 해당하는 클래스의 객체(변수)를 만들 때 자동으로 수행되는 함수라는 말이다.

클래스의 멤버 변수 x와 생성자의 파라미터가 동일한 이름인 x를 사용하고 있어서, 이를 구분하기 위해서 this.x라고 하면 이는 파라미터 x가 아닌 클래스의 멤버 변수 x를 의미하게 된다.

아래와 같이 수정해도 된다.

```
Rectangle(int tx, int ty)
{
  x = tx;
  y = ty;
}
```

이전의 프로그램에서는 생성자라는 개념을 사용하지 않아서 아래와 같이 불편하게 멤버 변수 값을 설정했었다.

```
Rectangle myRect = new Rectangle();
myRect.x = 50;
myRect.y = 70;
```

이제 생성자를 통해서 객체를 생성함과 동시에 멤버 변수값을 초기화 할 수 있다.

```
class Rectangle {
  float x;
  float y;

Rectangle(int x, int y) {
  this.x = x;
  this.y = y;
}

void drawRectangle()  {
    rect(x, y, 10, 10);
}


void setup(){
    Rectangle myRectangle = new Rectangle(10, 10);
    myRectangle.drawRectangle();
}
```

사각형을 100개 만들어보자

이제 본격적으로 클래스를 사용해볼 텐데, 그 전에 아래의 예제 프로그램으로 프로세싱 환경에서 어떻게 클래스가 동작하는지 조금 더 자세하게 알아보자.

프로세싱 프로그램은 아래의 순서로 수행된다.

1. 전역 변수 값 초기화: 전역 변수로 선언된 변수들의 값이 초기화 된다.
2. setup( ): setup() 함수가 한번 수행된다.
3. draw( ): draw() 함수가 프로그램이 종료될 때까지 반복 수행된다.

위에서 설명한 프로세싱 프로그램의 수행 순서를 아래의 프로그램 예제를 통해서 확실히 알아보자. 아래의 프로그램을 실행하면 어떤 숫자들이 출력될까?

```
int i = 100;

void setup() {
  println(i);
  i = 10;
  println(i);
}


void draw() {
  i+=1;
  println(i);
}
```

▲ 프로세싱 프로그램 수행을 이해하기 위한 예제

이 프로그램을 실행시키면 아래의 순서대로 출력된다.
100
10
11
12
13
…
…

이 시점에서 한번 생각해보자. 옆의 프로그램은 크게 3부분으로 나눌 수 있다.
1. 전역 변수 선언 부분
2. setup() 함수
3. draw() 함수

이 3가지 중 가장 먼저 수행되는 부분은 어딜까? 전역 변수 선언 부분이다.

전역 변수를 선언한다는 말은 해당 하는 변수를 메인 메모리 상에 물리적으로 자리를 잡아주고, 덤으로 프로세싱에서는 값을 '0'으로 초기화 해준다.

본격적으로 사각형을 100개 그려보자. 사각형 100를 아래와 같이 일일이 변수들을 선언하는 것은 너무 힘들다. 1~2개 정도라면 이렇게 할 수 도 있겠지만 100개는 너무 많다.

```
Rectangle firstRectangle = new Rectangle ();
Rectangle secondRectangle = new Rectangle ();
Rectangle thirdRectangle = new Rectangle ();
…
…
…
```

앞에서 배운 배열을 당연히 클래스에도 사용할 수 있다.

이런 경우에는 아래와 같이 객체들의 배열 변수를 사용하면 된다.

아래의 프로그램을 완벽하게 이해할 수 있다면 클래스의 대부분을 이해하였다고 봐도 무방하다. 이 프로그램을 사용하려면 이전 페이지에서 만든 Rectangle 클래스도 함께 포함해야한다. 보통은 PDE에서 Rectangle 클래스를 하나의 탭에서 코딩하고, 지금 이 부분을 보통 main이라는 이름으로 별도의 탭에 코딩한다.

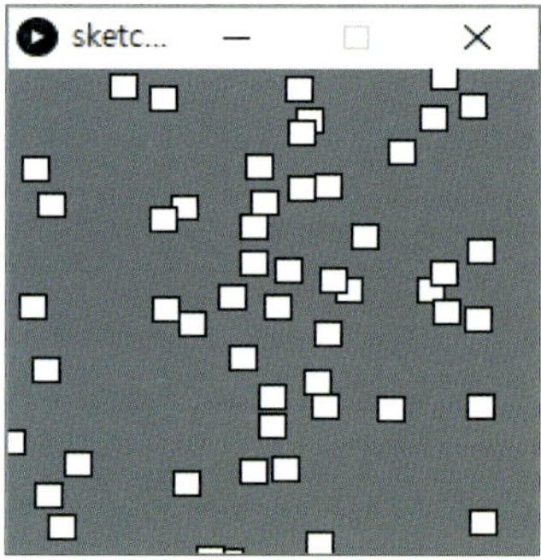

```
class Rectangle {
  float x;
  float y;

  Rectangle(int x, int y) {
     this.x = x;
     this.y = y;
  }

  void drawRectangle()  {
     rect(x, y, 10, 10);
  }

  void move() {
     x += random(-10, 10);
     y += random(-10, 10);
  }
}
```

```
Rectangle[] myRectangles;

void setup() {
  size(200, 200);

  myRectangles = new Rectangle [100];

  for (int i = 0; i < 100; i++) {
     myRectangles[i] = new Rectangle( int(random(0, 200)), int(random(0, 200)));
  }
}

void draw() {
  background(127);

  for (int i = 0; i < 100; i++) {
     myRectangles[i].move();
     myRectangles[i].drawRectangle();
  }
}
```

Rectangle 클래스 배열의 참조형 변수(reference variable)를 생성(create)한다.

new를 통해서 배열 변수를 생성한다. 실제로 배열의 크기를 정하고 메모리를 확정해서 할당한다는 의미이다. 이 배열 객체를 앞에서 선언한 참조형 변수에 할당한다.

아래의 문장들은 배열 변수 선언과 배열 변수 생성을 차례로 수행하는 문장이다.

```
int [] myArray;
myArray = new int [100];
```

이와 동일한 일을 아래와 같은 문장으로 배열 변수를 선언함과 동시에 배열의 메모리 공간을 할당할 수도 있다.

```
int [] myArray = new int [100];
```

배열 내의 각 항목의 값을 Rectangle 클래스의 생성자를 이용해서 랜덤하게 사각형들의 위치를 초기화하는 부분

각 Rectangle 객체를 움직이고 그려준다.

함수의 오버로딩(overloading)

자바에서는 오버로딩에서 함수의 반환형(return type)은 고려대상이 아니다.

함수의 오버로딩은 동일한 이름의 함수인데 파라미터의 개수나 타입을 달리 함으로써 다양한 기능을 수행할 수 있도록 하는 기능이다.

이제까지 별도로 설명은 하지 않았지만 우리는 이미 프로세싱의 초반부에 함수의 오버로딩 기능을 사용하고 있었다. 예를 들면, 아래와 같은 fill( ) 함수를 사용할 때 파라미터의 개수를 달리함으로써 다양한 기능을 수행할 수 있었다. 즉, 동일한 이름이지만 파라미터를 달리 함으로써 기능을 달리 하는 이러한 기능을 함수의 오버로딩이라고 한다.

```
fill(255); //흑백으로 색상 지정
fill(255, 0, 0); //컬러로 색상 지정
fill(0, 0, 255, 100); //컬러에서 투명도 지정
```

생성자도 당연히 함수이다. 그러면 생성자를 오버로딩해보자. 아래에서 앞의 Rectangle 클래스와 유사하게 Square 클래스를 만들어보자.

파라미터 2개(정사각형의 왼쪽 상단의 위치)를 가진 생성자

파라미터 3개(정사각형의 위치와 크기)를 가진 생성자

생성자의 파라미터가 2개이다. 따라서 첫 번째 생성자가 호출된다. 이 다음 문장은 두 번째 생성자를 호출한다. 이 처럼 파라미터의 개수와 타입에 따라서 오버로딩된 함수 중에 적합한 함수가 수행된다.

```
class Square {
  float x;
  float y;
  int size;

  Square(int x, int y) {
     this.x = x;
     this.y = y;
     this.size = 10;
  }

  Square(int x, int y, int size) {
     this.x = x;
     this.y = y;
     this.size = size;
  }

  void drawSquare() {
     rect(x, y, size, size);
  }
}

void setup() {
  Square mySquare1 = new Square(10, 10);
  Square mySquare2 = new Square(30, 30, 50);

  mySquare1.drawSquare();
  mySquare2.drawSquare();
}
```

▲ 생성자 오버로딩

상속(inheritance)

상속(inheritance)은 객체 지향 프로그래밍의 가장 중요한 특성 중의 하나다. 앞에서 예를 들었던 "Car" 클래스를 만들고 이로부터 상속 받아서 "Bus" 클래스를 만드는 경우를 생각해보자. Car 클래스는 멤버 변수로 speed만을 가지며, Bus 클래스는 추가로 capacity 멤버 변수도 가지고 있다.

> 상속(inheritance): OOP의 장점 중 하나인 코드의 재 사용성을 높일 수 있는 중요한 개념 중의 하나이다.

Car 클래스

```
class Car {
  int speed;

  Car(){
    speed = 0;
  }

  void speedUp() {
    speed++;
    println("Car Speed Up");
  }

  int getSpeed(){
    return speed;
  }
}
```

Bus클래스

```
class Bus extends Car {
  int capacity;

  Bus(int capacity){
    super();
    this.capacity = capacity;
  }

  void speedUp() {
    speed++;
    println("Bus Speed Up");
  }

  int getCapacity() {
    return capacity;
  }
}
```

> 상속받음을 의미한다. 여기서 Car 클래스를 super class, Bus 클래스를 sub class라고 한다. 프로세싱에서는 하나의 부모에서만 상속 받을 수 있다.

> 새롭게 sub class에서 추가된 멤버 변수이다. 그렇지만 여전히 super class의 멤버 변수도 사용할 수 있다.

> super class의 생성자를 호출하는 함수이다. super() 함수는 부모 클래스의 생성자 함수(constructor)를 호출해준다.

> super class의 동일 이름의 멤버 함수를 변경한다. 함수의 오버라이딩이다.

> 새로운 멤버 함수를 정의한다. 이처럼 완전히 새로운 멤버 함수를 추가할 수 도 있다
> 상속에서 여러 분이 알아야하는 내용은 다음과 같다.
> - 상속 받는 법: extends 명령어
> - 하위 클래스에서 상위 클래스의 멤버 함수를 수정하는 법
> - 하위 클래스에서 새로운 멤버 함수를 추가하는 법
> - 하위 클래스에서 새로운 멤버 변수를 추가하는 법

▲ 상속의 예제

참고

클래스의 중요한 개념인 인터페이스(interface), 다형성(polymorphism) 등의 개념은 이 교재에서는 자세히 다루지 않기로 한다. 중요한 개념이지만 일반적으로는 프로그래밍 초심자들은 잘 사용하지 못하는 개념이기도 하기 때문이다.

다음은 Car 클래스와 Bus 클래스를 사용하는 예제다. 아래의 프로그램을 실행하면 어떤 결과가 나오는지 실제로 확인해보자.

Setup() 함수

프로세싱에서는 C++이나 Java와 다르게 클래스 내부에서 접근 제어 지시자(private, public, protected)를 사용할 수 없다. 지금은 이 말이 이해되지 않는다면 그냥 넘어가자. 모든 멤버 함수와 멤버 변수는 외부에서 다 볼 수 있다.
외부에서 볼 수 있다는 말은 지금처럼 클래스의 밖(현재는 setup( ) 함수 내부)에서 클래스 안의 멤버 변수나 함수를 사용한다는 말이다.

c1.speed과 c1.getSpeed( )는 동일한 기능을 한다.

Bus 클래스의 speedUp( ) 함수는 Car 클래스의 speedUp( ) 함수와 다르다.

여전히 super class의 멤버 변수와 멤버 함수를 사용할 수 있다.

```
void setup() {
  Car c1 = new Car();
  Bus b1 = new Bus(30);

  c1.speedUp();

  println( c1.speed );
  println( c1.getSpeed() );

  b1.speedUp();

  println( b1.speed );
  println( b1.getSpeed() );


  println( b1.capacity );
  println( b1.getCapacity() );
}
```

▲ setup( ) 함수 예제

객체 지향 프로그래밍의 주요 개념

객체 지향 프로그래밍이 대규모 프로그램을 작성할 때의 가지는 장점을 구체적으로 정리해보자.

- 캡슐화(encapsulation)와 은닉성(hiding): 클래스(class)로 구현함으로써 데이터와 알고리즘 구현의 상세한 부분을 숨길 수 있다. 각각의 멤버 변수와 멤버 함수들에게 엑세스 지정자(public 또는 private 등)를 사용함으로써 외부에서 클래스 안의 정보를 직접 접근할 수 없도록 막는 것을 캡슐화 또는 은닉화라고 한다. 이러한 캡슐화를 통해서 실제로 객체를 사용하는 단계에서는 객체의 멤버 함수가 어떻게 수행되는지(how to)는 몰라도, 어떤 기능(what)을 수행하는 지만 알면 된다. 이렇게 캡슐화를 제공하는데 사용되는 구성 요소를 클래스(class) 라고 한다.
- 상속(inheritance): 여러 단계에 걸친 계층성을 쉽게 구현할 수 있도록 하나의 클래스가 다른 클래스로 데이터와 알고리즘을 상속할 수 있다. 이것도 상당히 중요한 요소인데, 자동차에 대한 클래스를 만들고, 자동차 종류 중에도 세부적으로 다른 사항들(예를 들면 전륜 구동, 후륜 구동, 바퀴의 수 등)은 자동차 클래스를 상속받아 이를 조금 개량해서 사용하는 방식을 상속이라고 한다.
- 다형성(polymorphism): 다형성이라는 개념은 OOP에서 아주 이해하기 어려운 개념이어서 실제 프로그래밍에서는 초보자들이 잘 사용하지 못하는 기능이다. 실제는 유용하고 아주 큰 개념이지만 사용하기 좀 어렵기 때문에 아래에서는 간단한 경우만을 예를 들어 설명해보자. 다형성의 간단한 경우로는 오버로딩과 오버라이딩이라는 개념이 있다.
  - 오버로딩(overloading): 동일한 함수나 연산자가 자료의 형식에 따라 다르게 동작하도록 하는 기능을 말한다. 예를 들면 3+4와 3.0+4.0은 정수의 덧셈과 실수의 덧셈이라는 분명하게 다른 기능을 수행한다. 즉 연산자의 모양은 동일하지만 피 연산자의 형태에 따라서 다른 동작을 수행하는 것을 말한다. 함수 또한 동일하다. 프로세싱 언어에서 background(255)와 background(255,255,255)는 하나는 그레이 색상, 하나는 컬러 색상으로 처리한다는 의미에서 다른 기능을 수행하지만 의미상으로는 동일한 역할을 수행하는 함수의 오버로딩이다.
  - 오버라이딩(overriding): 클래스의 상속 시에 부모 클래스가 가진 메쏘드와 동일한 이름을 자식 클래스에 정의하도록 허락하는 기능을 말한다.

이렇게 객체 지향 프로그래밍은 "상세한 세부적인 구현 내용으로부터 논리적인 관점을 분리"할 수 있다는 장점이 있다.

실제로 프로세싱에서는 public이나 private와 같은 엑세스 지정자를 지원하지 않는다. 이로써 조금 간편하다고 느낄 수 있다. 그리고 프로세싱에서는 이러한 단점을 조금의 조심성으로 극복할 수 도 있다.

오버로딩(overloading)과 오버라이딩(overriding)은 다른 개념이다.

일상 생활에서는 정수 사이의 덧셈과 실수 사이의 덧셈이 별도 다르지 않게 느껴지지만, 컴퓨터 내부에서는 아주 다른 방식으로 덧셈이 이루어진다.

CHAPTER 11

파티클 (PARTICLES)

CHAPTER

11 파티클(PARTICLES)

아래의 그림처럼 하늘에서 터지는 폭죽, 연기 등의 효과를 구현하는 기법이 파티클(particles)이다.

이번 챕터에서는 프로그래밍을 이용한 아름다운 그래픽 효과를 내기 위해서는 수학적인 부분이 꼭 필요하다는 것을 강조하고 싶다. 수학은 자연 현상을 정리된 식으로 설명하기 위해서 시작된 학문이다. 따라서 잘 정의된 수학적인 표현을 사용하면 의외로 현란한 효과들이 쉽게 구현된다는 것을 보이고 싶다.

수학과 관련된 프로세싱 부분은 별도의 책으로 다시 기술하고 싶은 좋은 주제이다. 수학을 배우기 어려워하는 많은 이유가 수학에서 사용하는 많은 개념들이 실제 머리 속에서 그림으로 그려지지 않기 때문이다.

반복적인 계산 훈련은 수학이 필요로 하는 사고의 틀을 정지시켜 버리는데, 수학적인 개념을 머리로 이해하고 이를 활용할 수 있기 위해서는 그림으로 연상할 수 있는 도구를 사용하는 것이 좋은 대안이 될 수 있기 때문이다. 게임을 제작하거나 다양한 화면 효과를 만들고 싶은 사람은 수학을 공부해보자.

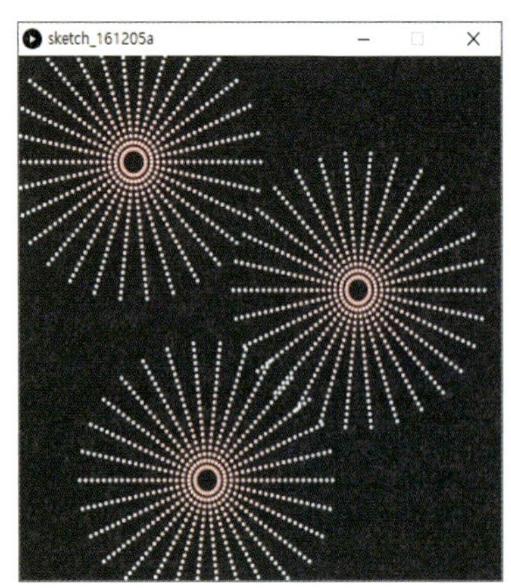

파티클을 구현하기는 쉽지 않다. 왜냐하면 그림처럼 중심에서 퍼져나가는 파편 하나 하나의 위치와 속도, 방향 등을 모두 변수에 기억하고 있어야 하기 때문이다.

이제부터 차근 차근 공부해보자.

ArrayList 자료 구조 사용법

하늘에 펼쳐지는 폭죽 같은 현상을 구현할 때 파티클(particles) 기법을 많이 사용한다. 여러 파티클을 관리하기 위해서, 여러 변수들을 사용하려면 1차원 배열을 사용할 수도 있지만, 조금 더 고급 기법을 사용해보자.

아래의 파티클 프로그램에서는 ArrayList라는 프로세싱에서 기본적으로 제공되는 클래스(자료형)를 사용하였다. 물론 본인이 직접 구현할 수도 있지만 ArrayList는 가변(variables) 길이의 객체를 저장할 수 있는 자료 구조이며, 동적으로 아이템을 추가하거나 삭제할 수 도 있어서 편하다.

배열(array)은 크기가 정적으로 고정되지만, ArrayList는 길이를 가변할 수 있다. 이런 편리한 점은 있지만 속도가 array보다 조금 느려질 수 있다는 단점이 있다.

본격적으로 파티클 프로그램의 소스 코드를 보기 전에, 이 ArrayList를 이용하여 여러 개의 Ball을 움직이는 프로그램을 작성해보자. 이 프로그램을 실행하면 마우스로 클릭하는 곳에 원이 생성되어 랜덤하게 움직이다가 일정 시간이 지나면 사라지는 프로그램이다.

아래의 프로그램은 Ball 클래스 정의와 이를 사용하는 파일 2개로 나누어서 코딩을 할 것이다. 아래의 그림 처럼 PDE의 편집 창 2개에 나누어서 코딩하자.

이때 주의하자!!!!
현재 클래스의 이름이 Ball이다. 이 파일을 이름을 Ball과 다르게 해야 한다. 그래서 본 교재에서는 소문자로 ball이라고 파일 이름을 정했다.
자세하기 설명하기 쉽지 않은데, 프로세싱으로 작성한 프로그램은 전체적으로 하나의 클래스로 작성된다. 여기서는 탭의 이름에 따라서 ball이라는 클래스의 내부 클래스(inner class)로 Ball이라는 클래스가 정의되기 때문에, 이 두 클래스의 이름이 동일하면 안되기 때문이다.

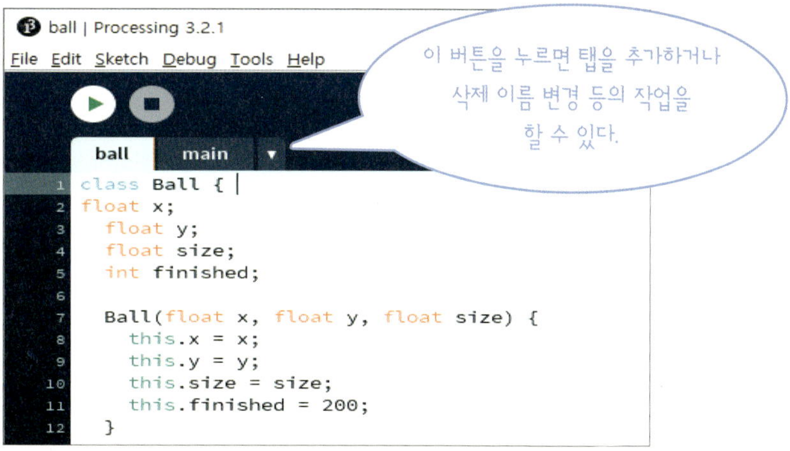

ball | Processing 3.2.1

File Edit Sketch Debug Tools Help

ball | main

이 버튼을 누르면 탭을 추가하거나 삭제 이름 변경 등의 작업을 할 수 있다.

```
class Ball {
float x;
  float y;
  float size;
  int finished;

  Ball(float x, float y, float size) {
    this.x = x;
    this.y = y;
    this.size = size;
    this.finished = 200;
  }
```

아래는 Ball 클래스다. 멤버 변수와 멤버 함수를 눈여겨 살펴보자.

이 소스 프로그램은 아래의 사이트에서 참고하였다. http://www.processing.org/reference/ArrayList.html

화면에 그려질 Ball 클래스이다. 볼이 랜덤하게 움직이면서 수명이 조금씩 줄어들고, 일정 시간이 지나면 사라지게 된다. 그렇게 어렵지 않은 코드이다. 스스로 알아보자.

생성자

볼을 랜덤하게 움직인다.

life가 끝났는지를 체크한다. boolean 자료형은 true 또는 false 값을 가진다.

공을 화면에 그린다.

```
class Ball {
  float x;
  float y;
  float size;
  int life;

  Ball(float x, float y, float size) {
    this.x = x;
    this.y = y;
    this.size = size;
    this.life = 200;
  }

  void move() {
    x = x + random(-5, 5);
    y = y + random(-5, 5);
    x = constrain(x, 0, width);
    y = constrain(y, 0, height);
    life--;
  }

  boolean finished() {
    if ( life <= 0) return true;
    else return false;
  }

  void draw() {
    fill(255);
    ellipse(x, y, size, size);
  }
}
```

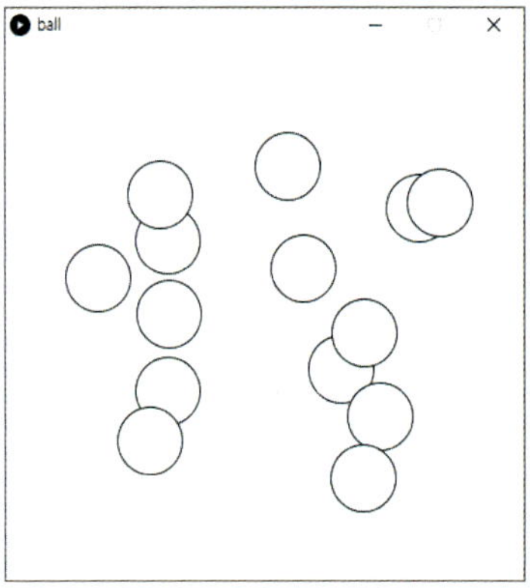

▲ ball.PDE 파일

다음은 위의 Ball 클래스를 이용하여 만들어지는 Ball 인스턴스를 ArrayList 자료 구조로 관리하고 있다. 아래 코드는 ArrayList라는 자료형을 사용한다. ArrayList와 관련되어 많이 사용되는 멤버 함수들은 다음과 같다.

- size(): 아이템의 개수
- add(object): 아이템 추가
- remove(int i): 아이템 삭제
- get(int i): i 번째 아이템 접근

```
ArrayList balls;

void settings() {
  size(400, 400);
}

void setup() {
  balls = new ArrayList();
}

void draw() {
  background(255);

  for (int i = balls.size()-1; i >= 0; i--) {
     Ball ball = (Ball) balls.get(i);
     ball.move();
     ball.draw();
     if (ball.finished()) {
            balls.remove(i);
     }
  }
}

void mousePressed() {
     balls.add(new Ball(mouseX, mouseY, 50));
}
```

Ball 클래스의 객체들을 담을 수 있는 ArrayList 객체를 balls라는 이름의 변수로 선언한다.

settings( ) 라는 함수는 setup( ), draw( ) 함수와 유사한 함수다. 프로그램 시작 시점에 프로그램 설정과 관련된 코딩을 하는 함수이다.
이 코드에서는 size(400, 400); 함수를 setup() 함수 내부에 적으면 사용할 수 없다는 에러가 뜬다. 아마도 프로세싱의 버그가 아닌가 한다. 그래서 settings( ) 함수 내부로 옮겼다.

ArrayList 객체를 생성한다.

계속 반복적으로 ArrayList에 저장된 Ball들을 그려준다.

ArrayList안의 모든 Ball 객체를 그려주고 움직여준다.

마우스를 클릭한 위치에 Ball 인스턴스를 생성해서, balls라는 ArrayList에 추가(add) 한다.

▲ main.PDE 파일

프로그램을 실행한 후, 마우스로 화면을 클릭해보자. 클릭한 곳에 원이 생기고, 랜덤하게 움직이다가, 일정 시간이 지나면 없어진다. 이 프로그램을 이해하기는 쉽지 않다. OOP에 대한 개념이 완전하기 이해되지 않았으면 더 힘들 것이다. 그렇지만, 이 코드를 이해하면 다음의 파티클 관련 코드를 더 쉽게 이해할 수 있을 것이다.

파티클 구현

파티클을 위한 본 교재의 소스 코드는 프로세싱 공식 사이트에서 큰 틀을 빌어왔다. http://processing.org/learning/topics/simpleparticlesystem.html

옆의 그림을 보자 마우스로 클릭한 위치를 중심으로 폭죽의 파편이 번져가는 효과를 연출한다. 아래는 ArrayList를 이용한 파티클 효과의 코드다. 마우스를 클릭한 곳에 폭죽 효과가 나타난다.

파티클을 저장하기 위해 ArrayList 구조를 사용하였다.

이 주석을 없애면 어떻게 될까?

마우스 클릭한 곳에 새로운 파티클 생성

총알이 터지는 순간에 파티클들을 만든다. 마우스가 클릭된 위치를 파라미터로 받는다.

파티클의 개수

360도로 퍼지는 입자를 만들기 위해서 각도 증가량을 조정

360도 돌아가면서 파편의 방향과 거리가 계산된다.

아래 2문장을 추가하면 파편이 날아가는 거리가 랜덤하게 바뀌게 된다.

파편은 총알이 터진 위치부터 시작

파티클의 새로운 벡터 생성

등속운동이라는 가정하에 V = S/T(즉, 속도=거리/시간)라고 하면 속도는 거리에 비례한다.

파티클을 리스트에 추가

```
ArrayList particles = new ArrayList();

void setup(){
  size(400, 400);
}

void draw(){
  //background(255);
  runParticle();
}

void mousePressed(){
  newParticle( new PVector(mouseX, mouseY) );
}

void newParticle(PVector origin) {
  int numParticles = 30;
  float numParticlesInc = 2*3.141592/numParticles;
  float particleMagnitude = 5;
  float theta = 0.0;

  for (int i = 0; i < numParticles; i++) {
    float x = particleMagnitude * cos(theta);
    float y = particleMagnitude * sin(theta);
    //x *= random(1);
    //y *= random(1);

    x += origin.x;
    y += origin.y;

    PVector a = new PVector();
    PVector l = new PVector(x, y);
    PVector v = PVector.sub(l, origin);

    particles.add(new Particle(a, v, l) );
    theta += numParticlesInc;

  }
}
```

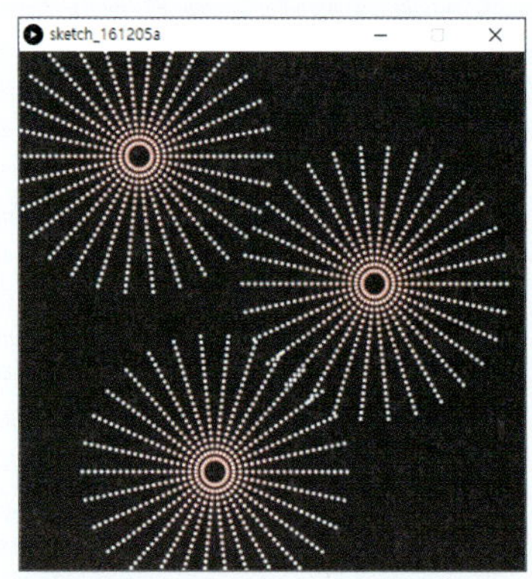

```
void runParticle(){
  for (int i = particles.size()-1; i >= 0; i--) {
     Particle prt = (Particle) particles.get(i);
     prt.run();
     if (prt.dead()) {
            particles.remove(i);
     }
  }
}

class Particle {
  PVector acc;
  PVector vel;
  PVector loc;
  float life;

  Particle(PVector a, PVector v, PVector l){
     acc = a;
     vel = v;
     loc = l;
     life = 100.0;
  }

  void run(){
     update();
     render();
  }

  void update(){
     vel.add(acc);
     loc.add(vel);
      // acc = new PVector(0, 0.1);
     life -= 5;
  }

  void render(){
     stroke(#ff0000, life);
     ellipse(loc.x, loc.y, 3, 3);
  }


  boolean dead() {
     if (life <= 00){
            return true;
     }
     else {
            return false;
     }
  }
}
```

이 부분은 파티클의 움직임을 구현해주는 함수이다. 이 함수는 draw( ) 함수에서 주기적으로 호출된다.

하나의 파티클을 위한 클래스이다.

아래 3개의 변수는 각각 파티클의 가속도, 속도, 위치

파티클의 생성자 함수

파티클의 위치를 시간에 따라서 움직이는 함수

y축으로의 가속도를 더하면 중력 효과를 연출할 수 있다.

파티클을 그려주는 함수

파티클이 없어져야 하는지를 체크하는 함수

본 교재의 파티클 소스는 다양한 형태를 구현할 수 있다. 주석 처리된 부분들을 잘 살펴보고 다양한 효과를 만들어보자. 위의 파티클 소스를 이용하여 다양한 화면 효과를 만들어 보자. 중력 효과를 더해서 폭죽이 터지는 효과를 만들거나, 파티클의 모양을 꽃 모양으로 바꾸어서 날리는 꽃을 만들어보자.

CHAPTER

12

멀티미디어

CHAPTER

12 멀티미디어

이제까지는 화면 상에 그림을 그리는 것이 주된 주제였었다. 이제부터는 사운드와 동영상을 사용해보자. 사운드나 동영상을 플레이하고, 자신의 프로그램 실행 화면을 파일로 저장하는 등의 기능을 공부할것이다.

마지막 부분에서는 프로세싱에서 사용할 수 있는 다양한 외부 라이브러리들을 소개한다.

사운드: minim 라이브러리

작품 구현에 중요한 부분이 사운드 효과다. 작품의 배경 음악 또는 사용자와의 인터랙션 중에 들려지는 사운드 효과를 구현해보자. 사운드와 관련된 라이브러리(library)들은 많이 있다. 그 중에서도 Minim 라이브러리를 사용해보자.

1. Minim 라이브러리를 사용하기 위해서는 먼저 라이브러리를 다운로드 해야 한다. 아래와 같이 [Sketch]→[Import Library…]→[Add Library…]를 클릭하자.

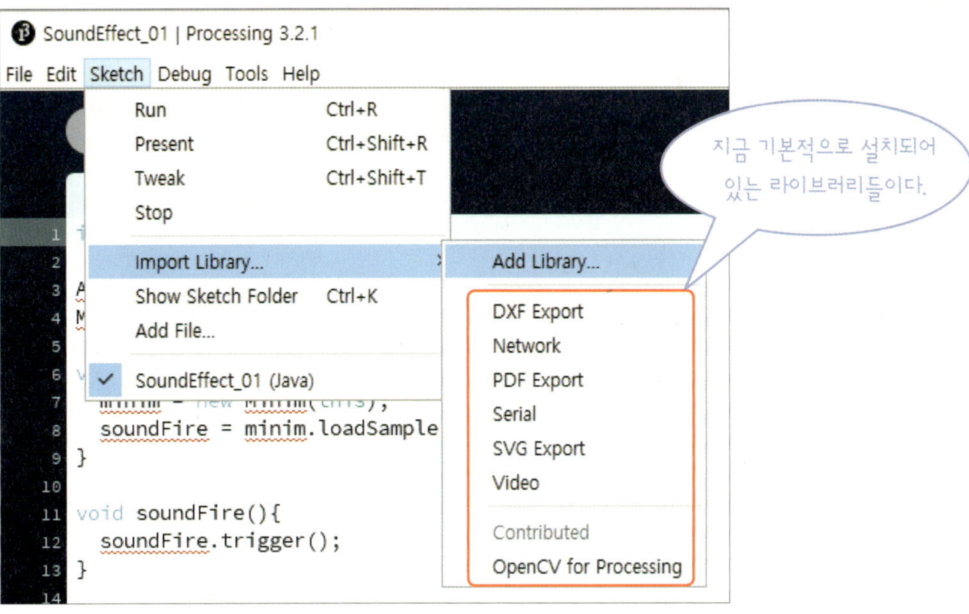

2. 아래의 화면에서 검색 창에 minim을 입력하면 관련 라이브러리가 검색된다. 여기에서 minim을 선택하고, 우측 하단의 [install] 버튼을 클릭하면 다운로드가 시작된다.

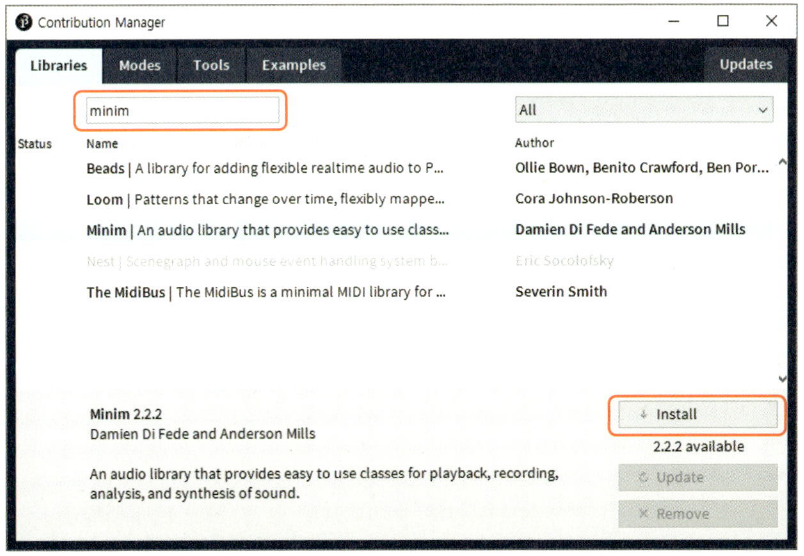

3. 다운로드를 마친 후 [Sketch]→[Import Library…]→[Minim]을 클릭하면, Minim 라이브러리를 사용할 수 있도록 편집 창에 초기 설정 코드가 자동 생성된다.

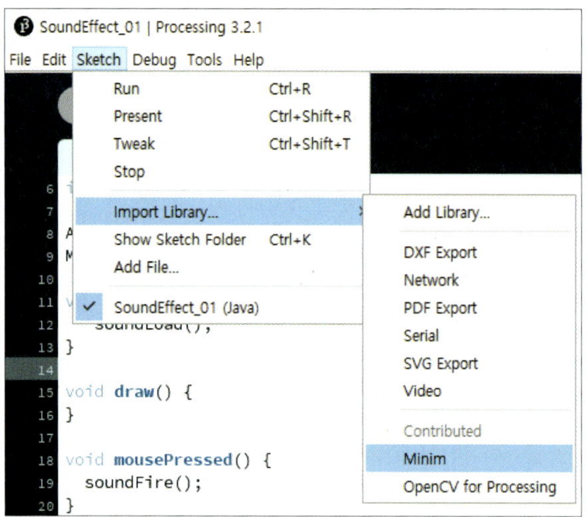

4. Minim 라이브러리를 이용하여 총알 소리를 구현하였다. 본인만의 소리 파일을 만들고 이를 "sample.wav"라는 이름으로 [data] 폴더에 저장해 두자. 아래의 코드에 import라는 명령어가 있다. Java 언어(프로세싱도 자바이니까)에서 import라는 명령어는 외부의 라이브러리를 불러오는 문장이다.

위의 초기 설정 작업에 의해서 자동으로 추가된 6줄의 코드이다. Minim을 사용하기 위해서 필요한 라이브러리들을 불러오는(import)하는 부분이다.

사운드 파일을 위한 변수. 현재는 마우스를 클릭할 때만 소리가 난다. 원한다면 배경 음악, 움직이는 소리, 터지는 소리 등을 추가해보자.

Minim 라이브러리 사용을 위한 변수 선언

Minim 변수를 생성한다.

소리 파일 로드. 그림 파일과 동일하게 소리 파일도 data 폴더에 있어야한다. 대소문자에 유의하자. 사용 가능한 사운드 파일은 wav, aiff, au, mp3 파일 등이다.

```
import ddf.minim.*;
import ddf.minim.analysis.*;
import ddf.minim.effects.*;
import ddf.minim.signals.*;
import ddf.minim.spi.*;
import ddf.minim.ugens.*;

AudioSample soundFire;
Minim minim;

void setup(){
  minim = new Minim(this);
  soundFire = minim.loadSample("sample.wav");
}

void draw() {
```

```
}

void mousePressed() {
  soundFire.trigger();
}

void stop(){
  soundFire.close();
  minim.stop();
  super.stop();
}
```

trigger( ): 실제 사운드를 플레이 하는 함수

stop( ): 프로그램 종료 시에 자동 실행되며 관련된 파일을 닫아주는 역할을 한다.

AudioSample 파일을 닫는다.

Minim 객체를 지운다.

OOP에서 부모 객체의 stop( ) 함수를 호출한다.

Minim 라이브러리에 대한 자세한 설명은 아래의 사이트를 참고하자.

http://code.compartmental.net/tools/minim/

동영상재생

프로세싱에서 기본적으로 제공하는 Video 라이브러리는 동영상 파일을 재생하거나 카메라 영상을 입력받은 라이브러리다. USB 카메라나 IEEE 1394 카메라 또는 컴포지트(composite) 또는 S-video 잭을 통해 연결된 카메라 모두 가능하다.

이 책에서는 동영상 재생 부분만 소개한다.

동영상 재생을 위한 video 라이브러리 임포트

동영상을 위한 변수 선언

Movie 객체 생성

동영상을 반복 재생하라는 명령어

movieEvent 함수는 새로운 프레임이 있을 때 호출되는 함수다. 여기서는 새로운 프레임을 읽어들이는 역할을 한다.

프레임을 그려준다.

```
import processing.video.*;

Movie movie;

void setup() {
  size(640, 360);
  background(0);
  movie = new Movie(this, "sample.mov");
  movie.loop();
}

void movieEvent(Movie m) {
  m.read();
}

void draw() {
  image(movie, 0, 0, width, height);
}
```

동영상 재생과 관련된 자세한 설명은 아래의 페이지를 참고하자.

https://www.processing.org/reference/libraries/video/index.html

자신의 프로그램 실행화면을 프레임 단위로 저장

자신이 작성한 프로그램이 생성하는 화면을 프레임 단위로 파일로 저장해보자. 아래는 앞에서 공의 움직임을 PVector 클래스를 사용하여 구현한 코드다.

```
PVector begin, end, current;

void setup() {
  size(400, 400);
  begin = new PVector(0, 0);
  end = new PVector(300, 300);

  current = begin;

  fill(50);
  noStroke();
}

void draw() {
  background(255);

  current.x = lerp(current.x, end.x, 0.05);
  current.y = lerp(current.y, end.y, 0.05);

  ellipse(current.x, current.y, 50, 50);

  if (current.dist(end) < 3){
    end.x = random(width);
    end.y = random(height);
  }

  saveFrame("frame/img-####.tif");
}
```

수정된 부분이다.

여러 파일 확장자 중에서 png와 jpg는 압축으로 인해서 저장 속도가 tif보다 느리다. 위와 같이 프레임을 저장하면 순식간에 엄청난 개수의 파일이 생성된다.

이 프로그램을 실행하면, 아래와 같이 [frame]이라는 하위 폴더에 연속적인 프레임들이 저장된다.

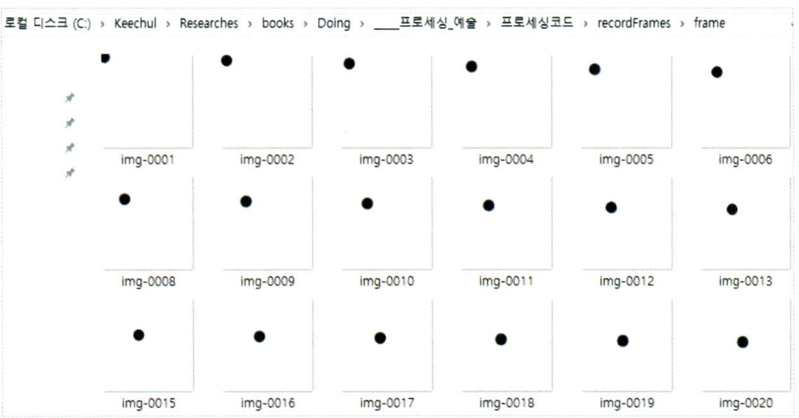

자신의 프로그램 실행 화면을 동영상으로 저장

앞에서는 프로그램의 실행 화면을 정지된 영상들로 저장하였다. 여기서는 실행 화면을 동영상으로 저장해보자.

프로세싱의 예전 버전에서는 프로세싱으로 만든 스케치 실행 화면을 동영상으로 만드는 기능을 MovieMaker 라는 클래스로 제공해주었었는데, 최신 버전에서는 클래스가 삭제되었다. 대신 MovieMaker 툴이 PDE의 IDE에 내장되도록 변경되었다.

1. 책의 앞에서 다루었던 아래와 같은 크기가 변하는 원을 그리는 프로그램을 작성하자.

```
int diam = 10;
float centX, centY;

void setup() {
  size(512, 256);
  centX = width/2;
  centY = height/2;
  stroke(0);
  strokeWeight(5);
  fill(255);
}

void draw() {
  background(180);
  ellipse(centX, centY, diam, diam);
  diam += 10;
  diam %= width;
  saveFrame("frame/img-####.tif");
}
```

수정된 부분이다.

2. Play 버튼을 눌러서 프로그램을 실행하면, [frame] 폴더 내부에 이미지들이 저장된다. 일정 시간이 지나서 이미지들이 충분하게 저장되었다고 생각하면 프로그램을 종료한다.

3. [Tools]→[Movie Maker] 메뉴를 클릭하자.

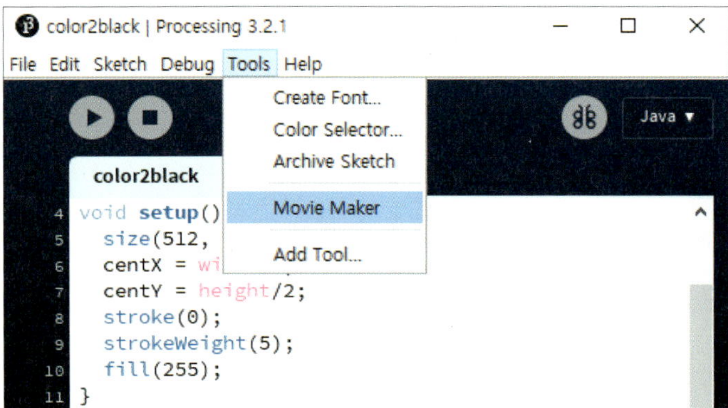

4. 아래의 윈도우에서 프로그램에 의해서 **생성된 프레임들이 저장된 폴더를** 선택하고, 하단의 [Create movie…] 버튼을 클릭하면 *.mov 파일이 생성된다.

프레임들이 저장된 폴더 이름 (여기서는 frame)을 선택하자.

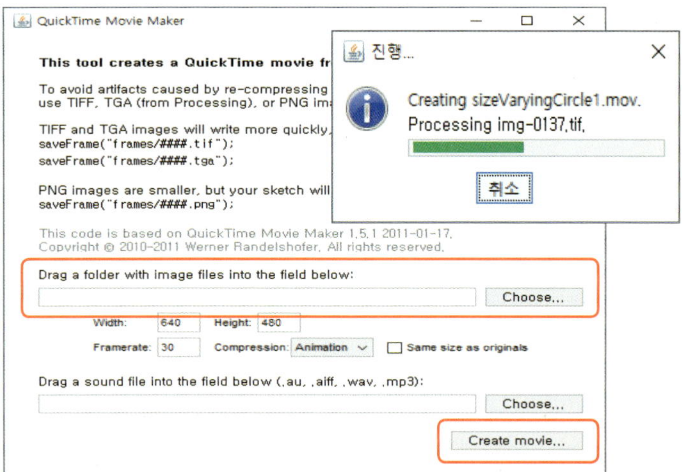

5. 저장된 *.mov 파일을 동영상 플레이어를 이용해서 플레이 시키면 된다.

기타 다양한 라이브러리들

라이브러리 소개

우리가 사용하는 많은 함수 또는 변수(예를 들면 ellipse( ), background( ), width, height 등)들은 프로세싱에서 기본적으로 제공하는 함수 또는 변수들이다. 이와 같이 관련된 함수나 변수들을 하나의 그룹으로 모은 것을 라이브러리(library)라고 한다.

이러한 필수적인 함수나 변수, 라이브러리들은 프로세싱에서 자동으로 사용할 수 있게 해주기 때문에 별다른 조치가 필요 없지만, 다른 라이브러리를 사용할 때는 이야기가 달라진다.

아래의 사이트를 가보자. 오픈소스라는 프로세싱 언어의 특징에 맞게 정말 많은 라이브러리들이 존재한다.

http://www.processing.org/reference/libraries/

프로세싱에서의 라이브러리는 크게 2가지로 나누어진다.

● 기본적으로 제공되는 라이브러리

PDF Export Create PDF files. These vector graphics files can be scaled to any size and printed at high resolutions.	**Serial** Send data between Processing and external hardware through serial communication (RS-232).	**Video** Read images from a camera, play movie files, and create movies.
Network Send and receive data over the Internet through simple clients and servers.	**DXF Export** Create DXF files to save geometry for loading into other programs. It works with triangle-based graphics including polygons, boxes, and spheres.	**Sound** Playback audio files, audio input, synthesize sound, and effects. **Hardware I/O** Access peripherals on the Raspberry Pi and other Linux-based computers

▲ processing.org 사이트의 기본 라이브러리 소개 화면

- pdf: 프로세싱 출력 결과를 pdf 파일로 생성
- serial: 프로세싱과 외부 하드웨어들간에 통신 기능
- video: 카메라에서 비디오를 입력 받거나 플레이 하거나 녹화하는 기능
- network: 네트웍 사용 기능
- sound: 사운드 관련 기능

- DXF export: 3차원 정보를 외부 프로그램에서 사용할 수 있도록 저장하는 기능
- hardware I/O: 라즈베리 파이(Raspberry Pi)나 다른 리눅스 기반 컴퓨터와의 통신 기능

다양한 제 3자 프로그래머에 의해서 만들고 관리되는 contributed library는 아래와 같다.

3D	Hardware	Sound
Animation	I/O	Typography
Compilation	Language	Utilities
Data	Math	Video & Vision
GUI	Other	
Geometry	Simulation	

▲ processing.org 사이트의 확장 라이브러리 소개 화면

외부 라이브러리는 아래와 같이 정말 다양한 종류의 많은 라이브러리가 있다. 실제로는 프로그래머 각자가 자신만의 라이브러리를 만들 수 도 있다.

- 3D
- Animation
- Compilations
- Computer Vision
- Data and Protocols
- Geometry
- Graphic Interface
- Hardware Interface
- Import / Export
- Math
- Simulation
- Sound
- Tools
- Typography
- Video & Vision

라이브러리 사용법

위에서 말한 기본적인 라이브러리들은 프로세싱을 설치할 때 아래의 폴더에 자동으로 저장되어있다. 아래 그림의 폴더 위치를 잘 보고, 자신의 컴퓨터에서도 동일한 폴더를 찾아보자.

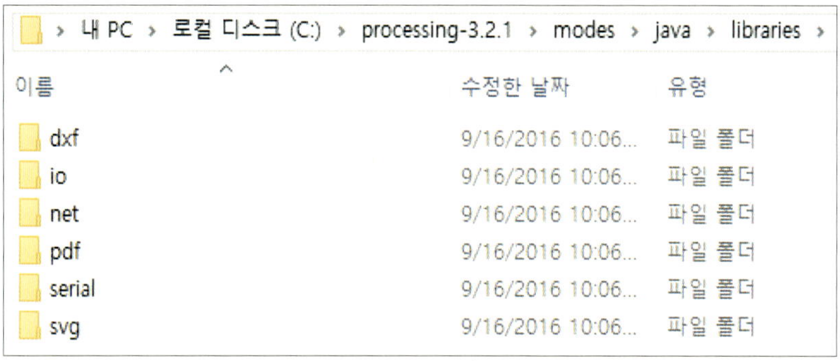

› 내 PC › 로컬 디스크 (C:) › processing-3.2.1 › modes › java › libraries ›

이름	수정한 날짜	유형
dxf	9/16/2016 10:06...	파일 폴더
io	9/16/2016 10:06...	파일 폴더
net	9/16/2016 10:06...	파일 폴더
pdf	9/16/2016 10:06...	파일 폴더
serial	9/16/2016 10:06...	파일 폴더
svg	9/16/2016 10:06...	파일 폴더

▲ 기본적인 라이브러리들의 위치

기본 라이브러리이든 확장 라이브러리이든, 이러한 라이브러리를 사용하기 위해서는 이들을 사용한다는 표시를 프로그램 소스 내부에서 해주어야 한다. 지금 이 교재에서 사용하는 사운드를 위한 라이브러리 minim을 사용하려면 파일의 첫 부분에 아래와 같이 써야한다.

```
import ddf.minim.*;
```

또는 아래와 같이 [sketch] 메뉴 상에서 특정 라이브러리를 import하는 메뉴를 선택하면, 프로그램에 자동으로 위의 코드가 삽입된다. 즉, 해당하는 라이브러리를 메뉴에서 선택하거나, 아니면 직접 위의 import 코드를 입력해도 된다.

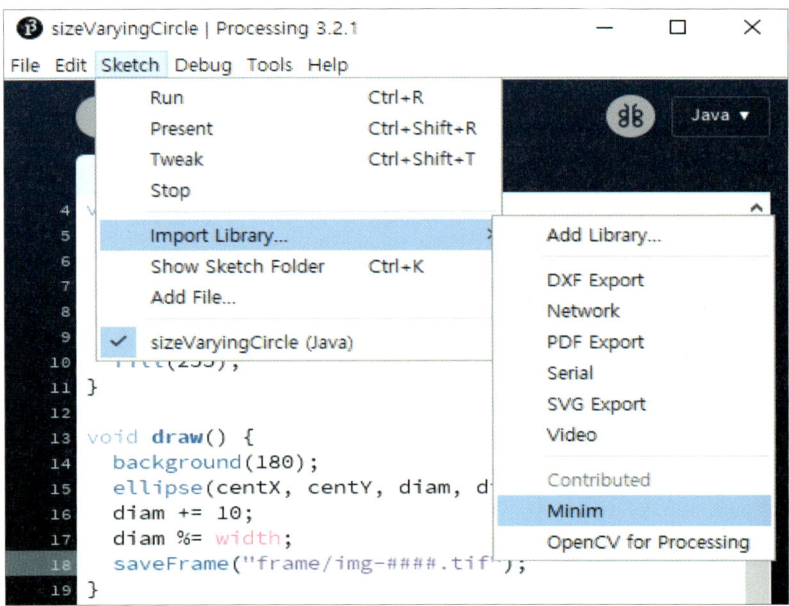

외부 라이브러리 중에는 이렇게 검색이 되지 않는 것들도 있는데, 자세한 내용은 아래의 페이지를 참고하자.

http://wiki.processing.org/w/How_to_Install_a_Contributed_Library

openCV: 모자를 씌우자(얼굴 찾기)

셀카 앱을 보면 얼굴의 특정 부분에 재미있는 그림을 덧붙이는 기능이 있다.

오른쪽 그림 처럼 사람의 얼굴을 찾아보자. 그리고 얼굴 주위에 원하는 그림을 그려보자.

이를 위해서는 openCV라는 라이브러리를 사용해야한다. OpenCV는 유명한 영상처리, 컴퓨터비젼 라이브러리이다. 프로세싱에서도 사용할 수 있다.

```
import gab.opencv.*;
import java.awt.Rectangle;

OpenCV opencv;
Rectangle[] faces;

void setup() {
  opencv = new OpenCV(this, "lenna.png");
  size(512, 512);
  //size(opencv.width, opencv.height);

  opencv.loadCascade(OpenCV.CASCADE_FRONTALFACE);
  faces = opencv.detect();
}

void draw() {
  image(opencv.getInput(), 0, 0);

  noFill();
  stroke(0, 255, 0);
  strokeWeight(3);
  for (int i = 0; i < faces.length; i++) {
     rect(faces[i].x, faces[i].y, faces[i].width, faces[i].height);
  }
}
```

이제 카메라로 들어오는 영상에서 실시간으로 얼굴 위치를 찾고, 머리 위에 박스를 그려보자. USB 카메라 등이 연결된 컴퓨터에서 아래의 프로그램을 실행해보자.

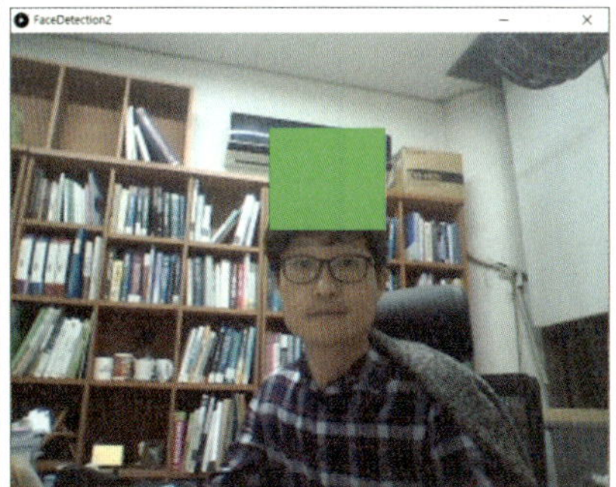

```
import gab.opencv.*;
import processing.video.*;
import java.awt.*;

Capture video;
OpenCV opencv;

void setup() {
  size(640, 480);
  video = new Capture(this, 640/2, 480/2);
  opencv = new OpenCV(this, 640/2, 480/2);
  opencv.loadCascade(OpenCV.CASCADE_FRONTALFACE);

  video.start();
}

void draw() {
  scale(2);
  opencv.loadImage(video);

  image(video, 0, 0 );

  noFill();
  stroke(0, 255, 0);
  strokeWeight(3);
  Rectangle[] faces = opencv.detect();

  for (int i = 0; i < faces.length; i++) {
     fill(0,255,0);
     rect(faces[i].x, faces[i].y-50, faces[i].width, 50);
  }
}

void captureEvent(Capture c) {
  c.read();
}
```

위의 코드를 수정하여, 머리 위에 모자를 그려보자.

```
import gab.opencv.*;
import processing.video.*;
import java.awt.*;

Capture video;
OpenCV opencv;
PImage hat;

void setup() {
  size(640, 480);
  video = new Capture(this, 640/2, 480/2);
  opencv = new OpenCV(this, 640/2, 480/2);
  opencv.loadCascade(OpenCV.CASCADE_FRONTALFACE);
  hat = loadImage("hat.png");
  video.start();
}

void draw() {
  scale(2);
  opencv.loadImage(video);
  image(video, 0, 0 );

  noFill();
  stroke(0, 255, 0);
  strokeWeight(3);
  Rectangle[] faces = opencv.detect();

  for (int i = 0; i < faces.length; i++) {
     fill(0,255,0);
     image(hat, faces[i].x, faces[i].y-50, faces[i].width*1.5, 50);
  }
}

void captureEvent(Capture c) {
  c.read();
}
```

CHAPTER

13

웹에 온라인 갤러리를 만들자

CHAPTER 13

웹에 온라인 갤러리를 만들자

이제 프로세싱 언어를 이용해서 자신만의 작품을 만들었다면 전시회를 가져보자. 웹 상에서 온라인 갤러리를 만들 것이다.

웹에 작품을 전시하려면 웹 프로그래밍(web programming)을 배워야 한다. 웹 프로그래밍에는 요즘 자바스크립트(javascript) 언어를 많이 사용한다. 프로세싱 언어 개발과 관련되어서 p5.js 라이브러리가 있다. 이것은 자바 스크립트 라이브러리로써, 프로세싱 프로그램을 웹 브라우저에서 실행할 수 있도록 지원하는 라이브러리다.

프로세싱 언어와 다른 점

P5.js에서 사용하는 언어는 실제로는 자바스크립트(javascript)다. P5.js는 자바스크립트에서 프로세싱 언어의 기능을 같이 사용할 수 있는 환경인 셈이다. 그래서 사용하는 언어의 모습이 프로세싱과는 조금 다른 차이점이 있다. 그 차이점을 간단하게 아래와 같이 정리해보았다.

- size( ) 함수는 createCanvas( ) 함수로 바꾼다.
- 함수의 선언에서는 자바스크립트 형식으로 'function' 키워드를 사용한다.
- frameRate(num) 함수는 그대로 있고, frameRate 변수는 사용할 수 없다. 대신 frameRate( ) 함수를 파라미터 없이 사용하면 frameRate 변수를 대신한다.
- 자바스크립트는 로딩 작업을 동기적(synchronously)으로 하지 않는다. 즉 로딩 작업이 마친 것을 꼭 확인해야하는데, 이 문제를 해결하기 위해서 콜백(callback) 함수를 이용해거나, setup( ) 전에 실행되는 preload( ) 함수에서 로딩 작업을 하는 방법이 있다.
- 마우스 이벤트와 유사하게 touch와 관련된 변수와 함수가 있다.
  - mouseX ~ touchX
  - mouseY ~ touchY
  - mousePressed() ~ touchStarted()
  - mouseDragged() ~ touchMoved()
  - mouseReleased() ~ touchEnded()
- push( )/popMatrix( )와 push/popStyle( )은 push( )와 pop( )으로 대신한다.
- 배열 변수를 선언하는 방식이 다르다. 그리고 배열은 가변 길이(variable length)를 지원한다.
- 변수의 자료형을 지정하지 않는다. 대신 변수 선언에 'var' 키워드를 사용한다.
- 자세한 차이점은 아래 페이지를 참고하자.

https://github.com/processing/p5.js/wiki/Processing-transition

P5.js 모드 추가

자바스크립트에 익숙한 사람은 아래의 웹페이지에 소개되어 있는 P5.js 사용법을 쉽게 따라할 수 있 있을 것이다.

https://p5js.org/get-started/

자바스크립트에 익숙하지 않다면 아래의 방법이 조금 더 쉬울 수 있다. 지금부터 프로세싱의 PDE에서 모드를 추가해서 사용하는 방법을 알아보자. 아래와 같이 P5.js 모드를 추가하자.

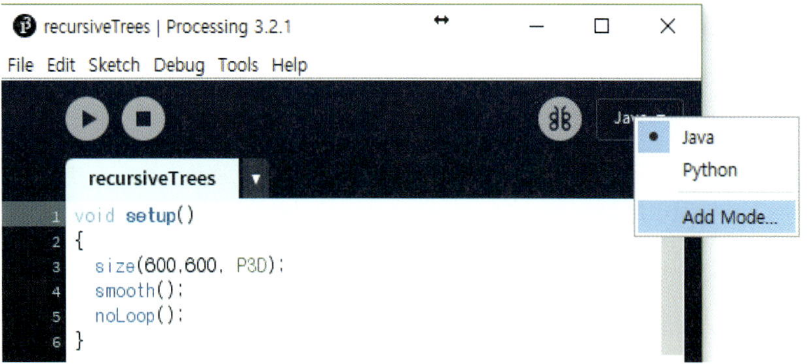

검색 창에 아래와 같이 P5.js를 입력한 후, [install] 버튼을 눌러 설치하고, 설치가 완료되면 모드를 P5.js로 변경하자.

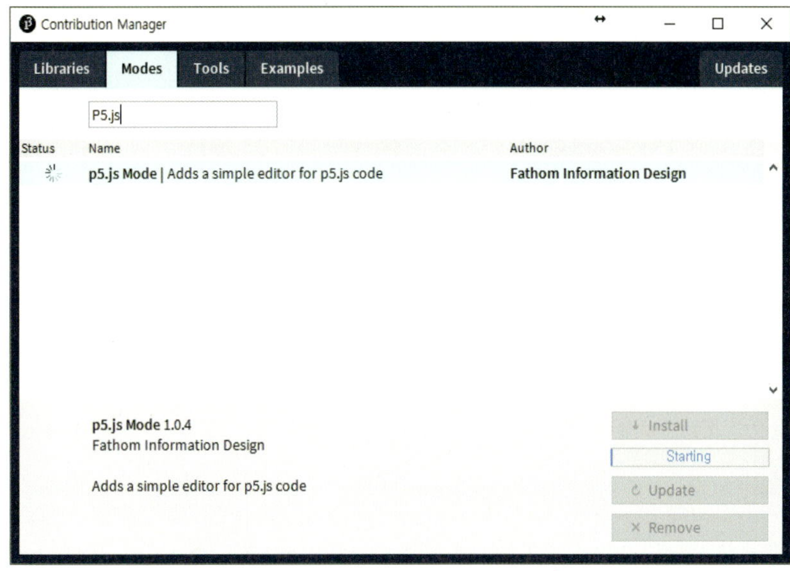
Contribution Manager
Libraries
Modes
Tools
Examples
Updates
P5.js
Status
Name
Author
p5.js Mode | Adds a simple editor for p5.js code
Fathom Information Design
p5.js Mode 1.0.4
Fathom Information Design
Adds a simple editor for p5.js code
Install
Starting
Update
Remove

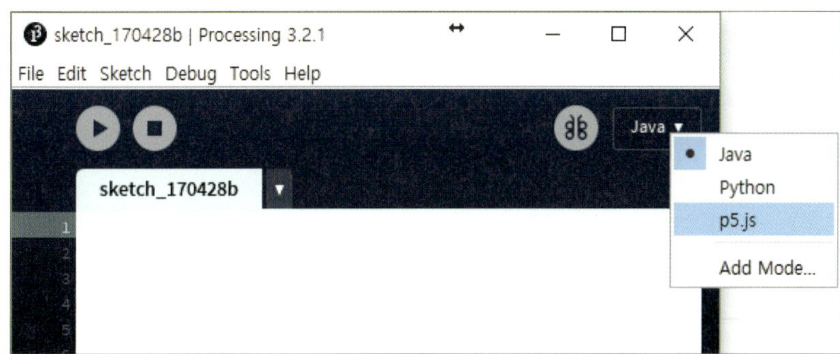
sketch_170428b | Processing 3.2.1
File Edit Sketch Debug Tools Help
Java
sketch_170428b
Java
Python
p5.js
Add Mode...

P5.js 예제

1. 아래와 같이 코딩 해보자.

```
function setup() {
  createCanvas(640, 360);
  stroke(255);
  noFill();
}

function draw() {
  background(0);
  ellipse(mouseX, mouseY, 50, 50);
}
```

2. 실행 버튼을 누르면 웹 브라우저에서 실행되는 것을 확인할 수 있다.

3. 소스 코드가 저장된 폴더를 보면 아래와 같이 html 파일이 생긴 것을 알 수 있다. 아래 폴더의 내용을 웹 서버로 옮기면 웹에서 자신의 작품을 확인할 수 있다.

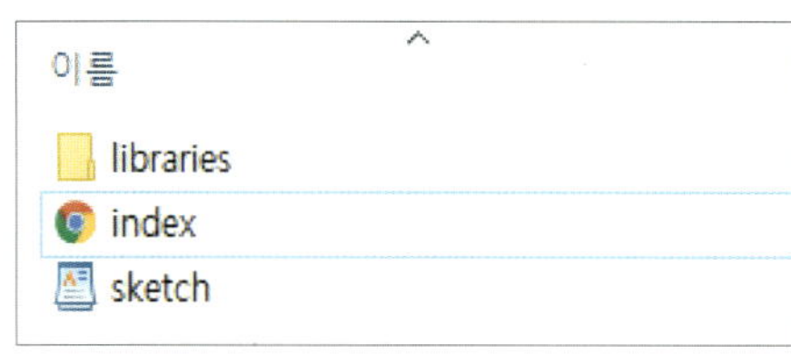

아래는 2차원 배열을 사용하는 다른 예제다. 10*10개의 박스를 그리고 마우스 클릭으로 색상을 토글(toggle)할 수 있다.

```
var bricks = new Array(10); // 1차원 배열을 선언하고
var xSize, ySize;

function setup() {
  createCanvas(windowWidth, windowHeight);

  for (var i=0; i<10; i++){  // 각 배열의 항목이 또 1차원 배열. 이로써 2차원 배열을 사용하는 셈이다.
     bricks[i] = new Array(10);
  }

  for (var i=0; i<10; i++) {
     for (var j=0; j<10; j++) {
            bricks[i][j] = true;
     }
  }
}

function draw() {
  background(0);
  xSize = windowWidth/10;
  ySize = windowHeight/10;

  for (var i=0; i<10; i++) {
     for (var j=0; j<10; j++) {
        if ( bricks[i][j]==true ) fill(255);
        else fill(0);

        rect(j*xSize, i*ySize, xSize, ySize);
     }
  }
}

function mousePressed() {
  var x = int(mouseX/xSize);
  var y = int(mouseY/ySize);

  if ( bricks[y][x] == true)  bricks[y][x] = false;
  else  bricks[y][x] = true;
}

function windowResized() {  // 웹 브라우저의 크기가 변경될 때를 대비
  resizeCanvas(windowWidth, windowHeight);
}
```

| 마지막 사족 |

가능한 많은 내용을 이 책에 담으려고 했지만, 아직 할 이야기는 더 많다. 그 중에서도 아쉬운 부분은 3D에 대한 이야기를 전혀 하지 못했다. 나중에 기회가 있다면 이 부분을 중심으로 보강할 계획이다.

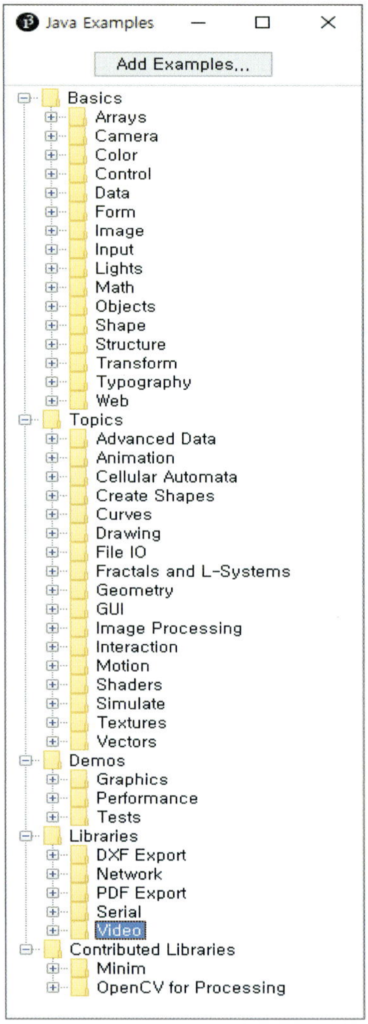

또한 독자들에게 하고 싶은 말은, 자신이 구현하고자 하는 내용 중에 이 책에 없는 내용은 스스로 참고 자료를 찾아가면서 해결하는 훈련을 하기 바란다. PDE의 메뉴에서 [File]→[Examples…]을 보면 오른쪽과 같이 아주 많은 예제들이 있다. 본인이 구현하고자 하는 내용을 여기서 찾아보면 많은 도움을 얻을 수 있다.

Java Examples

Add Examples...

- Basics
  - Arrays
  - Camera
  - Color
  - Control
  - Data
  - Form
  - Image
  - Input
  - Lights
  - Math
  - Objects
  - Shape
  - Structure
  - Transform
  - Typography
  - Web
- Topics
  - Advanced Data
  - Animation
  - Cellular Automata
  - Create Shapes
  - Curves
  - Drawing
  - File IO
  - Fractals and L-Systems
  - Geometry
  - GUI
  - Image Processing
  - Interaction
  - Motion
  - Shaders
  - Simulate
  - Textures
  - Vectors
- Demos
  - Graphics
  - Performance
  - Tests
- Libraries
  - DXF Export
  - Network
  - PDF Export
  - Serial
  - Video
- Contributed Libraries
  - Minim
  - OpenCV for Processing

1980년대에 대학에서 컴퓨터를 처음 접했을 때의 기쁨을 나는 아직 잊을 수 없다. 컴퓨터는 나의 머리 속에 있는 아이디어를 그대로 실행해 볼 수 있는 나의 아바타였다. 수업 시간에 8시간에 걸친 실습 COBOL 프로그래밍 시험은 시험 그 자체가 나에게는 공부였으며 이제까지 내게는 유일하게 '재미있는 시험'이었다. 실습실에서의 밤을 새운 프로그래밍 경험은 공부로써도 나에게는 추억이었지만, 친구와 선배와 같이 한 그 시간은 나의 기쁨 자체였다.

그러나, 지금은 프로그래밍이 단순한 직업으로써의 의미만 부각되고 있다. 그 자체가 재미와 보람이 아니고, 단순한 생활을 영위하기 위한 직업으로써만 이야기되고 있는 것이 너무 아쉽다. 프로그래밍이 재미없어서 그쪽으로는 진로를 정하지 않겠다는 학생을 보면 마음이 아프다.

프로그래밍이 재미있고, 논리적인 생각을 키워나갈 수 있는 도구로써의 프로그래밍 수업이 되기를 바라는 마음에서 졸작이지만 이 책을 쓰게 되었다. 책의 출판을 앞두고서 내가 바랬던 그 목표에는 아직 너무나 멀지만, 프로그래밍 자체가 재미일 수 있기를 바라는 마음은 변함없다.

수영을 배울 때가 생각난다. 우리나라에서는 수영 강습을 할 때 이것 저것 많은 수영 방법 설명을 듣고 나서 시작한다. 외국에서는 먼저 물과 친하게 지내도록 한 후에 수영을 가르친다. 컴퓨터에서 워드 프로세서 등을 처음 사용할 때 일단 프로그램을 실행한 후 이것 저것 해보면서 스스로!!! 익혀간다. 그런데 왜? 프로그래밍 공부는 그렇지 않을까? 그런 점에서 프로세싱은 좋다!!! 지금 당장 프로세싱을 실행한 후에 이것 저것 입력해보자. 이 책도 보지 말고, 무작정 시작하자!!! 그렇게 한다고 컴퓨터가 고장나지 않는다.

색인

그림을 그리며 배우는
프로세싱Processing 언어

지은이 정기철
발행일 초판 2017년 6월 25일
펴낸이 황준성
펴낸곳 숭실대학교 지식정보처 중앙도서관 학술정보출판팀
등 록 제14-2호(1982. 1. 25.)
서울 동작구 상도로 369
TEL. (02)820-0772
FAX. (02)817-5297
http://press.ssu.ac.kr
인쇄처 네오프린텍(주)
TEL. (02)718-3111

값 15,000원
ISBN 978-89-7450-373-4(93500)